LES « GRANDES GUEULES »
VINGT ANS DE SUCCÈS

DES MÊMES AUTEURS
CHEZ LE MÊME ÉDITEUR

Les Secrets des Grandes Gueules, 2018.

ALAIN MARSCHALL
OLIVIER TRUCHOT
avec Michel Taubmann

LES « GRANDES GUEULES »

Vingt ans de succès

l'Archipel

Un livre présenté par Michel Taubmann

À mes quatre enfants, Baptiste, Camille, Léna et Joseph
Olivier Truchot

À mon épouse Cécile, à mes enfants Emma et Antoine
Alain Marschall

À Florence, qui illumine ma vie
Michel Taubmann

Notre catalogue est consultable à l'adresse suivante :
www.editionsarchipel.com

Éditions de l'Archipel
92, avenue de France
75013 Paris

Contact : serviceclients@lisez.com

ISBN 978-2-8098-5066-6

PROLOGUE

« Bonjour ! C'est l'heure des "Grandes Gueules", c'est l'heure des GG ! sur RMC et RMC Story. » Cela fait vingt ans qu'ils répètent la même formule, sur le même ton, comme premiers mots de leur émission. La même formule ? Pas exactement. Avant, « Les Grandes Gueules », c'était seulement de la radio. Mais depuis 2016, l'émission est diffusée aussi sur la télé du groupe : RMC Story. Si la durée n'a pas changé, trois heures, une durée marathon, à l'heure où partout on crie : « Abrège ! Abrège ! », les horaires ont été avancés à deux reprises : on est passé de 11 heures / 14 heures à 10 heures / 13 heures avant de se fixer définitivement à 9 heures / midi. D'un programme autour de la pause-déjeuner à un programme franchement matinal. Le public a changé : moins de personnes âgées et beaucoup plus d'actifs : des commerciaux qui écoutent l'émission en voiture, des ouvriers sur les chantiers, etc. Le public a encore muté depuis le Covid et l'apparition du télétravail. En vingt ans, il a rajeuni et s'est féminisé. L'audience a beaucoup augmenté. Les GG, c'est un peu comme la Ve République. Inoxydable. Avec une différence de taille : jamais de motion de censure ni de crise institutionnelle.

L'émission se déroule dans un vaste studio dernier cri, utilisé de 6 h 30 à 8 h 30 par la matinale d'Apolline de Malherbe puis de 12 heures à 15 heures par Estelle Midi. Il est situé au rez-de-chaussée d'un immeuble de six étages, qui abrite aussi BFMTV, BFM Business, BFM Paris. Il a été construit par Patrick Drahi, le milliardaire qui avait racheté le groupe nommé alors NextRadioTV, bâti par Alain Weill, un grand homme de médias dont nous reparlerons dans ce livre. C'est lui qui a lancé Alain Marschall et Olivier Truchot. Après avoir repris la tête de *L'Express*, il s'est retiré des affaires depuis quelques années. Mais Alain et Olivier continuent de l'appeler « le boss ».

Ces deux-là ne sont pas ingrats. Le mercato des médias qui chaque année enflamme les esprits ? Connais pas. Ils restent fidèles à la « maison » RMC. Pourtant, ce printemps, ça a tangué fort. Comme tout le monde, ils ont appris du jour au lendemain la vente par Patrick Drahi de ses actifs audiovisuels au groupe CMA-CGM de l'homme d'affaires franco-libanais Rodolphe Saadé. Un changement de propriétaire dans l'audiovisuel ouvre toujours une période d'incertitude. Marschall et Truchot allaient-ils s'envoler vers d'autres cieux ? On les a annoncés sur Europe 1 et CNews. Ils ont reçu des propositions sonnantes et trébuchantes. Mais ils risquaient aussi de trébucher. À l'heure où la France entrait dans l'aventure, ils ont choisi la continuité. En direct, toujours en direct, l'exercice le plus dur, pas le droit à la moindre erreur qu'on rectifie ensuite au montage. Ni rattrapage, ni traficotage, ni détricotage. Ce que vous voyez, ce que vous entendez, chers téléspectateurs, chers auditeurs, c'est un produit frais, fabriqué sous vos yeux, sans ajout chimique. Une sorte d'émission bio. À l'époque des gloires éphémères, des succès construits sur un mot, un scandale, un buzz, « Les Grandes Gueules », c'est un peu le chabichou du PAF, le paysage audiovisuel français. Avec, aux commandes, deux pilotes qui ont du PIF. Le PIF du PAF. Il suffit de regarder ceux qui les entourent. Les visages ont changé : Bernard Debré, le médecin qui avait sauvé tant de vies, n'a pu sauver la sienne du cancer, Jacques Maillot, et sa voix éraillée de vieux loup de mer, préfère éviter les déplacements depuis le Covid, Marie-Anne Soubré, après dix ans de bons et loyaux services, est partie vivre au Canada, David Dickens est directeur de la communication du cirque Phénix, Fatima Aït Bounoua a choisi de céder sa place pour favoriser le renouvellement de l'équipe et s'extirper du commentaire à chaud, qui la contraignait à forcer son tempérament plutôt porté vers l'analyse. Après avoir suivi une formation en psychologie, elle enseigne à mi-temps pour mieux se consacrer à sa famille… Et Pascal Perri ? Gilles-William Goldnadel ? Karim Zéribi ? Jimmy Mohamed ? Sophie de Menthon ? Caroline Pilastre ? Ils n'ont pas disparu des écrans, loin de là ! Ils ont juste quitté les GG pour continuer en solo, un peu comme Ringo Starr et Paul McCartney qui ont mené d'immenses carrières après la gloire des Beatles. Rares sont ceux qui, après les GG, se sont retrouvés dans l'anonymat. Ou alors, ils l'ont choisi. Car l'émission est une formidable école de la parole. On y aborde les sujets les plus graves sans se prendre au sérieux. Un nouveau générique remplacera bientôt le *speak out* du guitariste François Maigret qui avait succédé à la rentrée 2016 au fameux « Ooh La La » de The Wiseguys. « Les Grandes Gueules », combien d'éditions ? Ce printemps, on a franchi le cap des cinq mille. Quel jour exactement ?

Personne n'y a pensé. Pas de gâteau d'anniversaire, ni la moindre évocation à l'antenne : quand on aime, on ne compte pas. Et Alain Marschall et Olivier Truchot, c'est sûr, ils aiment sans compter : « Nous sommes avec vous chaque matin sur RMC et sur RMC Story ! » Ils ne se lassent pas de répéter la même formule. Le 30 août 2024 ils sont entrés dans leur vingt et unième année ! « Ah, bon, déjà ! On n'a pas vu le temps passer. » Mais leurs patrons, eux, ont décidé de marquer le coup. On n'a pas tous les jours vingt ans. Alors, RMC a organisé une soirée spéciale en *prime time* comme on dit, à 21 heures, l'heure des pics d'audience, le 17 octobre dernier. Une émission de radio qui fête ses vingt ans à la télé, c'est du jamais-vu. Qui l'aurait imaginé au premier jour des GG, le 30 août 2004 ?

Les deux compères naviguent encore bien loin des records de longévité établis par les grands anciens des ondes françaises. Premier de cordée, Philippe Bouvard, le Mathusalem du micro, anima les « Grosses Têtes » sur RTL pendant trente-sept ans. Lucien Jeunesse, lui, fit durant trois décennies les grandes heures du « Jeu des mille francs » sur France Inter, en nous gratifiant de sa célébrissime punchline : « À demain, si vous le voulez bien ! » « Les Grandes Gueules » n'en sont pas encore là. Mais Alain Marschall et Olivier Truchot ont déjà établi un record qui sera certainement difficile à battre : celui de la stabilité. Vingt ans de collaboration, sans dispute ni nuage, avec une formule quasiment inchangée. Médaille d'or du tandem dans un paysage audiovisuel qui, à l'image de la planète, vit en permanence à l'heure du grand chambardement – des rivalités, des jalousies. La guerre des ego ? Connais pas ! Alain Truchot ou Olivier Marschall ? Olivier Truchal ou Alain Marchot ? Pendant longtemps, il arrivait qu'on les confonde. C'est très rare aujourd'hui. Mais après vingt ans de complicité quotidienne ils sont cependant indissociables dans l'esprit des auditeurs/téléspectateurs. Et pourtant, Alain Marschall, s'il fait parfois le clown, n'est aucunement le clone d'Olivier Truchot. Ils sont à la fois différents et complémentaires. Mais chacun à sa place joue sa participation sans jamais tenter d'empiéter sur le territoire de l'autre. À la guerre des ego, ils préfèrent la paix des égaux. À l'heure où beaucoup font semblant d'aimer les gens, Marschall et Truchot, eux, les aiment vraiment. Et les auditeurs le ressentent.

« LES GRANDES GUEULES » M'ONT SAUVÉ LA VIE

« "Les Grandes Gueules" m'ont sauvé la vie ! » Christelle le répète souvent depuis quatre ans. Cette jolie femme de 46 ans – elle en paraît dix de moins – enfant du 9.3, aux origines guadeloupéennes et camerounaises, a plutôt l'air épanouie et bien dans sa peau. Après avoir été secrétaire médicale, assistante sociale, décoratrice d'intérieur, elle exerce depuis six ans un métier qui lui permet de mettre enfin en pratique ses études d'art : « cake designer ». Cake quoi ? « Créateur de gâteaux artistiques », ce qu'on nomme *layer cakes* aux États-Unis. De véritables œuvres d'art qu'elle dessine sur mesure pour des clients huppés. Des trucs magnifiques. On serait tenté de les garder sur une étagère et on a mal au cœur à l'idée qu'ils finiront broyés dans des tubes digestifs. Malgré ces *layer cakes*, la vie de Christelle, c'est pas (toujours) de la tarte !

Née à Clichy-la-Garenne, elle vit à Drancy dans la cité Marcel-Cachin aux tours de dix-huit étages qui ne laissent pas souvent passer le soleil. En temps normal, Christelle s'en contente. « Je ne me plains pas, j'ai un trois-pièces de soixante et un mètres carrés, et plutôt confortable. » Mais quand elle s'y est retrouvée enfermée pendant deux mois avec son fils alors âgé de 17 ans, Christelle s'est mise à déprimer. Enfermée pendant deux mois ? Ah, oui ! Le Covid… Certains Français se souviennent du premier confinement, entre mars et mai 2020, comme des grandes vacances aux frais de la princesse « quoi qu'il en coûte ». Ceux-là ont passé ce beau printemps 2020 dans une maison de campagne familiale ou en bord de mer, ils faisaient des apéros par zoom le soir juste avant le rituel national de 20 heures : ouvrir les fenêtres pour applaudir les soignants, afin d'affirmer le soutien de « l'arrière » aux combattants de « première ligne » qui affrontaient l'épidémie comme jadis les Poilus face aux Allemands à Verdun. Rien ne sera plus comme avant disaient certains, enthousiastes à l'idée d'une nouvelle société fondée sur le télétravail et financée par l'État. Christelle, elle, était très loin de ce nouveau monde. L'impression de descendre chaque jour plus bas dans un puits sans fond. « Je ne faisais plus de gâteaux. Et même si j'avais des commandes, je ne pouvais plus les livrer aux clients. Pendant deux mois, je ne sortais que pour faire les courses. » Elle n'allait pas prendre l'air dans la cour de la cité ? « Juste quelques minutes et à tour de rôle avec les autres habitants, car à raison de six appartements F3 ou F4 par étage, contenant chacun trois à quatre personnes en moyenne, sur dix-huit étages, on est environ trois cent cinquante dans chacune des trois tours, sans compter les immeubles plus petits de la résidence, cela fait des milliers de personnes et donc des risques d'attroupement, interdits par le gouvernement et bien plus importants que dans les zones pavillonnaires. » Christelle n'en pouvait plus de porter un masque tout en marchant à dix mètres des autres passants quand elle sortait tous les trois jours se ravitailler au supermarché. « Le pire, c'étaient les messages du gouvernement pour nous laver les mains. Comme si on n'était pas capables d'y penser soi-même. On nous prenait pour des enfants.» Ces restrictions auraient été supportables si, comme beaucoup de confinés, Christelle avait pu communiquer par zoom avec ses amis, regarder les matchs de basket et de football américain sur BeIN Sports avec son fils ou se gaver de films dont elle raffole sur Netflix. Mais la cité Marcel-Cachin à Drancy a écopé d'une double peine: la fibre optique est tombée en panne pendant presque toute la durée du confinement. Et comment la faire réparer quand les techniciens n'ont pas le droit de se déplacer? Le fils de Christelle, au moins, était occupé à préparer son bac. Mais elle, désœuvrée et coupée du monde, dépérissait à vue d'œil. «J'ai vraiment cru mourir.» Sur l'île déserte de sa vie, notre Robinsonne Crusoé de Drancy fut sauvée par une bouteille à la mer, flottant sur les vagues de son iPhone et sa 4 G. «Jusqu'au Covid, je ne regardais jamais les infos à la télé...»

Il aura fallu le Covid pour que Christelle découvre RMC Story. «Un matin que je déprimais, j'ai vu Apolline de Malherbe, je l'ai trouvée géniale. Sympa, jolie mais toujours pugnace avec ses interlocuteurs, posant les questions que j'aurais posées à sa place.» Une fois terminée l'émission d'Apolline de Malherbe, Christelle ne ferma pas son téléphone. Et c'est ainsi qu'elle découvrit les GG. «C'était incroyable: je voyais des gens lambda, comme moi, qui parlaient librement de tous les sujets, en utilisant un langage simple et sans se croire supérieurs. Rien à voir avec certains programmes prétentieux qui nous prennent pour des demeurés. Et ce qui m'a plu surtout, c'est qu'ils exprimaient des opinions différentes: des écolos, des gens très à gauche, d'autres très à droite, des modérés, un syndicaliste, un patron, une avocate. Et cette pluralité, j'ai l'impression qu'elle n'existe pas ailleurs. Les GG, c'est vraiment le contraire des réseaux sociaux où les gens pensent tous pareil et se liguent contre la moindre voix dissidente, méchamment, violemment. Aucun respect. Que des insultes. J'ai été happée, oui happée par les GG, ils m'ont remontée à la surface et redonné le goût de la vie. » À partir de ce jour, chaque matin, Christelle n'avait qu'un but : regarder RMC Story. Pendant trois heures, j'apprenais beaucoup de choses sur le monde, les GG m'ouvraient l'esprit, me faisaient réfléchir. » Depuis quatre ans, Christelle affirme n'avoir jamais manqué une seule émission. « Quand je suis partie trois semaines pour les États-Unis, avec le décalage horaire, je les regardais la nuit. Comme je suis insomniaque… » Sinon, Christelle a recours aux replays. Mais le plus souvent, elle *déguste* « Les Grandes Gueules » en direct, comme ses clients le font avec ses gâteaux. « J'ai installé mon plan de travail juste en face de la télé. Pendant que mes mains fabriquent des gâteaux, mes yeux regardent l'écran et mes oreilles se remplissent de débats qui me passionnent. » Pour la première fois de sa vie, des gens qui parlent dans le poste sont devenus familiers à Christelle. Elle les désigne par leur prénom et ressent désormais l'impression d'appartenir à une famille : il y a Charles (Consigny) et Zohra (Bitan), Antoine (Diers) et Barbara (Lefebvre), Élina (Dumont) et Flora (Ghebali). Il y a aussi bien sûr Alain (Marschall) et Olivier (Truchot). Et surtout, la plus discrète de la bande mais pas la moins importante – *last but not least*, comme disent les clients ricains de Christelle. Retenez bien son nom, on en reparlera dans ce livre : Anaïs Sainz, la rédactrice en chef adjointe des « Grandes Gueules ». On devrait plutôt dire la femme-orchestre : à la fois scénariste, documentaliste, réalisatrice, metteur en scène, c'est elle qui dans la coulisse prépare l'émission avec Alain et Olivier.

Chargée de recevoir les appels des auditeurs et de les sélectionner, Anaïs a le flair d'une découvreuse de talents. C'est elle qui a donné la parole à Christelle pour la première fois le 30 juin 2023, au lendemain de la troisième nuit d'émeutes provoquées par la mort du jeune Nahel Merzouk, un drame qui a enflammé nos banlieues. Christelle en avait pleuré de chagrin mais aussi de colère. Ses mots d'auditrice étaient d'abord ceux d'une maman qui avec les autres parents de sa cité avait pris ses responsabilités : « Avant-hier, les jeunes ont brûlé les poubelles dans les rues… On les connaît tous, on les a vus grandir. Alors, on est descendus avec des grands frères et on leur a tous parlé. On leur a dit : "Les voitures que vous brûlez, c'est celles de vos parents. Et on les a calmés." » Elle s'indigne que tous les adultes n'aient pas réagi ainsi : « Où sont passés les parents de ces enfants de 15-16 ans ? On devrait condamner les parents. Je ne comprends pas les parents. Certains matins, je vois dans la rue des enfants de 7 ans. Qu'est-ce qu'ils font donc là ? » Telle fut sa première intervention dans l'émission. Elle a scandalisé ceux qui encourageaient les jeunes émeutiers. Mais elle a libéré la parole de la « majorité silencieuse » des cités. « J'ai dit tout haut ce que beaucoup n'osaient pas exprimer. Et en plus, cela m'a soulagée. » Son fils a eu son bac et, à 21 ans, il travaille désormais dans un magasin de sports au Forum des Halles. « Ils sont nombreux, comme lui, les jeunes qui s'en sortent. La cité, heureusement, ne condamne pas à la délinquance. » Sur TikTok, l'intervention de Christelle a été reprise massivement. Et dans son immeuble, ses voisins l'ont félicitée. « Un compliment m'a particulièrement touchée. On m'a dit que je parlais bien le français, alors que souvent les gens "racisés" s'expriment en verlan ou utilisent un accent pour faire croire qu'ils sont étrangers. Moi, je suis française depuis des générations et je trouve dangereux qu'on monte les jeunes contre la France. » Trois jours après sa première intervention, Christelle a été invitée en plateau dans les GG, au lendemain de l'attaque à la voiture-bélier du domicile du maire de L'Haÿ-les-Roses, Vincent Jeanbrun.

Elle explique qu'il faut cesser de trouver des excuses aux familles monoparentales : « Mon fils, il a beau avoir 20 ans, j'arrive à le tenir. Si je lui interdis de sortir, il ne sort pas. » Pour cette première rencontre avec les GG, Christelle leur a apporté un splendide gâteau de sa fabrication, vanille, framboise et fruits rouges, orné du logo de RMC et des photos d'Alain Marschall et Olivier Truchot. Ils ont aussitôt sympathisé et lui ont commandé un deuxième gâteau qu'elle apportera en plateau à la fin d'une prochaine émission. En un an, Christelle est intervenue plusieurs fois par téléphone. Et Anaïs l'a recommandée à Apolline de Malherbe en avril 2024 pour une rencontre exceptionnelle organisée par la journaliste entre le président de la République et un panel représentatif des Français. Christelle a pu réaliser sans doute le rêve de nombreux Français : interroger, les yeux dans les yeux, le président de la République. Elle l'a questionné à propos de la sécurité des Jeux olympiques. « S'il ne m'a pas convaincue, au moins il a été franc sur les risques d'attentat pour la cérémonie d'ouverture. Contrairement à ce qu'on dit, je le trouve plus humain que d'autres présidents, très sincère, il va au contact des gens. » Cette expérience extraordinaire l'a mise en appétit. Car Christelle ne veut pas se contenter d'être une téléspectatrice passive des « Grandes Gueules ». « Je communique souvent par SMS pendant les émissions avec Anaïs ; un jour, je lui ai écrit un message à propos d'un gamin accusé à tort de harcèlement. » Anaïs confirme : « Christelle était en contact avec la famille. J'ai aussitôt transmis l'information à Alain et Olivier par les oreillettes. Et ils l'ont donnée à l'antenne. » Et si c'était cela, « Les Grandes Gueules » ? L'absence de barrière entre ceux qui parlent et ceux qui écoutent, un lieu où chaque auditeur peut un jour ou l'autre prendre la parole. « Aucune cité n'a de barreaux » aime à répéter Christelle. « C'est pour ça que j'ai toujours encouragé mon fils à sortir, aller à Paris et surtout voyager à l'étranger. Je suis fière qu'il connaisse d'autres pays, d'autres cultures et d'autres langues, tout en aimant la France. » Et si secrètement Christelle rêvait de rejoindre un jour la bande des GG ?

« LES GRANDES GUEULES », QUELLE HISTOIRE !

C'est peu dire que tout a changé depuis la naissance des « Grandes Gueules », en août 2004. En ces temps lointains flottait encore dans l'air un parfum de XXe siècle (vous en souvenez-vous ?) : cette époque où les gens dans le métro lisaient le journal et où le téléphone ne servait qu'à… téléphoner. La compagnie de Patrick Poivre d'Arvor était très recherchée, il semblait éternel à la présentation du 20 heures sur TF1, tout comme les derniers Poilus – survivants de l'enfer des tranchées –, présents chaque 11 novembre au pied de l'arc de Triomphe de l'Étoile. De l'autre côté de l'Atlantique, c'est seulement dans une série télévisée à l'imagination débridée, *24 heures chrono*, qu'un Noir, nommé David Palmer, pouvait présider les États-Unis. Seuls quelques experts avaient prêté attention lors de la convention démocrate de 2004 au jeune sénateur de l'Illinois Barack Obama. Il allait accéder quatre ans plus tard à la Maison-Blanche. Sa principale caractéristique ? Ce n'était pas la jeunesse, 47 ans. Aux États-Unis, on avait l'habitude – perdue depuis ! – des chefs d'État quadras, beaux gosses et sautillants. Le vice-président qu'il allait choisir paraissait bien vieux, ce sénateur Biden, âgé alors de 66 ans dont quarante en politique. La vice-présidence ne pouvait être que son bâton de maréchal avant une retraite bien méritée. Parmi les soutiens du Parti démocrate, se trouvait à l'époque l'imprévisible homme d'affaires Donald Trump, une des figures de la jet-set qui s'était fait connaître du grand public en animant un talk-show à succès. Lui aussi avait déjà franchi le cap de la soixantaine. Et encore moins que pour Biden, personne ne lui imaginait un avenir présidentiel. Aux États-Unis, c'est bien connu, on préfère les jeunes…

Tout le contraire de la France de 2004 où le Grand Jacques de Corrèze dans la dixième année de son règne, et après quatre décennies de vie publique, ne paraissait guère décidé à laisser le champ libre à son ambitieux ministre de l'Intérieur, Nicolas Sarkozy, qui pensait à l'Élysée « en se rasant ». Chirac, comme Mitterrand, dont la carrière politique s'était étirée sur un demi-siècle, n'aurait certainement pas tenu cinq minutes en politique à l'époque de #MeToo et des réseaux sociaux. Cinq minutes, c'était le temps « douche comprise » qu'il lui fallait pour offrir quelques moments de détente à son corps entièrement tourné vers la conquête du pouvoir et sa préservation. Un jardin secret que les journalistes connaissaient mais dont personne ne parlait à l'époque au nom du respect sacro-saint de la « vie privée ».

Une chose est sûre, cependant : Jacques Chirac était une « grande gueule », par exemple quand il s'opposait à l'intervention américaine en Irak. « Mais il offrait moins de prises que ses successeurs car il était plus prévisible », remarque Olivier Truchot. Il est vrai qu'en politique française, on s'ennuyait un peu avec les mêmes rejouant l'éternel combat de la gauche contre la droite. Mais le film allait s'accélérer, s'emballer, s'affoler. Après avoir connu seulement deux présidents en vingt-six ans (François Mitterrand et Jacques Chirac), la France allait en élire trois en une seule décennie. Mais personne, surtout pas sa compagne Ségolène Royal, qui commençait à s'envoler dans les sondages, n'aurait alors parié un centime sur le nom du futur successeur de Sarkozy, François Hollande. Quant au jeune Macron, nul ne lui imaginait un destin national sauf peut-être lui-même et son épouse Brigitte – attentive aux évolutions de la société française en tant qu'auditrice des « Grandes Gueules » ?

Âgé de 26 ans en cet été 2004, le futur président achevait ses études à l'ENA de Strasbourg. Et la plupart de ceux qui, vingt ans plus tard, occuperaient le devant de la scène politique française, étaient encore dans les langes. Son futur Premier ministre Gabriel Attal, tout comme ses futures opposantes d'extrême gauche, Manon Aubry et Mathilde Panot, et d'extrême droite, Marion Maréchal, n'avaient pas 15 ans ! Raphaël Glucksmann, tout juste diplômé de Sciences-Po, se consacrait à l'action humanitaire, alors que Jordan Bardella, le candidat du RN en 2024, apprenait à lire et compter dans une école primaire de Drancy. Un seul des futurs protagonistes de la politique française actuelle occupait déjà une fonction importante : Michel Barnier, alors ministre des Affaires étrangères de Jean-Pierre Raffarin. Mais lui était déjà âgé de 53 ans…

« Le changement permanent de ministres, explique Olivier Truchot, a totalement désacralisé la fonction. Moins identifiés, ils sont donc moins invités dans les GG. Les auditeurs ne les connaissent pas. Concernant les députés, dans un premier temps, le renouvellement a été salué positivement par les GG. Mais très vite, on s'est aperçu qu'ils étaient souvent déconnectés du territoire qu'ils étaient censés représenter. La fin du cumul des mandats a fabriqué des députés hors-sol. » Est-ce la jeunesse des représentants du peuple qui fait ressembler parfois l'Assemblée nationale à une cour de récréation ? Les Américains, en tout cas, peuvent être jaloux, eux dont la Maison-Blanche s'apparente à un Ehpad à l'entrée duquel on pourrait écrire : « Interdit aux moins de 75 ans ». Car si, Constitution oblige, Emmanuel Macron s'appliquera à lui-même en 2027 la retraite à… 50 ans, les élections américaines de novembre 2024 opposèrent dans un premier temps un Trump de 78 ans à un Biden de 82 ans.

What else ?, comme dirait l'autre, depuis la naissance des GG en 2004 ? Un détail de taille : nous sommes entrés dans l'âge des réseaux sociaux. En 2004, un étudiant surdoué, Marc Zuckerberg, 20 ans, inventait Facebook dans sa chambre de l'université de Harvard : une révolution dans la communication ; l'abolition de la frontière séparant vie publique et vie privée. Vingt ans plus tard, le monde compte plus de deux milliards d'« amis » qui échangent, par-delà les frontières et les océans, leurs opinions, sentiments, photos et vidéos. Depuis la naissance des « Grandes Gueules », on a vraiment changé de siècle. « Il est 9 h 15. À vous les GG ! »

Génération hashtag

En additionnant les abonnés de Facebook à ceux de Twitter, Instagram et LinkedIn, les réseaux sociaux regroupent en 2024 plus de deux milliards et demi d'utilisateurs, soit 50 % des adultes de la planète. Alors comment faire de la radio avec cette génération connectée ? *That is the question*. Les Grandes Gueules y ont répondu : dès le début, Alain Marschall et Olivier Truchot postaient des billets d'humeur ainsi que les temps forts de l'émission sur un blog déjà très en vogue à l'époque. Ils appelaient aussi leur public à réagir par e-mail sur le site internet de la radio. Par centaines, puis par milliers, des internautes montèrent à l'assaut de rmc.fr. Ils étaient bien plus jeunes, libres et impertinents que les auditeurs se manifestant traditionnellement par téléphone. Mais le meilleur (ou le pire ?) restait à venir. Il y eut d'abord la page Facebook qui facilita l'interactivité avec des milliers d'« amis », malgré certains messages pas toujours amicaux ou rédigés par des champions de l'expression écrite, comme le montre ce spécimen : « En même temps lorsque je vois la gueule des journalistes, je comprends. Je me souviens que c'est vous qui avez mis Macron au pouvoir. Je regarde les articles sur Trump qui sont d'une objectivité terrible. En fait les français n'ont plus confiance aux journalistes point[1]. » Vint ensuite le tsunami Twitter. Une machine infernale : cent quarante caractères par message ; pas de place pour la nuance, un boulevard pour les polémiques. Mais Twitter rebaptisé X permet aussi de créer un lien permanent avec les auditeurs.

Beaucoup de GG d'hier et d'aujourd'hui appartiennent à la grande tribu des twittos. Parmi les anciens, on trouve Gilles-William Goldnadel avec ses cinq cent mille followers. Et parmi les GG en activité les plus présents sur X il y a : Zohra Bitan, Jérôme Marty, Étienne Liebig, Joëlle Dago-Serry, Charles Consigny et Flora Ghebali, ces trois derniers étant aussi visibles sur Instagram, alors que Flora, insatiable, est également présente sur TikTok.

1. Les messages sont délibérément reproduits tels qu'ils ont été reçus.

La twittosphère, ce n'est pas de la tarte, mais ils en raffolent ! « C'est très important pour le rayonnement des "Grandes Gueules", souligne Alain Marschall. Mais nous recommandons la prudence aux intervenants. Vu la rapidité des échanges, il faut éviter de se laisser emporter en un clic dans une polémique dont un propos excessif pourrait retomber sur les "Grandes Gueules". Évidemment, ils parlent en leur nom mais leur notoriété vient de l'émission. Ils doivent faire attention aux provocations. Et elles ne manquent pas. » Si Alain Marschall n'a volontairement pas de compte Facebook, il fut pendant des années un twitto très actif. Cela paraissait difficile d'y échapper : c'est le service après-vente de l'émission. Mais Alain en est revenu : « J'ai petit à petit décroché de Twitter. Trop de haine, trop d'insultes et moins d'infos qu'avant. J'y reste abonné mais je consulte moins souvent qu'avant. Ça me repose l'esprit. Les Pepito85, Tulipe79 et Dartagnan64 m'ont saoulé. Les justiciers et autres fielleux abrités derrière leurs pseudos ne méritent pas qu'on s'intéresse à eux trop longtemps. » Malgré cette prise de distance, Alain Marschall totalise quand même, en plus de son compte privé Instagram, la bagatelle de quatre-vingt-dix-huit mille followers. Olivier Truchot, lui, en a cent huit mille. Et il se dit toujours accro : « Je suis un fan de Twitter. Je trouve cet outil passionnant, malgré les haineux et les rageux. Je tweete souvent. » Le sujet le plus chaud ? Le conflit israélo-palestinien ! Depuis vingt ans, à chaque flambée de violence là-bas, le Proche-Orient enflamme le studio des « Grandes Gueules ». Mais jamais avec autant d'intensité et de passion que depuis le 7 octobre 2023 et la terrible opération terroriste du Hamas contre des civils israéliens. Comme la guerre, là-bas, les engueulades, ici, dépassent très vite le cadre initial. Un exemple? Ce 15 novembre 2023 où des auditeurs très remontés s'indignent de l'intervention militaire israélienne. Parmi eux: Julien, un paysagiste dans les Bouches-du-Rhône, dénonce le «double standard»: «Double standard! Le Kosovo a voté je ne sais pas comment pour avoir son État mais les Ukrainiens de l'Est ils n'ont pas droit de voter pour avoir leur État. Double standard, double standard double standard, mettez-vous ça bien dans la tête et c'est ça qui fait que le monde se divise en plusieurs parties et que l'Afrique et plus personne ne soutient les Occidentaux.»

Un autre auditeur très virulent ayant évoqué ses origines maghrébines, Antoine Diers, élu local à Dunkerque et ancien porte-parole d'Éric Zemmour, monte sur ses grands chevaux: «Au-delà des origines, pour moi, l'enjeu ce sont les valeurs françaises. Et quand on est français, d'où qu'on vient, on ne peut être que d'un côté, on ne peut être que du côté d'Israël, quand on est français, animé par nos valeurs libérales, on ne peut être qu'aux côtés d'Israël et tous ceux qui, français, défendent le Hamas, ne méritent pas d'être français d'après moi.»

D'autres sujets, dans des registres très différents, suscitent des passions folles: la bagnole, l'islam, la laïcité. Pour maîtriser le flux continu des mots, parfois dangereux, l'équipe des GG mène la danse de l'interactivité. On met en ligne, avant la prise d'antenne, le menu pour les *followers*, puis un *community manager* employé à plein temps extrait des vidéos de l'émission sur les réseaux sociaux, tout en répondant aux messages reçus sur Facebook et Twitter. Il s'occupe aussi de générer différents tableaux statistiques afin que l'équipe des «Grandes Gueules» puisse suivre l'évolution des réactions sur les réseaux sociaux. Après l'émission, il découpe des extraits pour les podcasts, et met en ligne les punchlines qui, telles des mèches à longue portée, vont enflammer la Toile. Exemples de tweets extraits des « Grandes Gueules » : « Être importunée, cela peut provoquer de belles histoires » (@nadine_morano). « Le quotidien des femmes est insupportable. C'est plus un problème d'éducation que de lois ! » (@joannsfar). Certains tweets indiquent la continuité dans la pensée de leurs auteurs :

« En 2016, 2 280 sapeurs-pompiers ont été agressés. C'est insupportable. Il faut mettre un terme à cette culture de l'impunité qui s'est installée dans certaines zones de non-droit » (@ECiotti, 11 janvier 2018, #Touchepasàmonpompier).

Et, parmi les sujets sensibles : l'éducation des enfants. Faut-il supprimer les allocations familiales aux parents de délinquants ? Le sujet a encore enflammé les ondes en même temps que les Abribus brûlaient dans certaines banlieues à l'été 2023. Il est revenu en avril 2024 à propos du « droit de correction » des enfants. En écoutant les archives des « Grandes Gueules », on trouve de nombreuses engueulades à propos de la fessée puis, plus récemment, du « droit de correction ». On n'est pas là dans une discussion théorique ; les opinions émises s'appuient sur l'expérience personnelle, intime et parfois douloureuse, où chacun met sa vie sur la table : « Frapper ses enfants, même avec des petites tapes ou des petites fessées, ce n'est pas normal. Il faut graver dans le marbre, avec une loi, que l'on peut éduquer son enfant sans être violent » (@MaudPetit_AN94).

« J'ai été élevé à la dure. Quand je parlais mal à mon père, je recevais une petite tape. Aujourd'hui, je me porte très bien ! De nos jours, il n'y a plus d'autorité ! »

(@hamza). On est loin de la langue de bois qui jadis dominait dans les médias. Désormais, ces médias eux-mêmes font l'objet de débats, critiques et suspicions sans limites.

Pour résumer: avec « Les Grandes Gueules », c'est le buzz, matin, midi et soir à tous les étages. Les auditeurs adorent, comme en témoignent les e-mails qu'ils adressent à leurs « chères GG » après chaque émission. Quelques exemples: « Comme toujours, un vrai plaisir d'écouter les GG! Je vous aime, les amis! » (Ibtiham); « Chouette, les GG! J'espère que l'émission sera aussi bonne qu'hier!!! » (Laurent); « Les GG, merci pour le T-shirt que vous m'avez envoyé, je suis super content, il me va comme un gant! Hâte de rejouer avec vous! » (Olivier); « Les GG, mon émission préférée. Je vous suis depuis le début, et vous êtes toujours aussi bons. Bravo Olivier et Alain!!! » (Nini) « Salut tout le monde. Je me permets d'être familière car j'ai l'impression que ça fait des années que nous nous connaissons » (Romane).

Réceptacle des colères

Aujourd'hui, l'audience de l'émission repose sur plusieurs types de diffusion: d'abord en direct, dans son intégralité à la radio et à la télé, puis par pièces détachées en podcast et, enfin, ses multiples rebonds sur les réseaux sociaux. Tweets et retweets sont devenus les deux mamelles du buzz: un tourbillon sans fin où la vraie information est sans cesse contestée par les rumeurs qui filent sur la Toile. L'incrédulité croissante à l'égard des médias était disséquée déjà le 8 janvier 2018 par « Les Grandes Gueules »: « Selon une étude, huit Français sur dix adhèrent à une théorie du complot. [...] Comment désamorcer ces "théories du complot", particulièrement répandues parmi les jeunes, qui incluent aussi des aberrations, du genre : "La terre est plate" ? » Les réponses des intervenants de l'émission s'enchaînent : « Les jeunes sont plus naïfs qu'avant. Aujourd'hui, un tweet peut être plus sacré que la parole d'un journal » (Maxime Lledo) ; « Le système éducatif ne s'est pas adapté à la multiplication des médias » (Joëlle Dago-Serry) ; « La théorie du complot repose sur l'ignorance. Il y a aussi une question d'intérêt à véhiculer ces théories » (Pascal Perri).

Un auditeur au téléphone prend aussitôt le contre-pied des GG, et s'érige en porte-parole des adeptes du complotisme : « Aujourd'hui, il y a des attentats avec de fausses victimes avec des infos bidons ! », déclare Kevin qui signe ainsi ses tweets : « ultra-complotiste#GGRMC ». Contacté ensuite par téléphone, un journaliste extérieur à l'émission, Thomas Huchon, défend la profession : « Le but, dans notre métier de journaliste, c'est de remettre de la complexité et de la nuance. »

C'était difficile à l'époque et cela ne s'est pas arrangé depuis ! Il a toujours existé des émissions de radio dans lesquelles on donnait brièvement la parole aux auditeurs pour poser une question ou faire une remarque. Dans certains programmes intimistes, comme celui de Macha Béranger (sur France Inter), l'auditeur pouvait longuement s'épancher, mais l'information restait la chasse gardée des journalistes. Avec « Les Grandes Gueules », tout a changé : si une partie des auditeurs continue d'écouter sagement et passivement la radio, beaucoup sont actifs, et même parfois hyperactifs, pendant et après l'émission. C'est ce que l'on appelle l'interactivité. Avec Twitter, les journalistes n'ont plus le dernier mot ; les débats qu'ils lancent dans leurs émissions se poursuivent à l'infini, hors de leur contrôle. Au-delà de l'anecdote et de certaines outrances, les tweets suscités par « Les Grandes Gueules » sont passionnants.

Un jour, peut-être, les historiens se pencheront sur les archives de l'émission pour connaître l'état d'esprit des Français au début du XXIe siècle. Florilège : « Si demain on découvre un texte d'un Prophète qui interdit le bœuf, je devrais faire des menus de substitution les jours où du bœuf sera servi. Dans cette logique, jusqu'où va-t-on ? » (@JSanchez) ; « Certains détenus n'ont rien à faire en prison ! Ils ne sont là que pour des petits délits » (@alexandra) ; « 80 % de cons dans une société c'est bien, y'a bien pire. La seule différence aujourd'hui, c'est qu'avec les réseaux sociaux, on le voit sous nos yeux et on n'arrive pas à croire qu'il y ait autant de cons » (Mandrake @themagician).

« Les Grandes Gueules », c'est une parole libre et sans tabou. En vingt ans, « Les Grandes Gueules » ont accompagné une véritable insurrection verbale des Français contre les élites. « On a servi de réceptacle à toutes les colères », explique Olivier Truchot. « On a vu l'exaspération monter, monter, pendant tout le quinquennat de François Hollande, ajoute Alain Marschall. Le climat était devenu irrespirable. Mais on n'imaginait pas que cela pourrait encore s'aggraver. » La saison 2023-2024 fut une des meilleures depuis la naissance des « Grandes Gueules ». La guerre à Gaza et ses conséquences en France puis les campagnes des européennes et des législatives ont vraiment passionné les gens, poursuivent en chœur les deux compères. On avait déjà constaté un tel phénomène en 2007 avec l'émergence de candidats (Bayrou, Royal et Sarkozy) qui incarnaient un renouveau. Mais à l'époque, le climat était bien meilleur : le chômage baissait, il y avait de l'espoir. On a revécu cela en 2016-2017, avec une élection présidentielle, aux rebondissements dignes d'un thriller mais qui se conjuguait avec beaucoup d'inquiétude. Les attentats étaient passés par là! Cette fois, c'est encore différent. Macron a d'abord connu une sorte d'état de grâce jusqu'à l'été 2018. On l'a senti aux « Grandes Gueules »: l'ambiance était plus apaisée, les sujets de vie quotidienne l'emportant sur la politique. À partir de l'affaire Benalla, qui l'a privé des bénéfices de la victoire au Mondial de football, Macron a enchaîné les hauts et les bas pendant tout son premier quinquennat: Gilets jaunes, retraites, Covid, Ukraine.

« Les Grandes Gueules » ont été aux premières loges des différentes crises qui ont secoué le pays.

Acte I: les Gilets jaunes. En octobre 2018, les GG suivent avec intérêt la contestation spontanée qui émerge autour de blocages illégaux de routes et de ronds-points et de manifestations tous les samedis. Ces protestations mobilisent surtout les habitants des zones rurales et périurbaines, cette France de la classe moyenne qui se sent oubliée, pour ne pas dire méprisée par le pouvoir parisien. Le mouvement est né sur Facebook en réaction à l'abaissement de la limitation de vitesse à 80 km/h sur les routes secondaires et contre l'augmentation du prix des carburants automobiles due à la hausse de la Taxe intérieure de consommation sur les produits énergétiques (TICPE).

Parmi les initiateurs des Gilets jaunes: un chauffeur routier, fan de tuning, vivant en Seine-et-Marne, avec sa femme et sa fille, un certain Éric Drouet. Toutes les rédactions cherchent à le joindre pour l'inviter. « Un matin, raconte Olivier Truchot, avant de prendre l'antenne, je l'aperçois dans la file d'attente du public qui venait assister à l'émission. Surpris, je l'interroge:

“Que faites-vous là ?” Il me répond tranquillement : “Je suis un fan des GG, je me suis inscrit pour assister à l’émission.” Autant vous dire que, ce jour-là, le simple spectateur est devenu notre invité principal. » Pendant quelques semaines, les Gilets jaunes ont vécu une sorte de lune de miel avec les GG, comme d’ailleurs avec la majorité des Français. Les GJ avaient trouvé chez les GG un lieu idéal où ils étaient écoutés, respectés. Les choses ont commencé à mal tourner avec les premières manifestations d’intolérance. Alain Marschall et Olivier Truchot se rendaient en régions le samedi pour signer leur premier livre *Les Secrets des Grandes Gueules*. S’étant vu interdire l’accès d’une Fnac puis d’une librairie, ils ont annulé leur tournée. Tout au long de l’année 2019, la situation est devenue progressivement chaotique dans le pays. « Les Grandes Gueules » l’ont pris « en pleine poire » le vendredi 17 janvier 2020 à Béziers où ils étaient partis faire une émission spéciale délocalisée. Chaque sortie des GG dans une ville représente depuis toujours un moment de convivialité, de rencontre, presque une fête pour les GG invitées à y participer. « C’est toujours très sympa, raconte Olivier Truchot. On part la veille, on dîne dans un bon restaurant, on rigole aussi tout en préparant l’émission du lendemain. On est toujours content de rencontrer le public, d’échanger, de discuter. »

Mais ce déplacement à Béziers en cette fin d’hiver 2020 s’inscrivait dans un contexte particulier. Si nul n’imaginait encore le confinement pour cause de Covid qui quelques mois plus tard mettrait le pays sur « pause », la réforme des retraites, première mouture – à points –, entraînait déjà grèves et manifestations. « Avant même le début de l’émission, se souvient Olivier Truchot, on entendait à l’extérieur des slogans anti-Macron, anti-privilégiés, mais aussi… anti-GG. Tout de suite, avec Barbara Lefebvre, Jérôme Marty, Étienne Liebig, et toute l'équipe, on a senti que l'émission en public, à l'intérieur de la brasserie L'Allegria, serait perturbée. Dès le début du direct à 9 heures, on a vu surgir autour de nous quelques drapeaux des syndicats Sud et Solidaires et un petit groupe de Gilets jaunes. À l'extérieur, notre service de sécurité se faisait un peu chahuter par trente ou quarante manifestants massés autour de la brasserie. Ils ont commencé à taper sur les vitres pour indiquer leur volonté de prendre la parole coûte que coûte.

Le public présent à l'intérieur commençait à s'inquiéter. Nous étions obligés de commenter en direct les bruits et les cris pour expliquer la situation aux auditeurs. Vers 10 h 30 a éclaté le premier incident grave : un des manifestants a coupé un gros câble d'alimentation, prenant ainsi le risque considérable de créer ce qu'on appelle un arc électrique. Puis les mortiers d'artifice ont commencé, quelques pétards agricoles, aussi, dont un plus important que les autres était placé sous notre car régie. Il a provoqué un moment d'affolement. La détonation a été impressionnante. Le souffle aussi. On l'a ressenti jusqu'à l'intérieur de la brasserie. Du coup, notre réalisateur nous a demandé d'arrêter l'émission. Le patron de la brasserie lui-même commençait à se poser des questions. Les spectateurs confinés avec nous dans la brasserie se rendaient bien compte de la situation, et commençaient à avoir peur, d'autant qu'il s'agit d'un public un peu âgé. On a alors vu arriver le chef de la sécurité, Thierry Muller, un peu affolé, la chemise déchirée et la veste en vrac, il nous a dit : "Les gars, on arrête ! Ils sont chauds bouillants dehors, certains veulent en découdre, on ne peut plus continuer dans ces conditions." C'était une question d'intégrité physique pour nos équipes, pour notre public et pour le restaurant lui-même. Voilà comment la fête a tourné court. Pour la première fois de notre existence, une minorité intolérante a cloué le bec des Grandes Gueules.

Nous avons juste eu le temps d'expliquer cette situation scandaleuse à nos auditeurs avant de dire stop. C'était d'autant plus dur à vivre que notre ADN, c'est le dialogue, encore le dialogue, toujours le dialogue, et l'écoute de toutes les opinions. Mais quand nous avons voulu aller rencontrer les manifestants à l'extérieur, la sécurité nous en a empêchés. On risquait d'être lynchés ! Il n'y avait d'ailleurs aucun policier pour nous protéger. Nous avons passé un coup de fil au maire de Béziers, Robert Ménard, pour l'interroger sur l'absence de la police municipale tout comme celle de la police nationale bien que nous les ayons prévenues. Ses explications étaient un peu emberlificotées, mais je pense que les autorités ont eu peur d'envenimer les choses en envoyant la police face aux perturbateurs. Donc article 42 : débrouille-toi comme tu peux, ce que nous avons fait. »

Pendant son premier mandat, Emmanuel Macron continuait tant bien que mal d'incarner encore une volonté de renouveau avec sa réforme pour la retraite par points et les « grands débats » durant lesquels il parlait pendant des heures avec les Français sur le terrain. Depuis sa réélection, il semble avoir perdu la main. La haine qu'il inspire emporte tout sur son passage, elle paraît irrationnelle. Mais il a déçu jusqu'à ses soutiens de la première heure. Depuis deux ans, avec l'absence de majorité à l'Assemblée nationale, la France ressemblait à un bateau ivre où le moindre débat politique suscitait des passions parfois irrationnelles. La campagne des législatives a été unique, elle n'a duré que quinze jours mais tous ces derniers mois, depuis le début de l'année, on a senti monter la colère et une envie de renverser la table. Le désordre s'est conjugué avec le sentiment que Macron ne comprenait pas vraiment le quotidien des Français. Depuis plusieurs années, nous avons vu monter à travers les appels au 3216 (le numéro de RMC réservé aux auditeurs) l'exaspération des Français, comme un fleuve en crue, sur tous les sujets fondamentaux qui animent les débats des GG : le sentiment de déclassement et la dégradation des services publics, la vitesse sur la route, le burn out au travail, les impôts, le portable, l'école, le statut des fonctionnaires ou les arrêts-maladies.

Quand Sarah Saldmann met le feu à la plaine

Le sujet des arrêts-maladies fut à l'origine de l'un des buzz historiques de l'émission qui a dégénéré en véritable psychodrame national. L'affaire a éclaté le 8 septembre 2022, à la suite des propos de la GG Sarah Saldmann, une avocate connue pour son franc-parler. Pour vivre heureuse, elle ne vit pas cachée, c'est le moins qu'on puisse dire ! Qui ne connaît pas cette trentenaire au visage juvénile, au sourire enjôleur mais au regard perçant, toujours prête à décocher des flèches avec sa voix gouailleuse ? Une âme de fer dans un visage de velours. Comment ignorer Sarah ? On la voyait en 2023 sur l'antenne de la télévision internationale israélienne i24News dans « Les Grandes Gueules » du Moyen-Orient, petite sœur des GG, aujourd'hui disparue. Elle y défendait bec et ongles l'État d'Israël et pourfendait sans concession tout ce qui de près ou de loin s'apparente à l'islamo-gauchisme. Sur BFM

Business, elle tenait un rôle plus neutre de conseiller juridique des auditeurs pendant l'émission « Patrimoine » de Cédric Decoeur. Désormais, on ne la voit plus que sur les écrans du groupe Bolloré : principalement sur CNews dans « L'heure des pros » de Pascal Praud qui n'est pas réputée pour son caractère consensuel, et plus épisodiquement dans l'émission de Cyril Hanouna « Touche pas à mon poste ! ». Sarah Saldmann est une avocate très suivie : elle cumule plus de trois cent mille followers sur l'ensemble de ses réseaux sociaux ! (Twitter, Instagram, TikTok, LinkedIn). Le buzz est sa raison d'être. Et ce 8 septembre 2022 dans « Les Grandes Gueules », elle a explosé les compteurs. « Ce matin-là, se souvient Alain Marschall, nous discutions de l'augmentation croissante des arrêts-maladies avec cette interpellation : la France est-elle devenue un pays de fragiles ? » Sarah Saldmann s'est alors lancée dans une tirade en déclarant : « Je savais déjà qu'on était dans une France d'assistés, maintenant je vois que nous sommes dans une France de fragiles. [...] On est malade parce qu'on veut glander chez soi et avoir la paye qui tombe. Voilà pourquoi on est malade. Parce qu'on a un rhume, une angine, et on ne va pas bosser ? Mais c'est quoi ces gens qui ne foutent rien ? C'est quoi ces glandus, ces assistés, ces feignasses ? Non mais ce n'est pas possible. »

Le tweet reprenant ces propos, quelques instants après, a eu l'effet d'une allumette jetée dans un baril de poudre. Des milliers de commentaires indignés sur les réseaux sociaux : « Qui c'est, celle-là ? Pour qui elle se prend ! Avocate des réseaux sociaux... privilégiée... Comment ose-t-elle cracher sur ceux qui gagnent dix fois moins qu'elle et à qui leur médecin prescrit un arrêt-maladie comme la loi le permet. » Le scandale est devenu politique et le député Insoumis François Ruffin s'en est mêlé. Lors d'une autre émission des GG, il a directement proposé à Sarah de l'accompagner un jour à la rencontre de femmes de ménage, de caissières, d'infirmières qui lui expliqueraient la pénibilité de leur travail, comment elles se brisent le dos à la tâche pour des salaires de misère. « J'ai vraiment été surprise par l'ampleur de la polémique, avoue aujourd'hui Sarah Saldmann. Mon propos s'inscrivait en réponse à un sondage sur l'augmentation en flèche des arrêts-maladies parmi les 18-34 ans, une catégorie *a priori* en bonne santé. Je n'aurais pas dit la même chose à propos des travailleurs de plus de 60 ans. » Mais selon Sarah Saldmann, il existe un sujet encore plus sensible que celui des arrêts-maladies, c'est l'écologie.

Le 8 juin 2022, toujours dans « Les Grandes Gueules », elle a déclaré : « À titre personnel, je me fous de l'écologie, ça ne m'intéresse pas, je vois d'abord mon intérêt et ensuite éventuellement celui de la planète. Je prends deux bains par jour, j'adore ça. » Aussitôt, le journaliste Hugo Clément dénonce une « irresponsabilité médiatique » de continuer à diffuser ce genre de discours, qui « condamne les générations futures à un monde invivable ». Sarah Saldmann expliquera dans l'émission « Touche pas à mon poste ! » qu'elle a répondu ainsi par provocation aux propos de la ministre de l'Écologie qui invitait à baisser la climatisation. Sarah ne prend pas de précautions. Mais ni elle ni personne aux « Grandes Gueules » n'imaginait les conséquences sur la vie de la jeune femme : « Pour des centaines de milliers de gens, je suis devenue une espèce de monstre qu'il fallait abattre, pas seulement mes idées mais ma personne. Des gens furieux, une dizaine environ, sont venus devant mon cabinet d'avocate, ils hurlaient des insultes sur mon passage, comme si j'avais tué père et mère. Ils voulaient ma mort ! Ils voulaient me tuer ! Les menaces n'existaient pas seulement sur les réseaux sociaux. On m'en a envoyé par courrier postal. Je n'ai pas réagi jusqu'au jour où j'ai reçu une balle de revolver dans une enveloppe. Là, j'ai porté plainte. » Contrairement aux « Grandes Gueules » d'antan, protégées par l'anonymat de la radio, la notoriété audiovisuelle de Sarah en fait une cible. Se tenant toujours sur ses gardes dans les lieux publics, elle ne prend pas les transports en commun et jette un œil furtif devant et derrière elle quand elle entre et sort de son bureau ou de sa maison. La guerre de Gaza, consécutive aux massacres du 7 octobre, a nettement aggravé les choses. Le soutien inconditionnel de Sarah Saldmann à l'armée israélienne a suscité des réactions qu'elle ressent comme ouvertement antisémites. « J'en prends plein la gueule », lâche-t-elle, mâchoire serrée. Elle n'intervient plus dans « Les Grandes Gueules » depuis janvier 2024. Fâchée ? Virée ? « Que nenni », répondent Marschall et Truchot. Ils ont dû se séparer d'elle à regret. Sarah intervenant très régulièrement sur CNews, ils ne pouvaient plus garder une GG estampillée sur une chaîne concurrente. C'est la loi des médias. *Dura lex, sed lex.* Mais Sarah Saldmann garde une place dans son cœur pour les GG : « Alain et Olivier m'ont lancée, je ne l'oublierai jamais. Je les adore. »

TRUCHAL ET MARCHOT

Quel tourbillon, depuis vingt ans ! Mariage pour tous, maïs transgénique, sang contaminé, vaches folles, sida, référendum sur l'Europe, Colin Powell, Saddam Hussein, DSK, Benoît XVI, Claude Allègre, Jean-Marie Messier, José Bové, Ariel Sharon, Yasser Arafat, Michel Fourniret, Benazir Bhutto, Donald Trump, Kim Jong-un… Qui s'en souvient encore ? Ces personnages, ces événements, qui ont suscité tant de passions, nous paraissent bien lointains.

Voitures électriques, terreur à Paris, lait contaminé, PMA, GPA, laïcité, islam, migrants, réchauffement climatique, tout passe et tout lasse… À part la retraite, le logement et le chômage, combien de questions, combien de personnages, jugés aujourd'hui essentiels, étaient ignorés en 2004 ? Chaque jour, depuis vingt ans, nous a apporté son lot d'événements inattendus. Et chaque jour, « Les Grandes Gueules » ont observé, disséqué, critiqué, moqué, félicité et, finalement, permis de comprendre ce monde qui changeait sous nos yeux. Comme toutes les institutions, l'émission possède ses rites quasi immuables.

Pour casser la routine, « Les Grandes Gueules » ont créé des événements originaux. S'inspirant des 7 d'or de la télévision, ils ont instauré à partir de 2007 l'élection par les auditeurs de la « Grande Gueule d'or de l'année ». Elle fut successivement attribuée à Augustin Legrand, fondateur des Enfants de Don Quichotte (2007), Robert Ménard, alors secrétaire général de Reporters sans frontières (2008), Xavier Mathieu, délégué CGT à l'usine Continental AG de Clairoix (2009), Irène Frachon, médecin et lanceuse d'alerte dans l'affaire du Mediator (2011), et Jean-Luc Mélenchon à deux reprises (en 2010 et 2012) – en un temps où il adorait « Les Grandes Gueules ». Ayant abandonné sa référence à l'or, la « Grande Gueule de l'année » tout court fut ensuite décernée à Frigide Barjot, égérie de La Manif pour tous (2013), Éric Zemmour, alors auteur du best-seller *Le Suicide français* (2014), Marc Trévidic, juge antiterroriste (2015), l'association L214, qui a dénoncé la maltraitance animale (2016), puis le général Pierre de Villiers, ancien chef d'état-major des armées, révoqué par le président Macron en 2017. En 2021 et 2022, la Grande Gueule de l'année fut attribuée à deux personnalités dont ce titre restera sans doute le seul point commun : l'animateur Stéphane Bern et le président ukrainien Zelenski. En 2023, on a décidé de renouveler la formule en faisant désigner par le public la Grande Gueule de l'année parmi les intervenants réguliers de l'émission. Émulation garantie. Vingt-cinq mille votants et un scrutin serré dont sortit vainqueur Mehdi Ghezzar qui devança sur la ligne Barbara Lefebvre. « Ce n'est pas rien pour moi, ce choix des auditeurs, avoue le lauréat 2023. Cela me touche profondément. » Nul n'imaginait alors qu'il exploserait en vol.

L'affaire Mehdi Ghezzar

« J'ai rencontré Mehdi Ghezzar en 2020, raconte Alain Marschall, un soir du mois d'août, par hasard dans un restaurant porte de Saint-Cloud. Il habite non loin de là, à Boulogne-Billancourt, où il possède un garage. J'étais avec un ami journaliste et, à la fin du repas, le serveur nous dit : "C'est ce monsieur qui vous invite." Cet homme, c'était Mehdi Ghezzar. J'étais gêné, j'ai refusé mais il a insisté et, dans la foulée des remerciements, la discussion a commencé, sur l'émission, sur sa vie de chef d'entreprise, la politique… Bref, j'ai flairé le potentiel "GG" et j'en ai parlé à l'équipe ! Peu de temps après, on l'a invité dans l'émission pour un test. Il l'a brillamment passé et s'ensuivit logiquement son intégration.

Mehdi, sa spécialité, c'étaient les coups de gueule contre ceux qui entravent la liberté d'entreprendre, ceux qui ne se bougent pas suffisamment pour trouver du boulot. Pendant quatre ans, il a bien tenu sa place et, en plus, le matin il faisait plaisir à toute l'équipe, aux maquilleuses et aux gens de la technique en apportant croissants et pains au chocolat !

Mehdi, franc et entier, a choisi son camp en affichant son soutien à la population de Gaza après l'assaut israélien. C'était son droit. Mais jamais dans notre émission il n'a franchi la ligne rouge du propos injurieux ou blessant à l'égard de quiconque. Nous aimions bien le personnage et son profil de chef d'entreprise très… entreprenant. Nous connaissions aussi ses liens avec l'Algérie : il est le fils d'un ancien ambassadeur de ce pays et donc guère hostile à la "main de fer", surtout contre la délinquance et le trafic de drogue.

Pourtant, le ciel nous est tombé sur la tête ce jour de la fin août où nous avons appris par les réseaux sociaux ses déclarations dans une émission algérienne dont nous ignorions l'existence. L'homme que nous avons découvert alors était bien éloigné de notre Mehdi parisien. Il s'était lancé dans une diatribe véhémente à l'encontre de l'État marocain, de son peuple et d'André Azoulay, le conseiller juif du roi du Maroc, dont il fustigeait les liens supposés avec ce qu'il qualifiait d'"entité sioniste". Une véritable déflagration qui a déclenché une tempête sur les réseaux sociaux. Nous nous retrouvions embarqués dans une sale histoire que nous n'avions pas provoquée, qui n'était pas la nôtre et encore moins celle de notre direction.

Dans un échange de SMS, Mehdi nous a écrit : "Je ne voulais pas vous mettre dans la m… Je démissionne si vous voulez… Désolé d'avoir provoqué tout ça."

Dans des dizaines de messages, les auditeurs se demandaient : qui est le vrai Mehdi Ghezzar ? En se comportant en propagandiste zélé du pouvoir algérien, il avait trahi l'esprit des "GG". Nous avons ressenti beaucoup de tristesse et avons dû, à la demande de notre direction, cesser immédiatement toute collaboration avec lui. Quel gâchis ! »

On s'en fout pas !

Dring… Pendant longtemps, l'émission fut rythmée par des rubriques : « Le match des GG », « Les GG veulent savoir », « À la une des GG », « Le conseil des GG », « La Grande Gueule du jour » et « Le Grand Oral », auxquelles se soumettait pendant trente minutes un invité. Ces rubriques offraient un cadre stable qui rassurait l'auditeur. Elles ont contribué à la longévité de l'émission. Des innovations étaient apportées mais par petites touches. Jamais de bouleversement qui aurait pu désorienter l'auditeur. Ainsi le « monde de Macron » a succédé en 2017 au « pays de Hollande» qui lui-même avait remplacé « la France de Nicolas » : « Et maintenant, allons faire un tour dans le monde de Macron », lançaient les animateurs, chaque jour à 9 h 40. Et pour introduire la séquence, on réécoutait cet extrait d'un Jupiter en gestation s'égosillant, les bras écartés, dans un meeting pendant la campagne présidentielle : « Mais maintenant, votre responsabilité, c'est d'aller partout en France pour le porter, et pour gagner. Ce que je veux, c'est que vous, partout, vous alliez le faire gagner, parce que c'est notre projet ! »

Tout cela paraît loin aujourd'hui. La plupart des rubriques ont été supprimées. Plus de « Grand Oral », ni de « match des GG ». Il en reste deux désormais créées récemment. La première intervient en fin de première heure : chacune des GG en plateau doit répondre à trois questions d'actualité par : « on s'en fout » ou « on s'en fout pas ». La deuxième rubrique arrive plus tard dans l'émission. Elle s'appelle « GG Set et Match ». Par équipes de deux, les GG s'affrontent autour d'un débat de société. Chacun dispose de trois minutes pour développer ses arguments. Dring… La cloche indique la fin de la partie. En fait, tout désormais tourne autour des GG elles-mêmes. « On s'est aperçu, explique Anaïs Sainz, la rédactrice en chef, que le public veut du débat, toujours du débat, encore du débat. » Les auditeurs n'attendent pas des GG l'interview d'une personnalité qu'ils peuvent voir ou entendre ailleurs. Tout a changé depuis la naissance des « Grandes Gueules ».

Tout ? Sauf les GG elles-mêmes, tel un phare dans le brouillard d'une actualité souvent stressante et angoissante.

Alain Marschall et Olivier Truchot seraient-ils les inamovibles de la radio ? Évidemment, quand on les compare aujourd'hui avec les photos des premières années, on perçoit bien sur leur visage les premiers outrages du temps et, dans leur chevelure, quelques mèches blanches. Mais les sourires sont les mêmes, la complicité est inchangée et le bonheur d'être ensemble reste intact. Alain et Olivier, Marschall et Truchot, Alain Truchot et Olivier Marschall, Olivier Truchall et Alain Marschot... Il arrive encore qu'on les confonde. Et pour cause ! « Bonjour, Olivier Marschall », commença un jour un auditeur qui, au téléphone, s'adressait à Alain. Dans l'esprit du public, ils sont inséparables. Eux, dans leur vie, font la part des choses : « On ne part jamais en week-end ni en vacances ensemble. Et on compte sur les doigts d'une main les soirées communes en dehors du boulot. Il ne faut pas mélanger les genres. »

Les forçats du boulot

« Les Grandes Gueules » ne font jamais relâche. Ou presque. La boutique est ouverte cinq jours sur sept. C'est une des très rares émissions du PAF qui ne s'arrête jamais le 1er mai. Les seuls jours fériés où une rediffusion remplace le direct sont Noël et le 1er janvier. Durant les vacances scolaires, Truchot et Marschall se relaient à l'antenne : pas question de se priver des congés en famille ! Ils sont sacrés pour ces deux pères tranquilles qui, s'ils ne sont pas des papas rassis, restent ignorés des paparazzi. Discrets sur leur vie privée, ils ne sont pas du genre à se faire piéger par *Closer* sur une plage des Bahamas ou à poser dans *Paris Match*. Pas de vie tapageuse ni de dîner en ville, ils ignorent les mondanités. « Ce sont de gros bosseurs[1] », disait d'eux Alain Weill, l'ancien patron de NextRadioTV, qui s'y connaît et qu'ils surnomment toujours « le boss ». Ce découvreur de talents a déniché Truchot et Marschall au début des années 2000. Ils étaient alors inconnus. « Ils ont monté les barreaux de l'échelle un à un », se souvient Alain Weill[2]. Il leur a ensuite confié à chacun une tranche d'info en *prime time* sur BFMTV : le 17-19 heures pour Olivier Truchot et le 20 heures pour Alain Marschall. Les horaires ont changé mais nos deux compères sont toujours à l'antenne sur BFMTV et cela depuis 2008 !

Cette saison 2024-2025 sera pour eux la dix-septième. Pas le temps de flâner, les gars. Entre la radio et la télé, ils mangent sur le pouce, une salade et un Perrier (un vrai régime de sportif), dans une brasserie du quartier. S'ils manquent de temps, ils font la queue comme tout le personnel, avec leur plateau, à la cantine de l'entreprise. Les jours fastes seulement ils s'autorisent un déjeuner au 3 Présidents, un restaurant fondé par l'ancien chef cuisinier de l'Élysée sous les présidents Chirac, Sarkozy et Hollande. Pas plus d'une heure car les 3 Présidents est situé au pied de leur bureau. Un œil sur l'assiette et l'autre sur l'iPhone pour ne rien manquer des alertes info. Si « le travail, c'est la santé », alors nos deux gaillards sont en pleine forme ! Et pour entretenir la machine, il faut faire un peu de sport, mais ce n'est pas évident à Paris – et avec de tels horaires… Alain Marschall s'oblige à

1. *Les Secrets des Grandes Gueules*, d'Alain Marschall et Olivier Truchot, avec Michel Taubmann, L'Archipel, 2018.
2. *Ibid.*

faire une heure de « cardio-vélo » une fois par semaine, à l'heure du déjeuner, dans un centre sportif situé à proximité des studios. Olivier Truchot, lui, déteste les sports en salle, alors il se rattrape certains week-ends en faisant du vélo en Bourgogne où il vient se ressourcer en famille le plus souvent possible.

Alain court au bois de Boulogne, dix kilomètres le samedi et le dimanche. Une fois par an, il fait du ski pendant une semaine. Olivier, qui est vraiment accro aux sports d'hiver, se rend sur les pistes deux à trois fois dans l'année. Il s'adonne aussi à la plongée sous-marine.

Sur le pont chaque matin, à l'heure où blanchit le périphérique aux abords du studio, pour préparer « Les Grandes Gueules », nos deux amis se font des journées de douze heures minimum. S'ils débranchent un peu le samedi, ils sont connectés à l'info à 100 %, dès le dimanche midi : une immersion permanente, vingt-quatre heures sur vingt-quatre. Il leur arrive même de voir « Les Grandes Gueules » hanter leurs rêves : « Je suis en retard, raconte Olivier Truchot. Je cours, je cours, avec la peur au ventre, je vais manquer le début de l'émission. Un cauchemar que je faisais déjà petit par rapport à l'école. » Alain Marschall, lui aussi, est saisi certaines nuits d'angoisses identiques : « Je cours dans les couloirs de RMC, on m'appelle par haut-parleur, j'ouvre une porte après l'autre, mais je ne trouve pas le studio. » Autre variante de la panique nocturne qui saisit parfois Alain Marschall : « L'émission commence, mais l'invité ne répond pas aux questions, aucun mot ne sort de sa bouche. Silence total à l'antenne. » Quelle angoisse ! Heureusement, dans la vraie vie, aucun silence ne menace « Les Grandes Gueules ». Bien au contraire, c'est plutôt parfois le grand charivari.

URBI ET ORBI

« Les GG, c'est notre bébé, l'émission qui incarne le mieux l'esprit de notre radio », expliquait Frank Lanoux, directeur de RMC pendant seize ans, jusqu'en janvier 2017[1]. La station n'a en effet pas lésiné sur les moyens pour soutenir l'envol des « Grandes Gueules ». *Urbi et orbi*. Pour faire vivre une émission populaire, il fallait la mener et l'amener au contact de la population. Alain et Olivier se sont creusé les méninges. Et ils ont sacrément bougé ! Parmi les souvenirs inoubliables, un Tour de Gaule des « Grandes Gueules » entre le 29 janvier et le 2 février 2007, trois mois avant l'élection présidentielle. Inspiré du parcours du premier Tour de France cycliste, en 1903, il s'arrêtait dans les cinq mêmes villes : Lyon, Marseille, Bordeaux, Toulouse et Nantes. À chaque étape, on diffusait l'émission en direct d'un magasin Fnac, à l'heure sacrée du déjeuner – puisqu'à l'époque, en 2007, elle était encore programmée entre 11 heures et 14 heures. La dernière heure était entièrement consacrée à débattre avec les spectateurs. Applaudissements, rires, exclamations. Était-ce alors la faim qui

1. *Les Secrets des Grandes Gueules*, *op. cit.*

tiraillait les estomacs ? Il régnait une chaude ambiance dans les forums Fnac des villes traversées ! Pas d'élu ni de notable dans la salle transformée en studio : les vraies vedettes étaient les spectateurs qui, pour une fois, n'intervenaient pas par téléphone. Et déjà, à l'époque, les critiques fusaient envers les politiques, de droite comme de gauche : leur inefficacité, leur langue de bois, leurs privilèges. On lançait aussi des idées concrètes pour en sortir : les Français n'en manquaient pas déjà. « Ségolène Royal, durant cette campagne, se souvient Olivier Truchot, parlait beaucoup de démocratie participative. Nous, nous la mettions en œuvre. » Chaque après-midi, après l'émission, les GG reprenaient la route, pour quelques heures, à bord de leur minibus bleu aux couleurs de RMC. « On était un peu comme des collégiens en goguette. Jacques Maillot est resté les cinq jours avec nous. D'autres intervenants nous rejoignaient dans des villes différentes. On rejouait un peu *Tandem*, le film de Patrice Leconte avec Jean Rochefort et Gérard Jugnot, racontant justement l'histoire de l'animateur d'un jeu radiophonique allant de ville en ville. C'était très artisanal. On rigolait comme des fous. » Malgré la présence d'un chauffeur maison, ils se relayaient au volant sur des autoroutes aux allures parfois de sentiers de la gloire. Car ce minibus ne passait pas inaperçu : des automobilistes klaxonnaient ou levaient le pouce sur son passage. « On a alors vraiment réalisé l'incroyable popularité de l'émission. » Elle compte déjà en 2007 plus d'un million d'auditeurs chaque jour. « Le soir, des gens qui nous reconnaissaient nous tendaient des "embuscades" alcoolisées dans des bars dont on sortait parfois "chargés comme des mules". » En partenariat avec les grands journaux régionaux qui lui consacraient plusieurs pages, ce Tour de Gaule contribua au retentissement de l'émission. Mais ce n'était pas la première virée des « Grandes Gueules » hors de leur studio ; et ce ne sera pas la dernière. En 2006, elles ont organisé une première émission en direct et en public au célèbre Café de la Gare, à Paris. En mars 2008, elles ont remis le couvert avec un deuxième Tour de Gaule, cette fois dans la semaine suivant les élections municipales. Trois ans plus tard, en mars 2011, c'est à bord d'un « Train pour l'emploi et l'égalité des chances » que « Les Grandes Gueules » ont sillonné la France. Le 23 novembre de la même année, l'émission a fait un saut de puce jusqu'au palais des Sports de la porte de Versailles, où elle se déroula en direct du Congrès des maires de France. « Les Grandes Gueules » ne ménagent pas les représentants du peuple, mais elles ne les rejettent pas ; surtout les élus locaux qui mettent les mains dans le cambouis. On constitua ce jour-là un « conseil municipal des Grandes Gueules », composé de Brigitte Barèges, députée maire UMP de Montauban (Tarn-et-Garonne), Gérard Collomb, alors sénateur maire PS de Lyon (Rhône) et Nicolas Dupont-Aignan, député maire de Yerres (Essonne), président de Debout la République et candidat à l'élection présidentielle de 2012 comme il le sera en 2017 et 2022. « On a été sacrément bien accueillis au congrès, se souvient Olivier Truchot. Les élus locaux écoutent souvent l'émission, beaucoup nous adorent, car nous parlons des problèmes concrets qui font leur quotidien. » L'un d'eux, Alain Castaing, maire de Rouffignac, en Dordogne, de 1983 à 2020, téléphonait régulièrement pendant l'émission. Il était devenu une sorte de référence des « Grandes Gueules » pour la vie locale. « Les Grandes Gueules » se sont aussi déplacées dans les lieux de pouvoir. Au Sénat, présidé par Gérard Larcher, un Jean-Luc Mélenchon, charmant comme il sait l'être, leur fit visiter le palais du Luxembourg avec moult détails historiques – fruits de sa grande érudition et de sa longue expérience dans cette maison où il est entré en 1986, élu plus jeune sénateur de France à l'âge de 35 ans. En 2008, au Palais-Bourbon, « Les Grandes Gueules » ont été accueillies par le président de l'Assemblée nationale Bernard Accoyer : on a installé un studio dans un salon, au fond de la salle des Quatre Colonnes ; les députés qui passaient s'arrêtaient pour regarder : « Que font-ils ici ? » Certains faisaient signe de loin à Bernard Debré, un de leurs collègues, qui participait à l'émission.

Quelques années plus tard, « Les Grandes Gueules » ont aussi réalisé une émission dans les locaux de l'UMP, alors dirigée par Xavier Bertrand. Ils auraient rêvé d'installer leurs micros rue de Solférino, au siège du Parti socialiste (PS). Mais Martine Aubry, alors première secrétaire, s'y est toujours opposée, comme elle a toujours refusé les invitations des « Grandes Gueules » – sèchement, à sa manière ; le style Aubry…

Pas question pour elle de participer à l'émission diffusée en direct de la grande braderie de Lille en 2022. Elle s'est contentée de venir saluer cordialement l'équipe. Parmi les premières sorties des « Grandes Gueules » hors les murs, on compte aussi l'enregistrement pour une diffusion en différé d'un entretien avec Yannick Noah dans un restaurant africain de la capitale. Ce jour-là, la star du tennis et de la chanson avait la flemme de se déplacer ; alors « Les Grandes Gueules » sont allées à lui. Elles ne le referont plus : c'était une erreur de jeunesse. C'étaient les années 2000 qui apparaissent avec le recul comme un temps d'insouciance. Le principal changement depuis 2004 ? L'irruption du terrorisme dans le quotidien des Français.

Les GG à la mosquée

« Nous ressentons encore des frissons en pensant à l'émission du 22 mars 2012, racontent Olivier et Alain. Nous étions déjà en plein direct quand, à 10 h 30, a commencé l'assaut du RAID contre Mohammed Merah, le tueur de Toulouse. Nous avons immédiatement basculé en *breaking news*. Grâce au correspondant de RMC, à proximité des lieux, nous pouvions suivre l'événement en direct. On entendait tout, les détonations, le bruit ambiant, etc. Un œil sur la télé, on commentait. Nous comptions à l'époque parmi nos GG le commissaire divisionnaire Philippe Vénère. Présent en studio, il nous expliquait au fur et à mesure ce qui se passait : les armes, les protocoles suivis par les policiers. Avec les autres intervenants, en studio, nous étions sidérés. » Ce n'était pas fini, hélas.

En janvier 2015, la France bascule dans l'horreur : *Charlie Hebdo*, l'Hyper Cacher et la policière de Montrouge ; dix-sept victimes en deux jours. On tue en France au nom de l'islam. Dans les jours qui suivent, les Français descendent massivement dans les rues. Des voix parmi les musulmans condamnent le terrorisme, mais on les trouve trop tièdes, gênées aux entournures, pas assez nombreuses. Alors, « Les Grandes Gueules » décident à leur manière d'aller juger sur pièces et sur place. Direction : la mosquée de Bordeaux, où l'émission se déroule en direct cinq semaines après les attentats, le 13 février 2015 – un vendredi, jour de la grande prière. L'affaire a été préparée avec l'imam de Bordeaux, Tareq Oubrou. Ce religieux d'origine marocaine, connu pour sa grande culture, a progressivement abandonné l'islam conservateur de sa jeunesse au profit d'une conception plus ouverte. En 2009, il conseillait à chaque musulmane de France : « Mets ton foulard dans ta poche. » Et, à l'été 2014, pendant la guerre de Gaza, il appelait ses coreligionnaires à ne pas s'identifier aux Palestiniens. Son indépendance d'esprit lui vaudra même une condamnation à mort par l'État islamique en 2016. Après les attentats de janvier 2015, il est devenu l'interlocuteur privilégié du ministre de l'Intérieur Bernard Cazeneuve, soucieux de favoriser l'émergence d'un islam compatible avec la République française. « On a contacté Tareq Oubrou au lendemain des attentats, racontent Marschall et Truchot. Il nous a réservé le meilleur accueil et n'a posé aucune condition. » Trois ans et demi plus tard, le recteur confirme : « Je connaissais bien les "Grandes Gueules" pour y avoir été invité plusieurs fois. J'apprécie Olivier Truchot et Alain Marschall, journalistes jamais complaisants et toujours honnêtes. Considérant que l'islam doit s'adapter à son temps, il était logique pour moi de recevoir une émission qui justement incarne son temps comme le prouve sa grande popularité[1]. » L'idée était simple : faire partager aux auditeurs trois heures passées en immersion complète parmi les fidèles musulmans. Les techniciens, arrivés la veille, avaient aménagé un studio dans la salle de prière de la mosquée, placée sous la haute surveillance de nombreux militaires en treillis. « Beaucoup de musulmans, explique Tareq Oubrou, pensent à tort que nos mosquées sont réservées aux seuls membres de notre religion. La présence des "Grandes Gueules" était une nouveauté extraordinaire. Mais loin d'être une profanation d'un lieu sacré, cet événement représentait

1. *Les Secrets des Grandes Gueules*, *op. cit.*

pour moi un choix théologique, politique et médiatique d'ouverture au monde. »

Olivier Truchot et les techniciens sont arrivés la veille en TGV. Alain Marschall a pris le premier train du matin en compagnie des trois intervenants : Pascal Perri, Jacques Maillot et Marie-Anne Soubré. Quand l'émission a commencé, la mosquée était pleine à craquer. À l'instar des fidèles, toute l'équipe de RMC a laissé ses chaussures à l'entrée. « En entrant dans la mosquée, on était assez tendus, on craignait un incident, un fidèle qui brusquement aurait pété les plombs en pleine émission, se souvient Alain Marschall. C'était un pari à haut risque. Nous avons été agréablement surpris. Les gens paraissaient enchantés de notre présence. Ils défilaient pour nous saluer. Toutes les femmes, sauf une, portaient le voile, c'était un public traditionnel, certainement pas filtré à l'entrée. Mais, en répétant leur tristesse après les attentats, ils tenaient tous à nous transmettre le même message : "Nous sommes des Français et des Bordelais de confession musulmane et n'avons rien à voir avec le terrorisme." » Du côté des auditeurs, la démarche des « Grandes Gueules » a été saluée par beaucoup. Mais d'autres, tout aussi nombreux, l'ont trouvée sulfureuse : « On craignait des propos haineux à l'encontre des musulmans à l'antenne », se souvient Alain Marschall. Les standardistes du 3216 ont su filtrer les appels grâce à leurs techniques habituelles : en discutant avec leur interlocuteur au téléphone, ils peuvent repérer l'éventuel dissimulateur dont le discours à l'antenne pourrait déraper ; puis ils le rappellent afin de s'assurer de son identité. Ce jour-là, on entendit donc des questions, des opinions, des critiques, mais aucune insulte. On évita tout dérapage. Ouf ! Pour finir, le « grand oral » de trente minutes à partir de midi a auditionné Tareq Oubrou. L'imam de Bordeaux a pu développer librement ses thèses en faveur d'un islam pacifique. Toutefois, les trois GG ne l'ont pas ménagé : Pascal Perri, qui a vécu au Liban, est très hostile au fondamentalisme ; Marie-Anne Soubré, athée à 100 % et féministe, est engagée depuis longtemps contre le port du voile ; Jacques Maillot, catholique pratiquant, lui, a montré son empathie envers ses « frères » musulmans sans pour autant se montrer complaisant. « Le débat a été franc et courtois, les questions frontales, se souvient Tareq Oubrou. J'aime les frictions, les frottements, les interfaces. Les fidèles ont apprécié. » Le dernier quart d'heure de l'émission a coïncidé avec le traditionnel appel du muezzin : « On a vu alors les fidèles s'incliner pour la prière, se remémore Alain Marschall. C'était impressionnant. » Après l'émission, les GG sont restées encore un long moment à discuter avec leur public d'un jour. « Nous sommes sans faiblesse, ajoute-t-il, envers le terrorisme et les dérives de l'islam. Mais nous pensions qu'en ce moment délicat, juste après les attentats, les GG devaient aider au dialogue et à la compréhension entre les Français. C'est l'ADN de l'émission. » « Les Grandes Gueules » à la mosquée : mission périlleuse, mission accomplie.

LA MEILLEURE ÉMISSION DE DÉBAT

« Arrêtez la comédie, Truchot et Marchal, arrêtez de vous y croire, vous êtes les deux mecs les plus insignifiants de l'histoire de la FM : deux petites merdes. » Cet aimable message date du 2 décembre 2004. Ce fut l'un des premiers e-mails reçus par « Les Grandes Gueules ». Par e-mail comme par La Poste, Alain Marschall et Olivier Truchot ont été destinataires en vingt ans de centaines de courriers d'insultes, et parfois de menaces. C'est la rançon de la gloire ! L'anonymat donne du courage aux lâches. Il existe pourtant aussi une majorité d'auditeurs satisfaits dont les messages témoignent de liens très forts avec les GG. « Je compte sur vous, écrit Sandy, pour me changer les idées particulièrement aujourd'hui... Mon papa subit une opération à cœur ouvert. Mais je suis là avec ma maman pour vous écouter ! » Beaucoup d'auditeurs se manifestaient par téléphone au 3216. Guillaume, de la Loire, 31 ans, terminait par un cri du cœur son passage à l'antenne, où il s'est « frotté » à l'intervenant Charles Consigny : « Bon, Charles Consigny, vous me faites bondir, on n'arrivera pas à se mettre d'accord, mais en tout cas, les GG, merci beaucoup pour ce que vous faites, je vous écoute tous les jours sur la route, votre émission est top, changez rien ! » Et Sylvie, du Rhône, 29 ans, qui, après son intervention, confia à Djena, alors chargée de la coordination au standard des « Grandes Gueules » : « Je suis trop contente d'être passée à l'antenne, merci de m'avoir rappelée pour parler du diesel, vous remercierez toutes les GG pour moi, je les écoute tous les jours depuis 2004, ils sont super ! » Ces auditeurs heureux, Alain Marschall et Olivier Truchot les croisent aussi quotidiennement dans la rue : « Je peux vous serrer la main ? » ; « Merci pour ce que vous faites ! » ; « Vous êtes aussi sympathiques en vrai qu'à la radio ! » ; « On peut faire une photo ? » ; « Bravo les GG ! Continuez ! » Enfin, la satisfaction des auditeurs s'exprime à travers les sondages : les taux d'audience sont en hausse constante. Diffusée de 11 heures à 14 heures en 2004, l'émission était alors écoutée par six cent vingt-trois mille personnes (audience cumulée par émission en moyenne sur l'année). L'envol a été rapide avec le cap du million franchi en 2006 et un million trois cent vingt-trois mille auditeurs en 2009, toujours selon les mêmes critères. Depuis, l'émission est diffusée sur différents supports. En mars 2024, « Les Grandes Gueules » réunissent chaque jour près d'un million deux cent cinquante mille auditeurs en cumulé (1,25 M), deuxième radio commerciale en part d'audience, derrière RTL (parmi les radios généralistes).

« Les Grandes Gueules » attirent un public plus jeune et plus actif par rapport à l'ensemble des stations de radio. C'est un show qui cartonne chez les moins de 50 ans, puisque c'est la deuxième émission de France sur la tranche horaire 9 heures / midi avec en moyenne 1,3 million d'auditeurs par jour. Le podcast des « Grandes Gueules » rencontre également beaucoup de succès puisqu'il vient de réaliser un record historique à 4,15 M de téléchargements sur le mois de mai 2024.

Et il se classe ainsi sixième podcast de France. En télévision, l'émission cartonne également : chaque jour, en audience moyenne, ce sont 180 000 téléspectateurs – soit 2 stades de France bondés – qui la regardent en intégralité sur RMC Story ; et près d'un million de téléspectateurs en cumulé[1] sur RMC Story (sur la saison 2023-2024), avec des pics à 1,5 million. Au total, plus de 28 millions de personnes ont regardé « Les Grandes Gueules » sur RMC Story la saison dernière. RMC est la sixième chaîne de France sur la saison 2023-2024[2]. Des chiffres d'autant plus remarquables que la station, qui était à l'origine celle de la principauté de Monaco, reste moins bien diffusée que ses concurrentes dans la moitié nord du pays. C'est donc naturellement au sud de la Loire que se trouvent la majorité des auditeurs des « Grandes Gueules »[3].

L'émission incarne aujourd'hui une incroyable *success story*, unique dans l'histoire des médias, avec cinquante sondages consécutifs à la hausse pendant douze ans, de 2001 à 2013. « Cela n'arrive jamais dans nos métiers », soulignait Frank Lanoux, l'ancien directeur de RMC. L'audience télé a plus que compensé le léger reflux de l'audience radio. Il s'agit d'un public nouveau, forcément plus âgé et moins actif, de téléspectateurs présents chez eux dans la matinée. Il y a la quantité ; et aussi la qualité : fin 2017, « Les Grandes Gueules » ont été désignées « meilleure émission de débat » de l'année, à la suite d'une consultation organisée auprès de cent deux mille

1. L'audience cumulée permet de calculer le nombre de personnes qui ont regardé même très brièvement un programme.
2. Source : Médiamétrie – EAR et eStat Podcast / Médiamat.
3. Source : direction de RMC / RMC Story.

internautes par le site consacré à l'actualité des médias et du divertissement puremedias.com. Ce n'est pas leur première récompense, et ce ne sera certainement pas la dernière. « Les Grandes Gueules » représentent pourtant plus qu'une émission ; un phénomène de société qui rassemble toutes les couches de la population : la France d'en bas, celle d'en haut et celle du milieu. L'ouvrier du bâtiment l'écoute sur son échafaudage, le prof entre deux cours, la coiffeuse qui aime couper les cheveux en quatre et le chef d'entreprise dans sa voiture… ou le directeur d'une imprimerie de cinquante salariés à Montmorency dans le Val-d'Oise, Olivier, qui écrit :

« Bonjour les GG. Juste un petit mot pour vous remercier. Chaque lundi et chaque vendredi, je prends ma voiture. Je vais travailler à Amiens. Pendant presque deux heures, j'écoute votre émission. Ce n'est pas une émission de voyage et pourtant je m'évade. J'allume ma radio et je quitte un quotidien angoissant pour une discussion bon enfant autour de sujets de société. Des années que je vous écoute, ne changez rien. Bravo à toute l'équipe. »

Et parmi ces auditeurs, incroyablement divers, on trouve même… Brigitte Macron ! Le 12 juillet 2016, à l'occasion du meeting de la Mutualité à Paris, qui lança la campagne de son mari, la future Première dame se fit envoyer un tee-shirt de l'émission. Les voix des « Grandes Gueules » résonnent-elles dans les bureaux feutrés de l'Élysée ? Nul ne le sait, mais ces dernières années, nos deux animateurs vedettes ont été reçus à déjeuner par le garde des Sceaux Éric Dupont-Moretti dans son ministère de la place Vendôme. Il voulait juste parler à bâtons rompus de l'état du pays, des réformes entreprises… Tous les ministères sont dotés d'écrans qui passent en boucle les chaînes d'infos. Certains responsables politiques, tels

Manuel Valls ou Gérard Collomb, ont avoué les écouter souvent pour prendre le pouls de la société française.

Certaines personnalités sont même allées jusqu'à intervenir en direct… comme auditeurs. « Allô, le 3216 ! Bonjour, ici Bertrand Delanoë. » Ce n'était pas une blague mais bien le maire de Paris de l'époque, qui voulait rectifier des chiffres donnés à l'antenne à propos des crèches dans la capitale. Merci, monsieur le maire ! Il y a aussi ceux que l'émission insupporte, mais… qui ne peuvent pas s'en passer. Rachida Dati, par exemple : « J'aime bien vous regarder le matin sur mon téléphone en faisant du sport, confie-t-elle un jour à Olivier Truchot. Comme vous m'énervez, vous me stimulez pour la journée. » « Les Grandes Gueules », on les aime un peu, beaucoup, passionnément, à la folie. Ou pas du tout ! Parfois même, on les déteste. Mais le plus souvent, on ne se laisse pas prier pour y participer. « On en a vu défiler ! » Michel Rocard est souvent venu ; il aimait bien « Les Grandes Gueules ». Ayant adopté l'esprit de l'émission, il se moquait de lui-même en sortant du studio. Pierre Joxe, fidèle à sa réputation d'austère serviteur de l'État, se laissait rarement aller à la plaisanterie. Quant à Dominique Strauss-Kahn, accaparé par ses deux téléphones portables pendant qu'on l'interviewait, il commençait à s'animer, sorti du studio, pour faire du charme à la jeune employée à l'accueil de la station. Son ami Jean-Marie Le Guen fut longtemps un assidu des « Grandes Gueules », tout comme Malek Boutih, Christophe Castaner, Alexis Corbière, Christian Estrosi, Samia Ghali, Henri Guaino, Yannick Jadot, Jean Lassalle, Barbara Pompili, Sébastien Chenu, Maud Bregeon, Éric Zemmour et Marine Tondelier. Politiciens d'hier et d'aujourd'hui, de l'Ancien ou du Nouveau Monde, la liste est longue… Tous sont évidemment attirés par l'audience record de l'émission, mais aussi par le temps qu'on leur accorde. Car ici, on ne coupe pas la parole. Tous les invités sont respectés. Quels que soient leur statut social ou leurs idées, Truchot et Marschall les accueillent avec le sourire. On est loin de ces journalistes qui, dans d'autres médias, pour prouver leur indépendance, vont jusqu'à refuser de serrer la main à un homme politique. Aux « Grandes Gueules », on préfère la convivialité à l'agressivité. En confiance, les invités se lâchent plus facilement. Rappelons « l'affaire Darmanin ». Le 4 mai 2023, celui qui est encore ministre de l'Intérieur y est interrogé sur des propos de Jordan Bardella concernant la situation migratoire à la frontière franco-italienne. Changeant de cible, il s'en prend directement à la Première ministre italienne : « Mme Meloni, gouvernement d'extrême droite choisi par les amis de Mme Le Pen, est incapable de régler les problèmes migratoires pour lesquels elle a été élue. » Ces propos peu diplomatiques sont jugés inacceptables par le ministre italien des Affaires étrangères, qui annule un voyage officiel. Antonio Tajani, c'est son nom, tweete avec colère : « Je n'irai pas à Paris pour la rencontre prévue avec la ministre des Affaires étrangères française Catherine Colonna. Les offenses contre le gouvernement et l'Italie lancées par M. Darmanin sont inacceptables. Ce n'est pas l'esprit avec lequel on doit affronter les défis européens communs. » « Les Grandes Gueules » font alors la une de la RAI, la télévision publique italienne, et sont abondamment citées dans la presse italienne. Voilà ce qu'on lit dans le célèbre quotidien *Corriere della Sera* : « Le journaliste Olivier Truchot a fait connaître à Darmanin la critique du lepéniste Jordan Bardella sur le "laxisme" du gouvernement français sur l'immigration. Le ministre a réagi avant d'attaquer Bardella et puis ses "amis" du gouvernement italien. » Gérald Darmanin aurait-il provoqué une brouille entre la France et l'Italie dans une émission plus conventionnelle ? Rien n'est moins sûr.

Georges Frêche, le truculent maire de Montpellier de 1977 à 2004, se sentait comme chez lui à la table des « Grandes Gueules ». Et, plus qu'ailleurs encore, il se laissait aller à ses légendaires écarts de langage. Ainsi, le 10 février 2010, il s'en est pris avec mépris à sa successeure à la mairie de Montpellier : « C'est qui, celle-là, Hélène Mandroux ? Écoutez, c'est moi qui l'ai inventée. Je l'ai fait entrer au Parti socialiste. Je l'ai fait adhérer. Elle a été mon adjointe pendant dix-huit ans. » Mais aux « Grandes Gueules », on ne laissait rien passer ; Frêche y était souvent malmené. Lors d'une autre émission, l'intervenant Johnny Blanc, fromager en Poitou-Charentes, l'interpella sans détour, à propos des statues de trois mètres de haut et pesant une tonne (chacune représentant dix grands hommes du XXe siècle) qu'il voulait faire ériger dans sa région – dont… celles de Lénine et Mao Zedong… « La dernière fois qu'il est venu, quelques semaines avant sa mort, se souviennent Alain Marschall et Olivier Truchot, il était très malade. Il avait énormément grossi, était essoufflé et se déplaçait avec difficulté. Mais il n'avait rien perdu de sa verve. Il s'était mis en tête de changer le nom de la région Languedoc-Roussillon qu'il présidait alors pour la rebaptiser "Septimanie". » On le chambrait, on l'interpellait comme personne d'autre. « Vous êtes l'émission la plus sympa du Sud, déclare-t-il aux GG le 10 février 2010. Moi, je suis ravi. Pourquoi ? Parce que vous avez de grandes gueules. Alors vous voudriez que moi j'aie une petite gueule ? […] Mais vous riez ? Moi je suis une grande gueule comme vous et c'est pour cela que les gens m'aiment. » Les véritables « numéros » de Frêche aux « Grandes Gueules » ont été immortalisés par les caméras du réalisateur Yves Jeuland qui l'a suivi dans les studios de RMC pour son documentaire intitulé *Le Président*, sorti au cinéma le 15 décembre 2010, soit quelques semaines après la mort de l'ancien maire de Montpellier. « Les Grandes Gueules » apparaissent aussi dans une célèbre série de fiction, consacrée à un maire, incarné par Gérard Depardieu, dont le personnage s'inspire de Georges Frêche même si l'histoire ne se déroule pas à Montpellier. Dans l'épisode 4 de la saison 1 de *Marseille* diffusée sur Netflix, on peut voir Olivier et Alain interviewer Benoît Magimel (Lucas Barrès), le rival de Robert Taro (Gérard Depardieu), dans le studio des GG comme s'il était l'invité du jour.

« Le scénariste Dan Franck était présent, racontent Alain et Olivier. "Les Grandes Gueules" avaient été choisies comme émission emblématique à Marseille, où RMC était en tête de toutes les radios. Benoît Magimel est arrivé sans connaître son texte alors que nous, dans nos petits souliers, nous avions appris nos deux répliques par cœur. Magimel n'allait pas très bien à cette époque mais c'est un grand acteur et au bout de quelques prises, il a su se mettre dans le rôle et a dit son texte sans problème. Cela reste un bon souvenir. »

Autre souvenir émouvant : la dernière émission de Bernard Giraudeau quelque temps avant sa mort en 2010 : l'acteur était venu parler de son dernier livre, *Cher Amour*. « On le sentait marqué par la maladie, se souvient Olivier Truchot qui, ce jour-là, présentait seul l'émission. Depuis dix ans, il luttait contre le cancer. Il nous en a parlé très librement. Il avait toujours fière allure, mais je sentais un homme en danger et j'avais le pressentiment de le voir pour la dernière fois. »

Dans la cour des grands

« Si on t'avait dit qu'un jour... » Parfois, Alain et Olivier murmurent cette phrase en se regardant, l'air complice. Après des milliers d'interviews, loin d'être blasés, ils sont toujours épatés de côtoyer des célébrités. L'ambiance des « Grandes Gueules » est propice aux confidences. Il y a longtemps, l'acteur Pierre Palmade, en sortant du studio, a confié aux deux animateurs : « J'en ai trop dit. » Il avait évoqué sa dépression et ses errances. Des propos qui prennent tout leur sens depuis le terrible accident qui, en février 2023, a révélé au monde son mode de vie et ses addictions.

Des femmes qui dénoncent publiquement le comportement de certains hommes à leur égard ? La chose est devenue banale en 2024. Elle ne l'était pas, loin de là, il y a quelques années... Un jour, l'ancienne journaliste Audrey Pulvar, venue présenter ses nouvelles activités à la tête de la Fondation pour la nature et l'homme, a soudain raconté un événement dont elle n'avait jamais parlé ; il était survenu au début de sa carrière : « Il s'est passé quelque chose qui m'a vraiment beaucoup choquée qui était une agression sexuelle dans le sens où quelqu'un m'a touché les seins, m'a pelotée sans mon consentement. [...] Comme 99 % des personnes à qui ça arrive, j'étais sidérée. [...] Je me suis dit que ça ne m'arriverait plus jamais, j'ai mis en place un certain nombre de défenses. » Alain Marschall et Olivier Truchot avouent leur surprise : « On ignorait totalement cet épisode. C'est venu spontanément durant l'émission. »

La parole se libère

Dans la foulée du mouvement #Balancetonporc, d'autres personnalités féminines se sont confiées au micro des « Grandes Gueules ». À la question d'Alain Marschall, « Avez-vous déjà eu affaire à un porc ? », l'actrice Anny Duperey répond le 5 décembre 2017 : « Une seule fois. Je n'étais pas le genre de femme qu'on attaquait, j'étais plutôt celle qui attaquait. [...] Il y en a eu un qui était un grand nom du cinéma français. C'était un monsieur déjà assez âgé et qui avait déjà des films à la cinémathèque. Et il m'a très nettement amenée vers un lit dans son bureau en me disant : "C'est une scène de séduction, prouvez-moi que vous pouvez le faire." » Anny Duperey explique avoir été très choquée par cette proposition : « C'est comme si un grand-père que j'admirais beaucoup avait essayé de me coincer. »

Dans « Les Grandes Gueules » du 23 septembre 2010, Anny Duperey a mis en cause... Gérard Depardieu à une époque où le monstre sacré du cinéma français n'était pas encore qualifié de « monstre ». Mais, contrairement à ce qu'on pourrait penser aujourd'hui, il ne s'agissait aucunement de dénoncer son comportement envers les femmes. Venue présenter sa pièce *Désolé pour la moquette...*, l'actrice l'a mouché en ces termes : « Je crois que Gérard Depardieu dit n'importe quoi, franchement. Je pense qu'à un stade de notoriété, peut-être d'ébriété, ça devient n'importe quoi, on se sent tout permis, on est au-dessus de tout, on adore cracher dans la soupe. Ça a été un formidable acteur mais il faut qu'il ferme sa gueule ! » Mazette ! Anny Duperey faisait référence à des phrases assassines lancées les semaines précédentes par l'interprète des *Valseuses*, notamment à l'égard de

Juliette Binoche: «Elle n'est personne! avait-il déclaré. Qu'a-t-elle jamais eu pour elle?» Anny Duperey est redoutable: après avoir défendu sa collègue, elle a porté le coup de grâce à Depardieu en osant contester ses qualités professionnelles, pourtant reconnues dans le monde entier: «Quand on joue au théâtre avec une oreillette parce qu'on n'a pas le courage d'apprendre son texte, ça m'emmerde!» Depardieu, une oreillette? Incroyable! Et pourtant, Anny Duperey ne fut jamais démentie.

Ce même Gérard Depardieu, qui représentait pourtant la quintessence de la grande gueule, n'est jamais venu dans l'émission. En revanche, son fils Guillaume en fut à plusieurs reprises l'invité. Il a laissé le souvenir d'un homme intelligent et sensible, tourmenté par une relation complexe avec un père à la personnalité écrasante. Le jeune acteur doué, révélé au public en 1991 par le rôle du musicien Marin Marais dans le film d'Alain Corneau, *Tous les matins du monde*, avait vu son destin brisé à la suite d'un accident de moto à l'âge de 24 ans. Gravement blessé à un genou, il avait contracté une infection nosocomiale durant son long séjour à l'hôpital. Après huit années d'horribles souffrances, Guillaume Depardieu avait choisi de se faire amputer de la jambe droite. «Il est venu dans les GG après son amputation, racontent Marschall et Truchot. Il parlait de la fondation portant son nom, qu'il avait créée pour combattre les maladies nosocomiales. Il dénonçait la responsabilité de l'État dans le fait que des milliers de personnes sont contaminées chaque année dans les hôpitaux français. Ses interventions avaient suscité beaucoup d'appels d'auditeurs soucieux de témoigner de leur propre souffrance. On sentait Guillaume Depardieu révolté. Lors de sa dernière participation à l'émission, quelques mois avant sa mort, en

2008, il se confiait avec beaucoup de sincérité, montrait sa fragilité. »

Comment les invités des « Grandes Gueules » arrivent-ils à se lâcher ainsi ? On se livre plus facilement devant des interlocuteurs qui apparaissent comme des gens ordinaires et ne se comportent pas en vedettes. « Les Grandes Gueules » l'ont aussi constaté avec le chanteur Renaud en 2006. Après une longue éclipse due à l'alcool, Renaud préparait la sortie en octobre de son nouvel album, *Rouge sang*. Renaud était de retour : tin-tin-tin ! Avec la chanteuse Romane Serda, sa jeune épouse, ils attendaient un enfant – Malone, qui naîtra le 14 juillet 2006. À l'issue de son « grand oral », Renaud a commencé à parler à Olivier et Alain de la grossesse de sa femme : « Il nous a un peu étonnés en nous montrant les échographies. Il se sentait vraiment en confiance ! » Un autre chanteur, Hugues Aufray, invité à plusieurs reprises, a marqué l'émission. Installé depuis quelques années dans l'ancienne maison du sculpteur Aristide Maillol, l'interprète de « Santiano » consacre désormais une partie de son temps à la sculpture, sa passion de jeunesse. Et c'est son œil de sculpteur qu'il avait invoqué dans « Les Grandes Gueules » à propos d'Aurore Drossart, la jeune femme qui se prétend toujours la fille naturelle d'Yves Montand, malgré un test ADN négatif réalisé sur le corps du chanteur exhumé en 1998. Son propos, expliquait Hugues Aufray, « ne visait pas à contester la décision de justice, évidemment. Elle repose sur un test ADN. Mais la science n'est pas plus infaillible que l'œil d'un artiste. Si je devais faire un buste d'Yves Montand, je prendrais Aurore Drossart comme modèle tant la ressemblance est frappante. Ce genre d'histoire arrive dans de nombreuses familles. J'ai appris tardivement que mon frère et un de mes grands-pères avaient eu chacun un enfant naturel. Pourquoi cela ne serait-il pas arrivé à Yves Montand, qui multipliait les conquêtes féminines[1] ? » Parmi les artistes, beaucoup sont des auditeurs assidus de l'émission. On eut un jour la surprise de recevoir un appel du chanteur Francis Cabrel souhaitant défendre les bons vieux radio-crochets, lors d'une discussion à propos de la Star Academy. Il était plus passionné que bon nombre d'auditeurs, mais on n'a pas osé lui demander de chanter au téléphone son tube « Petite Marie » : « Je viens du ciel et les étoiles entre elles / Ne parlent que de toi… »

Grandes gueules et fortes voix

Chez « Les Grandes Gueules », on ne juge pas les gens. On respecte l'invité. On ne lui coupe pas la parole. On crée même parfois des liens d'amitié. « On a reçu la navigatrice Maud Fontenoy dans nos premières émissions. Elle était déjà la première femme dans l'histoire à avoir réussi la traversée de l'Atlantique nord à la rame, dans le sens ouest-est, entre Saint-Pierre-et-Miquelon et La Corogne, en Espagne, soit plus de trois mille kilomètres. » En janvier 2005, la jeune navigatrice se lance dans une nouvelle aventure et, avant son départ pour une traversée à la rame du Pacifique, « Les Grandes Gueules » lui offrent un iPod qui lui permettra d'écouter de la musique pendant les semaines qui l'attendent seule en mer sur sa barque. Au cours de cette traversée, « Les Grandes Gueules » lui téléphoneront souvent. Et un jour, en studio, l'acteur Richard Bohringer enthousiasmé par l'exploit de la jeune

1. *Les Secrets des Grandes Gueules*, *op. cit.*

navigatrice lui lance à vingt mille kilomètres de distance : « C'est incroyable ce que vous faites, j'ai envie de vous embrasser ! » Certains invités se sentent vraiment en confiance. « Il y a quelques années, raconte Alain Marschall, je me retrouve un soir au théâtre, assis aux côtés de Pierre Arditi. Très sympa, à ma grande surprise il me donne son numéro de portable et me dit de l'appeler si je vais le voir au théâtre. » Un jour, son attachée de presse téléphone aux « Grandes Gueules » pour leur suggérer d'inviter l'acteur, afin qu'il vienne défendre sa nouvelle pièce, *Quelque part dans cette vie*. Car les artistes apprécient en général de passer dans « Les Grandes Gueules ».

Dans cette émission, les intervieweurs se donnent la peine de voir le spectacle dont ils doivent parler. Même démarche avec les livres. « On ne nous prépare pas de fiches de lecture. On lit entièrement l'ouvrage de l'auteur que l'on reçoit. » Mais « Les Grandes Gueules » restent modestes : « Nous ne nous prétendons pas critiques littéraires, de cinéma ou de théâtre. Quand nous recevons un artiste pour le "grand oral" des GG, nous sommes surtout intéressés par la dimension humaine de la rencontre. » Il en va de même avec les personnalités politiques. Ainsi, quand Fatima Aït Bounoua interpelle Jean-François Copé, le 27 avril 2017, franchement et sans détour : « À force de marteler que vous êtes sincère, vous produisez l'effet inverse. [...] Ça sent la com', ça sent le montage. [...] Je ne vous crois pas et je vous le dis les yeux dans les yeux. » L'authenticité des intervenants tient à leur profil : ils ne sont pas des professionnels du journalisme et n'appartiennent ni à l'intelligentsia ni, bien sûr, à la classe politique – autant de catégories dont se méfie aujourd'hui l'opinion. L'auditeur peut ainsi facilement s'identifier à eux quand ils expriment à voix haute ce qu'il pense tout bas, le plus souvent à partir d'une expérience personnelle.

C'est ainsi que l'un d'eux, l'agriculteur Didier Giraud, narre avec beaucoup d'humour ses mésaventures dans le TGV: «J'attendais le train au Creusot. Il est arrivé avec une heure de retard. En fait, il avait oublié de s'arrêter en gare de Mâcon. Quand le conducteur s'en est aperçu, il a fait marche arrière pour aller charger les voyageurs oubliés à Mâcon.» Le médecin généraliste Jimmy Mohamed raconta, lui, qu'il avait eu «le malheur de vouloir changer de banque»: «Je me suis rendu dans un autre établissement. On m'a dit: "Ne vous inquiétez pas, il suffit de signer les papiers." La conseillère m'a donné des identifiants afin que je transfère moi-même tous mes avis de prélèvements pour divers organismes. Les identifiants ne marchant pas, au lieu de m'expliquer par téléphone, elle m'a proposé un rendez-vous dans son agence où elle m'a dit qu'elle ignorait pourquoi les identifiants ne fonctionnaient pas. Un vrai casse-tête que je n'ai toujours pas résolu au bout de trois mois!»

On en apprend plus parfois sur le mal français à travers une anecdote qu'en essayant de lire (sans arriver au bout) le rapport d'un expert. «Ce n'était pas évident, expliquait Frank Lanoux, ancien directeur de RMC, de mettre à l'antenne des gens qui ne sont pas du métier. Leur vie en a été complètement transformée: certains ont pris la grosse tête, on ne les a pas gardés. Mais le pari initial a été réussi: renouveler la manière de parler de l'actualité grâce à l'apport de regards neufs[1].» Vingt ans après leur naissance, «Les Grandes Gueules» restent le seul programme qui rassemble autant de personnalités

1. *Les Secrets des Grandes Gueules*, *op. cit.*

différentes pour poser leur regard sur la société française. « On a recruté des intervenants qui sont d'authentiques grandes gueules, confiait encore Frank Lanoux. Des gens qui ont des choses à dire et n'ont pas peur de le clamer haut et fort. Enfin, on les a sélectionnés en fonction de leur voix. Il faut qu'à l'oreille, les auditeurs les reconnaissent immédiatement[1]. »

1. *Ibid.*, *op. cit.*

UNE TABLE FAMILIALE

À ses débuts, l'émission rassemblait des personnalités déjà coutumières des médias : Jacques Maillot, fondateur de Nouvelles Frontières et père du tourisme social, sympathisant de la gauche rocardienne ; Bernard Debré, grand chirurgien, député et ancien ministre, issu d'une prestigieuse dynastie républicaine ; Sophie de Menthon, cheffe d'entreprise, présidente de l'organisation patronale Ethic, regroupant des entreprises à taille humaine, et fervente libérale ; et Karim Zéribi, ancien footballeur, passé par la SNCF et la CGT, avant de s'engager aux côtés de Jean-Pierre Chevènement. Des étoiles filantes y ont également fait des tours de piste, pendant quelques mois ou plusieurs années : l'ancienne idole des yéyés, chanteur des Chats sauvages dans les années 1960, Dick Rivers, l'ancienne conseillère en communication de Ségolène Royal, Françoise Degois ; ou encore la féministe Isabelle Alonso. De même, Natacha Polony, alors jeune journaliste à *Marianne*, y a fourbi ses premières armes devant un micro.

Certains sont partis après des années de bons et loyaux services, pour cause de changement dans leur vie personnelle ou professionnelle. Tel fut le cas d'André Daguin, ancien chef étoilé, président de l'Union des métiers et des industries de l'hôtellerie, décédé en 2019 ; de Franck Tanguy, conseiller en investissements financiers et militant gay, ou du père Patrice Gourrier. Ce prêtre catholique non conformiste a, entre autres, défrayé la chronique en soutenant le trader repenti de la Société générale Jérôme Kerviel. Sa participation pendant dix ans aux « Grandes Gueules » lui avait notamment permis une rencontre improbable avec Brigitte Lahaie, ancienne star du porno devenue animatrice vedette sur RMC (avec une émission sur la sexualité, « Lahaie, l'amour & vous »). Ensemble, ils ont publié, en 2007, un livre intitulé *Parlez-nous d'amour*. Il a quitté à regret « Les Grandes Gueules » en 2016, pour s'investir à plein temps dans la structure de soutien aux jeunes victimes de burn out qu'il a fondée à Poitiers.

Un autre pilier des « Grandes Gueules » s'est retiré après douze ans de présence : Claire O'Petit, élue députée sous l'étiquette de La République en marche, en juin 2017. Cette commerçante, entrée à 17 ans dans la vie active avec un CAP de couture, fut successivement vendeuse de chaussures, ambulancière et démonstratrice de robots de cuisine. Elle a marqué son entrée à l'Assemblée nationale par une sortie tonitruante digne des « Grandes Gueules », à propos de la baisse annoncée de cinq euros des APL : « Si, à 19 ans, 20 ans, 24 ans, vous commencez à pleurer parce qu'on vous enlève cinq euros, qu'est-ce que vous allez faire de votre vie ? » Claire O'Petit avait envisagé son retrait des « Grandes Gueules » dès son adhésion au mouvement d'Emmanuel Macron, quelques mois avant les élections législatives. Impossible de cumuler une fonction politique de premier plan avec une participation régulière à l'émission. Et Bernard Debré ? Il s'était retiré de la politique active en renonçant à concourir aux législatives de 2017. Mais, depuis plusieurs années déjà, sa participation à l'émission était devenue occasionnelle. De la toute première émission, est resté pendant seize ans Jacques Maillot, le dernier des Mohicans, avec sa voix de vieux loup de mer, monument classé au patrimoine radiophonique. Il est le seul parmi les GG dont on a fêté l'anniversaire en direct dans l'émission, en l'occurrence ses 70 ans, dans son restaurant préféré qu'il surnomme sa « cantine », Chez Françoise, près de l'Assemblée nationale. Ce grand connaisseur de la vie politique usait d'un langage imagé qui faisait le régal des auditeurs – comme le 15 janvier 2018, à propos de la ministre de la Justice : « Nicole Belloubet est un peu molle du genou. » Et les surnoms qu'il a donnés au fil des ans aux personnalités politiques valent le détour : « Paul Bismuth » (Nicolas Sarkozy), « Galouzeau » (Dominique de Villepin), « Culbuto » (Hollande), « Plus belle la vie » (Michel Sapin), « Marisol Tout baigne » (Marisol Touraine), et enfin « Doudou » (Édouard Philippe). « Maître Jacques » est toujours considéré par les GG comme un père spirituel. Son départ n'a jamais été acté. Et tout le monde souhaiterait le voir en studio. Mais depuis trois ans, il ne participe plus à l'émission. Il a été très marqué par le Covid. Avec les années, sa santé est plus fragile et le début de l'émission à 9 heures est trop matinal pour lui. « On l'appelle de temps en temps, raconte Alain Marschall, on essaie de le faire venir dans l'émission, mais c'est compliqué. Il reste une figure dont parlent régulièrement les auditeurs. » Il est venu l'année dernière participer à la dernière heure d'émission. Il continue à intervenir de temps en temps par téléphone et demeure chaque jour le plus fidèle auditeur des « Grandes Gueules ».

En vingt ans, l'équipe s'est progressivement élargie à des citoyens ordinaires représentatifs de la France qui se lève tôt – du jamais-vu dans les médias nationaux. Ainsi, la France rurale, souvent moquée et toujours ignorée, a longtemps disposé grâce à RMC de deux solides Grandes Gueules : Didier Giraud, éleveur en Saône-et-Loire, et Johnny Blanc, fromager dans les Deux-Sèvres qui depuis quelque temps s'est mis en retrait de l'émission, ne pouvant plus, à cause du trajet Poitiers-Paris, s'absenter un jour par semaine de son entreprise. Mais il reste toujours le bienvenu parmi les GG. La fonction publique territoriale est également dignement représentée par une de ses cadres, Zohra Bitan, ancienne militante socialiste qui défend avec intransigeance la sécurité et la laïcité. La voix de l'Éducation nationale a longtemps été portée par Sylvain Grandserre, instituteur en Normandie, et Fatima Aït Bounoua, professeure de français. Dans la tradition du corps enseignant français, ils affirmaient une sensibilité de gauche humaniste.

Signe des temps : la seule prof désormais présente dans l'émission, Barbara Lefebvre, est une tonitruante Grande Gueule de droite. En région parisienne, le 9.3 a « donné » aux GG l'éducateur montreuillois Étienne Liebig, par ailleurs auteur connu de romans érotiques. Joëlle Dago-Serry, elle, a longtemps habité Aubervilliers, travaillant dans un organisme de logements sociaux. Devenue coach de vie, elle habite aujourd'hui dans le XVIe arrondissement de Paris. Cet inventaire à la Prévert serait incomplet si on omettait le président du Rugby Club toulonnais Mourad Boudjellal, une ancienne SDF, Élina Dumont, un talentueux et parfois désopilant avocat qui peut transformer le studio en tribunal des flagrants délires : maître

Charles Consigny. Lui qui jouait à ses débuts au nostalgique de l'Ancien Régime surprend désormais souvent par ses penchants progressistes. Et il y en a bien d'autres, qui ont rejoint les GG ces dernières années. Nous vous les présenterons longuement plus loin.

Ces gens qui n'auraient jamais dû se rencontrer finissent par se connaître, s'apprécier et se parler. Un panel représentatif de la société française que décrivait il y a quelques années dans un e-mail cette auditrice, Romane, pâtissière à Gaillac dans le Tarn : « Didier Giraud, avec son allure de Viking ; Étienne Liebig, protecteur des miséreux ; Jacques Maillot, ou le réconciliateur du XXe et du XXIe siècle ; Gilles-William et sa manière de jouer à l'intellectuel lorsqu'il commence une phrase ; Élina Dumont et la façon qu'elle a de bondir pour tout et pour n'importe quoi ; Marie-Anne Soubré, avec ses réflexions pertinentes ; Sylvain Grandserre, et son côté charmeur ; sans oublier Alain, toujours prêt à recentrer le débat, et Olivier, toujours là pour nous rappeler ce que c'est qu'être une grande gueule... » La roue tourne, des visages disparaissent, d'autres surgissent mais l'esprit reste identique.

Toujours bons amis

« On a voulu reconstituer la table familiale, raconte Alain Marschall et, comme dans un repas de famille, les échanges sont vifs. » On s'emporte, on s'engueule mais on se quitte toujours bons amis.

Les autres médias audiovisuels, depuis quelques années, regorgent de « débats » conçus comme des combats où deux adversaires que tout oppose cherchent le KO par tous les moyens. Ces débats dominés par la mauvaise foi tournent souvent au dialogue de sourds. Chez « Les Grandes Gueules », au contraire, chacun tient compte des arguments des autres. Il est fréquent que certains intervenants évoluent et changent d'avis, au moins partiellement, à l'issue d'échanges avec les autres. Il règne une ouverture d'esprit qui est une des marques de l'émission.

« Attention ! La table familiale, ce n'est pas le café du commerce », ajoute Olivier Truchot. En effet, si la liberté du commentaire est totale, elle s'arrête là où commence le propos blessant, voire injurieux. Une limite mouvante, pas toujours facile à cerner. C'est le talent des « garçons », comme on les surnomme dans l'équipe : Alain Marschall et Olivier Truchot, qui encadrent et recadrent les débats, mains de fer et sourires de velours. Sous l'apparence de gars qui n'ont pas la science infuse, ils restent concentrés sur chaque mot, précisent une information, rectifient les erreurs, arbitrent entre deux intervenants, calment parfois leurs ardeurs et donnent aussi de temps à autre leur avis. Chacun d'eux joue sa partition : Olivier Truchot, plus engagé, prend sa part des débats sans cacher son goût pour la polémique ; et Alain Marschall, plus neutre, s'en tient au rôle indispensable de l'arbitre, meneur de débats.

Mais ni l'un ni l'autre ne cèdent jamais un pouce sur le rôle central dévolu par l'émission aux journalistes professionnels : pas question donc de laisser passer des *fake news* et des rumeurs. « Les Grandes Gueules » sont une émission d'information, et les deux « garçons » en sont responsables ; ils veillent à sa crédibilité comme à la prunelle de leurs yeux. En vingt ans, plusieurs dizaines de GG ont participé aux débats, beaucoup sont restés des années, quelques-uns furent des étoiles filantes. En cette rentrée 2024, ils sont environ une vingtaine en activité, qui interviennent par groupe de trois, environ une fois par semaine. Cette régularité les rend familiers aux auditeurs et téléspectateurs. Cette bande des « Grandes Gueules » s'est rajeunie avec l'arrivée de trentenaires et de quadragénaires depuis la diffusion de l'émission par Numéro 23, rebaptisée RMC Story, qui se veut la « chaîne des diversités ». La moyenne d'âge avait nettement chuté après le recrutement en octobre 2017 d'un Angevin de 19 ans, étudiant en histoire – de loin le plus petit par l'âge et le plus grand par la taille (1,90 mètre). Ce Maxime Lledo, dont la belle assurance laissait les autres bouche bée, n'avait la langue ni de bois ni dans sa poche quand il déclarait le 5 février 2018, à l'occasion de la visite d'Emmanuel Macron sur l'île de Beauté : « Les Corses nous gonflent ! Ils veulent l'indépendance, qu'ils la prennent ! »

L'émission, comme à d'autres, lui a servi de tremplin vers une carrière d'essayiste et de chroniqueur sous d'autres cieux. Avec un net penchant vers la droite souverainiste. Il n'avait que 22 ans quand il fit ses adieux après la publication de son premier livre *Génération fracassée*. C'était en juin 2021. Il exprime à l'antenne sa gratitude : « Merci déjà à vous de m'avoir laissé ma chance il y a un peu plus de quatre ans. C'était quand même culotté de votre part. Ça devait durer un petit bout de temps. Ça a duré quand même beaucoup plus longtemps. » Il garde à ce jour le record de la plus jeune Grande Gueule. Alain et Olivier craignaient un peu que la télé ne nuise à la spontanéité des intervenants. Se sachant filmés, les Grandes Gueules doivent évidemment se tenir correctement, prendre soin de leur look. Plus question d'ôter une chaussure pour se gratter le pied ou de chuchoter une blague à l'oreille du voisin. Il faut aussi résister pendant trois heures à la tentation de s'affaler sur sa chaise.

Ce fut au début une surprise pour les auditeurs de découvrir les gueules des… Grandes Gueules. Mais tous les intervenants ont franchi brillamment l'obstacle de la petite lucarne. Le principal changement, c'est qu'on les reconnaît maintenant dans la rue. Ils en ont pris leur parti et personne n'a quitté l'émission à cause de la télé. On constate juste un peu moins de sorties de route et un peu plus d'autocontrôle. Pourtant, malgré l'œil des caméras, les Grandes Gueules connaissent encore des fous rires. Quelques exemples : l'évocation des fusils d'assaut de la gendarmerie qui tirent de travers, celle de la très vieille voisine d'une intervenante qui lui demande chaque fois de répéter son nom, ou alors quand Alain Marschall imite à la perfection l'accent et les mimiques de Jean Lassalle – candidat haut en couleur à l'élection présidentielle de 2017 et 2022 – et quand Olivier Truchot fait de même avec l'ancien Premier ministre Jean Castex, le maire de Perpignan Louis Aliot, voire les GG elles-mêmes. Chez « Les Grandes Gueules », on rigole franchement, on aime les blagues de potaches, mais on est rarement méchant.

Avec la télé, « Les Grandes Gueules » paraissent encore plus familières à leurs fans qui ont découvert des visages de couleurs et de générations différentes.

Anaïs Sainz, chef d'orchestre et ange gardien

« On cherche toujours à composer des trios, correspondant à des profils différents – au niveau sociologique, culturel et des idées – et paritaires hommes-femmes », explique Anaïs Sainz la rédactrice en chef adjointe de l'émission.

Vous connaissez Anaïs, bien sûr ! Vous l'entendez et la voyez depuis plusieurs années. Vous vous souvenez du « Match des GG » ? Elle animait cette rubrique en alternance avec Djena Tsimba partie il y a cinq ans présenter les infos sur BFM Paris. Ensuite on lui a confié le « Quiz de campagne », avant les présidentielles. « J'adorais le faire, dit Anaïs, mais cela représentait un boulot monstre : faire rire autour de la table, trouver chaque jour des idées… ainsi, pour l'anniversaire d'Olivier, un quiz sur l'actualité le jour de sa naissance. C'était en juin 1968 mais étrangement la plupart des événements ressemblaient à ceux d'aujourd'hui : canicule, sécheresse, etc. Il y avait aussi le "ni oui ni non". Je pouvais tout m'autoriser, ce furent des moments hyper-sympas mais j'étais au bout du rouleau, car cette activité s'ajoutait à mon travail principal déjà écrasant. » Anaïs joue un rôle, capital, dans la préparation du plat que vous dégustez quotidiennement. S'il y a un pilote caché dans la carlingue, c'est bien elle, cette jolie jeune femme toujours souriante et qui veille constamment, avec bienveillance sur les GG comme sur les invités, les auditrices et les auditeurs. Une sorte d'ange gardien qui depuis sept ans protège l'émission. Les premières années, elle travaillait en duo avec Paul Larroque, un très jeune homme à la barbiche blonde et aux yeux rieurs derrière ses petites lunettes en métal. Touche-à-tout, il était devenu réalisateur de l'émission d'Éric Brunet et rédacteur web de celle de Brigitte Lahaie. Après plusieurs années aux « Grandes Gueules », il est parti rejoindre Euronews à Bruxelles.

Depuis son départ, Anaïs porte deux casquettes : celle de productrice et celle de rédactrice en chef adjointe de l'émission de radio, sous l'autorité d'Alain et Olivier, rédacteurs en chef. Si l'avenir appartient à ceux qui se lèvent tôt, Anaïs Sainz n'a pas à s'inquiéter : chaque matin, elle arrive entre 7 heures et 7 h 30 ; une demi-heure avant Olivier et Alain. « Il faut se montrer réactif par rapport à l'actualité. Quand elle l'impose, c'est-à-dire souvent, on change le pré-menu fixé la veille au soir. » Pendant l'émission, installée en régie, elle communique avec Alain et Olivier, par l'intermédiaire d'une oreillette. « Il faut écourter maintenant, on a un auditeur qui attend. » Elle est souvent la première destinatrice des blagues que les deux « garçons » lui envoient par texto, à l'insu des autres personnes présentes en studio. « Je leur transmets mes ressentis par rapport à la parole d'une Grande Gueule ou d'un auditeur, susceptible d'être gênante comme le lundi 9 octobre au surlendemain des massacres commis par le Hamas en Israël. Je surveille les réseaux sociaux tout en rédigeant ma rubrique : "On s'en fout, on s'en fout pas ?" » Aux côtés d'Anaïs : la cheffe d'édition Camille Rioual et le réalisateur Thibault de Villartay. Avec lui, elle choisit les musiques. Il faut être réactif. « Quand Frédéric Farah parle d'une chanson de Céline Dion, il faut qu'on en balance une aussitôt, ce n'est évidemment jamais prévu et cela surprend Alain et Olivier. C'est toujours bon de les surprendre avec une pastille rigolote, comme celle de la ministre Amélie Oudéa-Castéra imitant la chanteuse Aya Nakamura. Si les "garçons" sont surpris, ils seront encore plus spontanés et le public sera content. » Éternelle trentenaire souriante et enjouée, Anaïs est une baroudeuse : au volant d'une voiture de location, pendant ses vacances, elle a traversé la Californie et Israël, sans oublier le Maroc, La Réunion et l'Europe à plusieurs reprises. Par goût du voyage comme par obligation familiale, elle se rend au Canada où vit sa sœur et a passé le dernier Noël chez son grand frère au Mexique. Mais son plus beau souvenir est récent : un voyage au Maroc sur les pas de sa grand-mère. « En vacances en Andalousie, j'ai vu les bateaux vers Tanger, j'en ai pris un sur lequel j'ai traversé le détroit de Gibraltar, passant ainsi en une heure de l'Europe à l'Afrique. J'en avais les larmes aux yeux tellement c'était beau ! Ensuite j'ai rallié Essaouira, la ville natale de ma grand-mère. »

Anaïs est tombée toute petite dans la marmite de l'info : tout lire, tout savoir, tout comprendre. Et le virus ne l'a plus quittée. Après le bac et une école de journalisme, elle débute à 24 ans dans les radios locales de la région Rhône-Alpes où elle a grandi. Sa famille s'y était réfugiée pendant la guerre et sa grand-mère y avait été sauvée par des Justes. Un magnétophone pendu à l'épaule et un micro dans la main, devant une usine en grève ou dans un tribunal, pour un fait divers, Anaïs apprend le métier sur le terrain. Puis elle devient présentatrice des matinales dans un réseau de radios commerciales. Au bout de cinq ans, elle choisit de tout plaquer. C'était maintenant ou jamais : direction Paris. On est en 2014. Elle frappe à la porte de RMC.

Après quelques mois comme reporter à la pige, on lui propose d'apprendre la programmation : il faut caler les invités, repérer les sujets à traiter, rédiger des notes pour les présentateurs, etc. Elle débute comme remplaçante pour les émissions d'Éric Brunet et de Jean-Jacques Bourdin, alors tonitruante figure de proue de RMC, viré avec perte et fracas il y a deux ans. Anaïs refuse de l'accabler : « C'est le genre de personnalité qui attire la foudre. Jean-Jacques pouvait être très dur avec son équipe, avec lui, ça passe ou ça casse… pour moi, cela s'est bien passé. » Anaïs se voit proposer en avril 2017 un CDI aux « Grandes

Gueules». Programmatrice et coproductrice, elle assistera Paul Larroque, le producteur de l'époque.

«À RMC, les "Grandes Gueules" c'est un peu la *dream team*. Alain et Olivier sont hyper-sympas, accessibles et fun. Ils ont une réputation de présentateurs avec qui il est très agréable de travailler. C'est très important le côté humain.» Anaïs veille à ce que toutes les Grandes Gueules se sentent bien. «Parfois je suis dure, je leur fais la guerre, je leur enlève le portable quand ils pianotent à l'antenne. Je leur remonte le moral aussi quand je sens qu'ils ont un souci, je fais de la câlinothérapie.»

Concernant son avenir, Anaïs, au début de sa huitième année, est une adepte du septennat renouvelable: «J'ai vraiment trouvé ma place, ici. Je ne vois pas où je pourrais me sentir mieux qu'aux GG. Évidemment, cela me laisse peu de temps pour autre chose. Mais je travaille en m'amusant et en apprenant chaque jour, sur tous les sujets, avec des gens formidables qui sont comme une famille.» Sentiment partagé de «l'autre côté»: il suffit de prononcer son prénom non seulement devant Alain et Olivier mais aussi devant les techniciens qui travaillent avec elle, sans oublier toutes les Grandes Gueules présentes et passées ni surtout les auditeurs/téléspectateurs... Un mot revient dans toutes les bouches à son propos: Dis-po-ni-bi-li-té. 24/24 et 7/7.

Il lui en faut pour faire le planning des intervenants: un vrai casse-tête. Elle doit composer chaque jour une tablée de trois GG dont on sait qu'ils ne seront pas d'accord dans la discussion – tels Mourad Boudjellal, Étienne Liebig et Joëlle Dago-Serry, ou Barbara Lefebvre et Frédéric Farah. Un travail de titan, car il faut jongler avec les impondérables des uns, les enfants malades des autres et… les grèves de la SNCF pour les provinciaux. « Je fais le planning un mois à l'avance, je note toutes les disponibilités, je forme mes tablées, et je leur envoie leurs dates. » Les intervenants sont prévenus la veille de l'émission du menu qui leur sera proposé ; on leur transmet des fiches afin qu'ils se préparent. Avant le « grand oral » d'un artiste, on leur procure des billets gratuits pour sa dernière pièce de théâtre ou son dernier film : agréable contrainte de voir le(s) spectacle(s) dont il sera question. De même, les intervenants reçoivent suffisamment à l'avance les livres dont on va parler, car ils ont l'obligation de les lire entièrement. Être une Grande Gueule, cela se mérite ! Certains bossent tard le soir, comme s'il s'agissait d'un concours. En compensation de ce véritable travail, ils sont payés quelque cinq cents euros bruts par émission, excepté quelques-uns d'entre eux qui ont toujours refusé la moindre rémunération à l'instar de Bernard Debré.

Les absents ont toujours tort

En vingt ans et plus de cinq mille émissions, on compte sur les doigts de la main les GG qui sont arrivées en retard. Didier Giraud, en Saône-et-Loire, Antoine Diers à Dunkerque se lèvent avant l'aube pour prendre le train qui les mène à Paris. Et seules des grèves dures de la SNCF peuvent les conduire à renoncer à l'émission. Les intervenants sont tous très conscients de leurs responsabilités. Ils préviennent assez tôt en cas d'empêchement. Et aucun d'entre eux ne refusera de remplacer un absent, dans la mesure du possible. « En février 2018, Johnny Blanc qui habite un village des Deux-Sèvres a téléphoné à Paul Larroque, le producteur de l'époque, la veille au soir. La neige l'empêcherait le lendemain matin de se rendre à Poitiers pour y prendre le train», se souvient Anaïs. Elle connaît les disponibilités de chacun et a aussitôt appelé Jimmy Mohamed, un médecin qui participait alors aux «Grandes Gueules» et qui est devenu depuis sur d'autres antennes un consultant reconnu dans son domaine. Si l'écrivain vit dans l'angoisse de la feuille blanche, Anaïs craint plus que tout la chaise vide. Et, pour l'éviter, elle ne lésine pas sur les textos de confirmation. Pour l'instant, on croise les doigts, elle n'a jamais connu une telle déconvenue.

Une seule fois dans l'histoire des «Grandes Gueules», la chaise d'un intervenant est restée désespérément vide. C'était il y a bien longtemps, le 30 novembre 2005: «Vous n'avez pas vu Laurent? Où est Laurent? Il n'a prévenu personne!» On téléphone à plusieurs reprises à Laurent B. On commence l'émission sans lui. Cet entrepreneur de 37 ans, président du Medef dans le Tarn-et-Garonne, était depuis plusieurs mois une des figures des «Grandes Gueules». Il avait fondé une société de formation en ligne qui se vantait d'avoir permis la reconversion de huit mille personnes. Avec beaucoup de verve et un accent rocailleux, il défendait les intérêts des PME, et se plaignait de la pression fiscale. Mais il n'avait parlé à personne parmi les Grandes Gueules, ni à l'antenne, bien sûr, ni même en privé, des difficultés de son entreprise. Criblé de dettes, il a été accusé d'avoir falsifié les comptes pour tenter de la sauver. Refusant de répondre aux convocations du juge, il est alors écroué pour «escroquerie, abus de biens sociaux, banqueroute et abus de confiance». Il restera vingt-deux jours en détention provisoire. Sa participation aux «Grandes Gueules» ne lui a été d'aucun secours; le juge aurait même plutôt été exaspéré d'entendre à la radio ce sympathisant de Nicolas Dupont-Aignan fustiger régulièrement la « fainéantise » des salariés et des fonctionnaires…

« Ce fut vraiment un choc d'apprendre qu'une des Grandes Gueules était en prison », se souviennent encore aujourd'hui les deux « garçons ».

De l'eau a coulé depuis sous les ponts de la Garonne. Mais Laurent B. n'a plus jamais retrouvé sa chaise aux « Grandes Gueules ».

Cette histoire déjà ancienne, beaucoup de collaborateurs des GG l'apprendront sans doute en lisant ce livre. Car le renouvellement est permanent, à l'antenne comme dans les coulisses.

Fidèle au poste

L'émission commence dans une heure. Les GG arrivent : Élina Dumont, Antoine Diers, Mourad Boudjellal. On les salue brièvement. Ils filent au maquillage. Olivier et Alain, superstars, échangent avec le réalisateur, Thibault de Villartay. « C'est chaud ! C'est chaud ! » leur lance Anaïs. Il est 8 h 50. Il faut y aller. Direction le studio pour les uns, la régie pour les autres. Le réalisateur y est déjà…

Thibault de Villartay fait partie des historiques des GG. Ce père de trois enfants, né au Mans il y a quarante-neuf ans, a toujours rêvé, non de tenir le micro mais de le régler. À la fin des années 1990, diplômé du Studio École de France, à Issy-les-Moulineaux – établissement spécialisé dans la formation aux métiers de la radio –, il a fait ses classes dans les nouvelles (à l'époque) radios de la FM : Judaïques FM, Chérie FM (où il réalisait le multiplex foot) et RFM (où il produisait chaque dimanche « Le déjeuner en Or » autour d'un acteur ou d'un chanteur). Dans la grande famille de RMC, Thibault appartient à la catégorie des anciens, à l'instar du couple Marschall-Truchot. Il y est entré à 26 ans en mai 2001 dans les anciens locaux de Monaco. « Je fus accueilli par Alain Weill, qui venait de racheter la station. » Six mois plus tard, Thibault monte à Paris où il sera un temps chef d'antenne de RMC. Mais il est vite revenu à sa passion : le direct. « Le stress, le frémissement de l'antenne, quand on y a goûté, on ne peut plus s'en passer. »

Après avoir réalisé « Controverses » et « On nous la fait pas », les deux premières émissions d'Alain et Olivier, durant les années 2002-2004, Thibault est sans interruption depuis treize ans « le » réalisateur des « Grandes Gueules ». Avant l'émission, il choisit les sons qui vont être diffusés, extraits de reportages de RMC ou de BFMTV. Il les monte et les met à disposition de l'équipe, qui les répartira au fil de l'émission. Ce matin-là, il découpe des extraits de la *vox populi* recueillis lors d'un micro-trottoir sur le réchauffement climatique, et les accompagne du point de vue d'un expert. « J'adore Alain et Olivier. C'est tellement facile de travailler avec eux. Malgré les années qui passent, j'ignore la routine. »

Thibault a cependant été confronté à une vraie révolution avec la diffusion à la télé, à partir de 2016. Pour s'y adapter, il a suivi une formation à l'INA, où cet homme du son a fait l'apprentissage de l'image. Il réalise désormais une même émission sur deux supports différents. Une expérience inédite comme on les aime dans la maison. Thibault se concentre sur la mise en images. Il veille au placement des invités, à leur maintien et leur prodigue des conseils. « Rapprochez-vous de la table, tenez-vous, regardez dans cette direction. » « Les Grandes Gueules » nécessitent une coordination sans faille. Pendant les quelques minutes d'infos sur la radio à 10 et 11 heures, il faut meubler l'antenne sur RMC Story avec des pubs d'une durée identique à la seconde près. Une vraie mécanique de précision. Allez les voir un jour en régie! Ils ont l'air décontractés et rigolards. Mais ils sont hyperconcentrés. « En régie, dit Thibault, je pilote l'avion mais Anaïs, dans la tour de contrôle, est la vraie patronne. » Et comme les avions, « Les Grandes Gueules » ont traversé bien des turbulences.

LA LIBERTÉ D'EXPRESSION N'EST PAS UN LONG FLEUVE TRANQUILLE

La liberté d'expression, ce n'est pas de la tarte ! Et la liberté d'expression, en direct, avec des non-professionnels, est un risque que les GG furent les premiers à prendre. Elle s'apparente à du funambulisme au-dessus d'un torrent déchaîné, rempli non de piranhas et de crocodiles mais d'internautes, de critiques des médias et de membres de l'Arcom prêts à vous déchiqueter avec leurs grandes mâchoires au moindre faux pas. Depuis vingt ans, chaque jour pendant trois heures, « Les Grandes Gueules » ouvrent les vannes à toutes les opinions et à toutes les… vannes, qui ne sont pas toujours fines et subtiles.

« Nous sommes contre la pensée unique ! », clament en chœur Marschall et Truchot. Quand le débat s'envole, quand les reparties fusent, au risque de certaines outrances, c'est à eux de tenir la barre. Mine de rien, sans casser l'ambiance, ils recadrent les intervenants. Cela se passe toujours bien sauf… quand cela se passe mal comme le jour de l'inoubliable « règlement de comptes à OK Collard. » Une séquence complètement folle. Dix ans après, elle attire encore de nombreux internautes sur

Google. Quel spectacle, mon Dieu, quel spectacle ! Avec un Gilbert Collard qui casse la baraque, tel un gamin turbulent dans *La Guerre des boutons*. Et un Alain Marschall qui pique une colère homérique, à la Jean Gabin (sur un texte de Michel Audiard) s'adressant à Louis de Funès dans *La Traversée de Paris* : « Jambier ! Jambier ! », criait le monstre sacré du cinéma français. « Gilbert, ta gueule ! », hurle le sacré monstre des « Grandes Gueules ». Mais que s'est-il passé au juste ? Flash-back sur un clash historique.

Carton jaune

Il se déroule le 6 janvier 2015, soit la veille de l'attentat contre *Charlie Hebdo*. Il est sans aucun rapport avec cette tragédie, et, avec le recul, il reste le seul événement survenu cette semaine-là qui prête à sourire. Il est déclenché par Gilbert Collard. Cet avocat médiatique est connu pour avoir défendu de très nombreuses personnalités, dont le champion cycliste Richard Virenque (dopé « à l'insu de son plein gré »), le général Aussaresses (accusé *a posteriori* de tortures pendant la guerre d'Algérie) ou encore l'ancien président ivoirien Laurent Gbagbo (après son renversement par Alassane Ouattara). Maître Collard a aussi pendant longtemps exercé sa verve dans le prétoire des « Grandes Gueules ». Mais depuis quelques années, sa situation avait changé : « Nous avions engagé, se souvient Olivier Truchot, un ténor du barreau anticonformiste, plutôt marqué à gauche, qui tapait sans ménagement sur les uns et les autres. Et nous nous sommes retrouvés avec un militant d'extrême droite, missionné pour défendre bec et ongles la ligne de son parti sur tous les sujets. » Après avoir officialisé son rapprochement avec Marine Le

Pen, sans adhérer formellement au FN, Gilbert Collard fut élu dans le Gard avec le soutien de ce parti lors des élections législatives de 2012. À la fin de l'année, après avoir hésité, on décida quand même de le conserver dans l'effectif des « Grandes Gueules ». Si nous avions pour principe de ne jamais recruter un homme ou une femme politique en exercice, il nous était difficile de nous séparer d'une Grande Gueule qui s'était engagée en cours de route. » C'est ainsi que le nouveau secrétaire général du Rassemblement bleu Marine continua de s'asseoir à la table familiale – de manière moins fréquente, mais régulière ; une fois par mois environ.

Ce 6 janvier 2015, « Les Grandes Gueules » débattent des photos et vidéos publiées sur Facebook pendant les fêtes de Noël par des détenus de la maison d'arrêt de Marseille, sous le titre moqueur « MDR o Baumettes » (« Morts de rire aux Baumettes »). Ces clichés, supprimés quelques jours plus tard, montraient des détenus comme en colonie de vacances, le visage rigolard de collégiens farceurs faisant un pied de nez à l'administration pénitentiaire et donc à l'État. L'un d'eux en caleçon exhibait fièrement une liasse de billets de cinquante euros ; un autre fumait la chicha devant la télévision ; d'autres encore posaient, torse nu et tout sourire dans les coursives, le téléphone portable à la main. Gilbert Collard voit dans ces photos la confirmation du laxisme qui régnerait dans les prisons françaises. Il n'a pas tort, mais il ne veut entendre aucun autre son de cloche. Vient alors un auditeur qui, par téléphone, témoigne des mauvaises conditions de détention dans l'univers carcéral. Cet électricien, un ancien détenu prénommé Franck, parle d'expérience. Gilbert Collard ne supporte pas de l'entendre. Sans même le laisser finir, il s'emporte : « Vous allez hurler mais je m'en fous. Il y a un truc que je trouve extraordinaire. Vous allez mal le prendre mais on débat. Quel droit vous avez à donner votre avis ? Vous avez purgé une peine ! Vous n'êtes pas passé par un hôtel. On ne vous demande pas de faire le diagnostic. » L'auditeur, un peu abasourdi, réplique que ce sont « Les Grandes Gueules » qui ont sollicité des témoignages d'anciens « usagers » des prisons. C'est bien la marque de cette émission de donner la parole à tous. Mais l'avocat conteste cette démarche : « Je ne vous reproche pas de donner votre avis ; je reproche à mes amis journalistes de continuer à faire cette espèce de collecte de témoignages. » Stupeur dans le studio. La ligne jaune a été franchie. De quel droit Gilbert Collard peut-il critiquer les fondements de l'émission dans laquelle il est invité ? Les deux autres GG le lui font remarquer. Le ton monte. La colère de Collard est communicative. Pendant que Didier Giraud, l'agriculteur, prend l'air dépité en faisant de grands gestes avec ses bras pour calmer le jeu, Françoise Degois, ancienne conseillère de Ségolène Royal, ne contient plus son exaspération. Dans un brouhaha qui rend l'émission quasi inaudible, les deux intervenants se disent tout le mal qu'ils pensent l'un de l'autre.

« Vous, les journalistes, et vous, les gauchos..., lance Collard, dans une diatribe d'où seul surnage le mot "démagogie".

— Tu as été gauchiste avant moi, rétorque Françoise Degois, faisant référence aux sympathies trotskistes de Collard dans les années 1980.

— Je regrette ! Qu'est-ce que j'ai été con ! », vitupère l'avocat mariniste avec une rage qui s'adresse cette fois à lui-même.

Dans ce match de catch verbal, les auditeurs peuvent entendre la voix de l'ancien détenu, toujours au téléphone et extrêmement gêné, qui commente de manière très spontanée : « Oh là là, oh là là, sans déconner. »

Pendant ce temps, Gilbert Collard continue ses reproches à l'encontre de Françoise Degois :

« Il serait temps que tu te réveilles [du gauchisme] parce que toi, t'as plus 4 ans.

— J'ai un idéal, réplique-t-elle.

— Quel idéal ? Toi ? Ah ah ! Tu vends Ségolène, s'exclame-t-il en évoquant l'époque où son “adversaire” conseillait la dirigeante socialiste.

— Toi, tu vends Le Pen, hein ? crie-t-elle avec colère, avant de préciser : toi, tu vends Marine. »

Pendant tout ce cirque qui a duré environ deux minutes, Alain Marschall s'est efforcé de conserver un calme olympien. Comme si de rien n'était, il reprend le fil de l'émission avec Franck, l'électricien, toujours au téléphone :

« Je m'excuse d'avoir foutu le bordel comme cela », déclare, penaud, cet ancien repris de justice. « Mais non », tente de le rassurer Alain Marschall. C'est alors que Gilbert Collard l'interrompt à nouveau : « Oh ! oh ! oh ! »

La goutte d'eau du grognement collardien fait déborder le vase de la colère marschallienne : « Coupe le micro, Thibault, au moins, c'est réglé », lance l'animateur au réalisateur en régie. Comme Collard continue de vitupérer, Alain Marschall sort totalement de ses gonds – ce qu'on appelle une sainte colère :

« Gilbert, ta gueule, ou je te sors du studio ! [...] Tu la voulais, celle-là. Je te le dis franchement : tu m'emmerdes ! [...] Alors maintenant tu la fermes. On est dans une émission de radio. Alors maintenant tu la boucles ou je te sors du studio à coups de pompes dans le train.

— J'aime cette autorité. C'est la démocratie des "Grandes Gueules", ironise alors Gilbert Collard.

— Boucle-la ! C'est moi qui te le dis. Maintenant tu me fatigues, poursuit Alain Marschall. Maintenant, tu fais l'émission de radio normalement ou je te sors, d'accord ? » Retrouvant aussitôt son calme, il reprend le cours des « Grandes Gueules » avec un nouveau témoignage – celui d'un gardien de prison.

Après cette émission homérique, le député FN est revenu dans « Les Grandes Gueules ». Mais, à la fin de l'année 2015, on lui a dit : « Bye bye ! Gilbert », en même temps qu'à deux autres intervenants. Un renouvellement naturel, en douceur. Ce ne sont pas tant ses idées qui posaient un problème que son comportement opposé à l'esprit des « Grandes Gueules », où personne ne prétend détenir la vérité absolue, où on s'écoute et on s'enrichit de tous les points de vue exprimés.

Gilbert Collard est pourtant revenu à plusieurs reprises dans l'émission, au titre d'invité politique, notamment pendant la campagne présidentielle de 2017 où il était le porte-parole de Marine Le Pen.

Le 1er décembre 2016, invité du « grand oral », une belle passe d'armes l'opposa au jeune intervenant Charles Consigny, qui reprit à la volée la déclaration d'amour du député frontiste aux classes laborieuses :

« On [le FN] est peut-être les derniers, affirmait Gilbert Collard, à avoir une vraie préoccupation d'un peuple qu'on ne prend pas en considération. Moi, je suis ouvriériste, cela peut surprendre, cela peut choquer, mais j'aime le peuple.

— Comme si cela pouvait surprendre et choquer, interpelle Charles Consigny, de dire : "J'aime le peuple." Cela veut dire quoi ? Je suis ouvriériste et j'aime le peuple. Cela ne peut pas surprendre ni choquer. Ce n'est pas parce que vous avez un programme d'extrême gauche sur le plan économique et social que vous êtes du côté des ouvriers, monsieur Collard. [...] Il y a une manière au Front national de s'approprier le souci des obscurs et des sans-grade qui est une usurpation. »

C'est alors que Gilbert Collard contre-attaque en ironisant à propos de Charles Consigny :

« S'il y a une chose qui se voit d'évidence, c'est que vous êtes très proche du peuple !

— Vous, réplique la jeune GG, combien vous gagnez par rapport à moi ? De quoi vous parlez ? Moi, je ne cumule pas un mandat parlementaire, une activité d'avocat et d'autres sources de revenu.

— J'ai décidé une fois pour toutes, lâche Collard d'un ton dédaigneux, de ne pas répondre aux eczémas verbaux. Donc qu'il se gratte, moi je continue mon chemin.

— C'est très élégant, constate la GG Fatima Aït Bounoua, qui sort du silence.

— C'est un petit bourgeois qui veut donner des leçons, assène le député frontiste.

— Parce que vous, vous n'êtes pas un bourgeois, monsieur Collard ? », conclut Charles Consigny.

Un échange franc, qui n'a rien d'exceptionnel chez « Les Grandes Gueules ». On respecte les invités mais on n'hésite pas à leur poser des questions qui fâchent, dès lors qu'elles contribuent à informer l'auditeur.

Ecce homo, Philippot !

Florian Philippot est homosexuel. Le grand public le sait depuis le *coming out*, forcé par le magazine *Closer* en décembre 2014, de celui qui était alors le bras droit (ou gauche ?) de Marine Le Pen.

Son orientation sexuelle sera fréquemment stigmatisée par Jean-Marie Le Pen, mis sur la touche par la nouvelle génération qui, autour de sa fille, voulait dédiaboliser le FN. En 2015, dans une vidéo de son « Journal de bord » en ligne, le fondateur du parti mettra en cause les mignons qui entouraient Florian Philippot, les qualifiant de « gestapettes » – sobriquet attribué jadis à Abel Bonnard, secrétaire d'État à l'Éducation nationale et à la Jeunesse sous le régime de Vichy.

« Êtes-vous homo, m'sieur Philippot ? » Ce sont « Les Grandes Gueules » qui, bien avant tout le monde, lui ont posé la question. Celle-ci n'était pas évidente à l'époque, mais l'actualité l'imposait. Rappelons le contexte avant de voir le texte. On est le 9 janvier 2013. Dans son premier numéro de l'année, l'hebdomadaire d'extrême droite *Minute* accuse un groupe de militants homosexuels d'avoir pris en otage Marine Le Pen. Il les surnomme « les gays de la Marine » et leur impute le refus de la présidente du FN de participer à la manifestation contre le mariage pour tous prévue le 13 janvier 2013. Aucun nom n'est cité, mais en coulisses circule celui de Florian Philippot.

Dès lors que la une de *Minute* révèle une grave division au sein du FN, la question de l'orientation sexuelle de Florian Philippot ne relève plus seulement de sa vie privée. Reçu le lendemain par « Les Grandes Gueules », il ne peut y échapper.

« Nom ? Prénom ? », Alain Marschall et Olivier Truchot le soumettent, comme tous les invités, au questionnaire du « CV express ». « Date de naissance ? Revenus ? » Les questions s'enchaînent.

« Situation de famille ?

— Célibataire, répond le dirigeant frontiste.

— Alors, homosexuel ? Hétérosexuel ? demande Alain Marschall, comme si de rien n'était.

— Question sans intérêt, répond sans se démonter Florian Philippot. Je ne parle jamais de ma vie publique, euh… de ma vie privée.

— Oui, mais puisque certains dénoncent un "lobby gay" alors dans "Les Grandes Gueules", on pose la question, explique Olivier Truchot.

— Question sans intérêt, répète Florian Philippot, l'agacement affleurant à peine sous un air impassible. Vous ne saurez rien de ma vie privée, vous ne saurez rien de la vie privée des gens du FN, vous ne saurez rien de la vie privée de Marine Le Pen. C'est un principe… Parce que, voyez-vous, nous on n'est pas sarkozystes dans l'âme, on n'aime pas mélanger vie privée et vie publique, c'est quelque chose d'absolument détestable.

— Pourquoi ? Vous avez une crainte de révéler votre vie privée ? insiste Alain Marschall.

— Non. Parce que c'est un principe politique. Vous croyez que Charles de Gaulle ou d'autres responsables ensuite parlaient de leur vie privée ? Vous voyez ce que donnent ensuite les dérives.

— De Gaulle, on connaissait sa vie », relève, un peu taquin, Olivier Truchot.

Visiblement décontenancé par les questions en rafale des Grandes Gueules, le dirigeant souverainiste improvise une argumentation un peu désobligeante pour d'autres responsables politiques : « Vous voulez que Marine Le Pen se fasse photographier en bourrelets au bord de la plage, comme Nicolas Sarkozy à la une de *Paris Match* ? »

Malgré sa gêne, Florian Philippot répond cependant stoïquement à toutes les questions. Mais les Grandes

Gueules ne lâchent pas le morceau. À la fin du « CV express », Alain Marschall revient à la charge :

« Et si je vous dis, Florian Philippot, êtes-vous homosexuel, oui ou non ?

— Je vous réponds : rien, aucune question privée. Point. Voilà ! »

Sur le coup, Florian Philippot n'a guère apprécié la question piège de son « CV express ». C'est humain. Il s'en expliquera quelques jours plus tard au téléphone avec les animateurs des « Grandes Gueules ». Comprenant leurs motivations, qui visaient uniquement à informer, il ne leur en tiendra pas rigueur et reviendra souvent dans leur émission. Beau joueur, il connaît les risques de la notoriété.

Marine Le Pen

La présidente du FN, elle, a réagi bien plus durement que son lieutenant de l'époque mis sur la sellette. Juste après l'émission, très en colère, elle est allée jusqu'à téléphoner à la direction de RMC : « Je ne viendrai plus du tout chez vous. »

« Paroles, paroles... », comme dit la chanson. La dirigeante frontiste honorera en effet son interview prévue le lendemain matin chez Jean-Jacques Bourdin. Son énervement y ressurgira dès que le journaliste l'interrogera à propos d'un billet de Gilbert Collard, alors député du Rassemblement bleu Marine, préconisant notamment d'« écraser du pied gauche » Vincent Peillon (ministre de l'Éducation nationale) qui venait d'appeler l'Enseignement privé catholique à ne pas s'opposer à la loi en faveur du mariage des homosexuels :

« Je ne suis pas là pour commenter des commentaires ! lâche-t-elle, excédée. [...] Marre des exercices de repentance permanente et d'accusation. M. Gilbert Collard est assez libre et assez grand pour assumer ses propos. Et moi, je ne suis pas là pour condamner les uns et les autres, je ne suis pas directrice d'école. »

Marine Le Pen reviendra une dernière fois dans « Les Grandes Gueules », le 9 juillet 2013. Dans une ambiance plus apaisée, elle dénoncera sans surprise « une multiplication inouïe de campements de Roms, qui sont des clandestins » et demandera « la suspension immédiate des accords de Schengen pour que nous retrouvions nos frontières, pour que nous puissions interdire à ces gens de s'installer sur le territoire » ! Pendant huit ans, Marine Le Pen n'a plus mis les pieds aux « Grandes Gueules » : ce n'est pas faute d'y avoir été conviée, mais la production s'est heurtée à des refus systématiques de la part du service de presse du FN devenu RN. « Pas de place dans l'agenda, pas le bon moment pour parler, elle fera la matinale de Jean-Jacques Bourdin et rien de plus. » Les bonnes raisons n'ont pas manqué…

Après huit ans de bouderie, Marine Le Pen a fait son retour dans les GG à l'approche des présidentielles 2022. L'événement eut lieu le 13 décembre 2021. « Au début, se souvient Anaïs, elle était crispée, elle s'est ensuite détendue au fur et à mesure de l'interview. En partant, elle m'avait fait part de sa satisfaction. Ses collaborateurs étaient super contents. »

La Marine Le Pen de 2021 a mis la barre à gauche et s'est humanisée. C'est en défenseuse des défavorisés qu'elle se livre à une passe d'armes pendant l'émission avec un Charles Consigny, partisan du libéralisme et de la rigueur budgétaire :

« Y a pas d'assistanat, vous réfutez cette tendance en France, lui demande l'avocat, […] pour vous, les gens n'attendent pas trop de l'État ?

— Écoutez, nous sommes dans un pays où il y a presque 15 % de pauvres, les gens, il faut qu'ils vivent et ils se débrouillent pour vivre. Parfois, c'est le système D. Alors, j'entends des grandes voix qui disent : "Ah ! Il y a des gens qui préfèrent se mettre au chômage plutôt que de prendre un petit boulot", bien sûr…

— On en connaît, l'interrompt Charles Consigny, chez les jeunes il y en a beaucoup par exemple, qui travaillent six mois et puis…

— Non, non, non, moi j'en ai rencontré, il faut discuter avec les gens. Moi j'ai discuté avec des mères de famille monoparentale qui élèvent leurs enfants et qui me disent : "Moi, si demain, je travaille, mes enfants vivront moins bien que si je ne travaille pas." […] Vous ne pouvez pas jeter la pierre à cette mère de famille, […] c'est le système économique qui est responsable. […] Les salaires sont trop bas par rapport au coût de la vie en France ! »

Marine a si bien apprécié « Les Grandes Gueules » qu'elle est revenue dans l'émission trois mois plus tard. Elle n'est pas la seule à entretenir des relations en dents de scie avec les GG.

Jean-Luc Mélenchon, le bruit et la fureur

Ce 26 novembre 2013, celui qui est alors leader du Front de gauche passe le « grand oral » des « Grandes Gueules ». Son mouvement appelle avec d'autres organisations à une « marche pour la révolution fiscale » prévue le samedi suivant, 1er décembre. Jean-Luc Mélenchon cherche-t-il à chevaucher le tigre des Bonnets rouges, mouvement né en Bretagne quelques semaines auparavant contre la pression fiscale et regroupant des couches sociales très diverses ?

« Jean-Luc Mélenchon, décidément, vous avez bien changé, fait remarquer Olivier Truchot. Il y a encore quelque temps vous auriez traité de poujadiste quelqu'un qui aurait appelé à voter contre les impôts et vous voilà organisateur d'une manif sur le ras-le-bol fiscal. Expliquez-nous un peu. »

La réponse du député européen n'est pas très aimable ; elle navigue même dans les eaux territoriales de l'impolitesse :

« S'il y en a un qui n'a pas changé, c'est vous. Pour ce qui est de comprendre, c'est toujours pas ça. » Et pan !

On reproche souvent aux Grandes Gueules de ne pas ménager leurs invités, mais celui-ci ne prend pas de gants – si ce n'est des gants de boxe : « Vous faites la propagande de l'extrême droite », lâche Jean-Luc Mélenchon au détour d'une phrase, avant de monter d'un cran sur l'échelle de l'agressivité durant la dernière partie de l'interview. On est alors en train de parler de militants du Front de gauche qui lancent des appels à la criée dans le métro pour la marche du 1er décembre.

Olivier Truchot les imite assez drôlement : « "Qui est d'accord pour payer la TVA ?" Tout le wagon gueule : "Pas moiiiiiii !" » Puis il interpelle son invité : « C'est pas démago ? » Jean-Luc Mélenchon prend très mal l'ironie des Grandes Gueules : « Eh bien je vais vous dire, ne méprisez pas les gens. [...] Vous les méprisez, ils ont beaucoup d'humour. [...] Vous les prenez pour des animaux. »

Ce jour-là, les deux animateurs en prennent plein la (grande) gueule. Ils encaissent sans broncher. La liberté d'expression est sacrée, même quand elle s'exerce à leur détriment. Et ils savent aussi qu'avec Jean-Luc

Mélenchon, seule personnalité sacrée deux fois « Grande Gueule de l'année » (en 2010 et 2012), on alterne les hauts et les bas. Selon les humeurs du bonhomme et son intérêt politique, il incarne « le bruit et la fureur » ou le rassembleur débonnaire. Les Grandes Gueules n'oublient pas l'homme charmant qui les guidait pour visiter le Sénat, avant leur émission spéciale au palais du Luxembourg, le 18 décembre 2008. Elles se souviennent aussi que, quelques mois plus tard, avant les élections européennes, les murs du studio vibrèrent pendant une grandiose engueulade quand l'intervenant Karim Zéribi (à l'époque conseiller municipal socialiste à Marseille) osa mettre en doute la sincérité de Jean-Luc Mélenchon à propos de l'Europe.

On le reverra encore dans « Les Grandes Gueules », le 22 mai 2015. Il vient ce jour-là présenter son pamphlet *Le Hareng de Bismarck*, qui provoqua de sérieuses polémiques jusque dans les rangs de la gauche de la gauche. Puis, Jean-Luc Mélenchon a boycotté « Les Grandes Gueules » pendant plusieurs années. Ses lieutenants, eux, y furent bien présents, mais certains Insoumis ont, unilatéralement, déclaré la guerre aux Grandes Gueules.

La calomnie des Insoumis

Les Grandes Gueules racistes ? Une accusation gravissime, de celles dont on ne se remet pas… auprès de ceux qui y croient. Ils sont heureusement très peu nombreux parmi les auditeurs des « Grandes Gueules ».

L'offensive a été lancée par La France insoumise, après le « grand oral » d'une de ses députées, Danièle Obono, le 21 juin 2017. Nouvellement élue dans le XVIIIe arrondissement de Paris, elle est alors titillée, fermement mais courtoisement, à propos d'une pétition qu'elle avait signée en 2012 avec d'autres personnalités de la gauche radicale pour soutenir deux chanteurs d'un groupe de hip-hop nommé ZEP (Zone d'expression populaire). Ceux-ci étaient poursuivis pour « injure publique » et « provocation à la discrimination, à la haine et à la violence » supposées contenues dans leur chanson « Nique la France ». Certaines de ses paroles relèvent de l'idéologie du parti des Indigènes de la République :

« Nique la France / Et son passé colonialiste / Ses odeurs, ses relents et ses réflexes paternalistes / Nique la France / Et son histoire impérialiste / Ses murs, ses remparts et ses délires capitalistes. » La chanson contient aussi une injure nominative à l'encontre de la journaliste Caroline Fourest, qualifiée de « connasse ». L'affaire avait cependant débouché sur une relaxe. Devant les Grandes Gueules, Danièle Obono affirme n'avoir jamais voulu soutenir le fond des propos du groupe ZEP, mais uniquement « défendre la liberté d'expression de ces artistes, parce que ça fait partie des libertés fondamentales ». Alain Marschall lui demande alors si aujourd'hui, députée et ceinte de l'écharpe tricolore, elle peut dire « Vive la France ».

« Je peux dire "Vive la France", mais pourquoi en soi ? s'offusque-t-elle. Vous voulez que je me mette au garde-à-vous et que je chante "La Marseillaise" ? » L'une des GG, Didier Giraud, constate alors : « Vous signez plus facilement "Nique la France" que vous ne dites "Vive la France". » L'attitude de la députée sidère aussi les deux autres intervenants présents ce jour-là, Jimmy Mohamed et Élina Dumont – pourtant alors sympathisante de La France insoumise. Son refus met aussitôt le feu à la Toile : un déchaînement de réactions scandalisées et parfois racistes. Les animateurs de l'émission ne cautionnent évidemment aucun dérapage, provenant d'internautes qu'ils ne connaissent pas et sur lesquels ils n'exercent pas la moindre autorité. Dont acte.

Auraient-ils toutefois demandé à Danièle Obono de chanter «La Marseillaise» parce qu'elle est noire? Cette accusation infamante et injuste est développée par les responsables de La France insoumise. Le surlendemain de l'incident, le député Alexis Corbière intervient en direct dans «Les Grandes Gueules»: «Elle n'a jamais dit "Nique la France". Ce sont des propos qui ne sont pas les siens, vous avez voulu la délégitimer.» S'il ne se reconnaît pas dans la chanson incriminée, il minimise la gravité des paroles en rappelant: «Renaud, que j'admire, chantait: "Et votre République, moi, j'la tringle."» Autre cadre de La France insoumise, Éric Coquerel (également signataire en 2012 de cette pétition en soutien au groupe ZEP) a dénoncé sur France Info le «racisme» dont l'élue parisienne serait victime: «Moi, ce qui m'étonne, c'est que depuis 2012 ni moi, ni Olivier Besancenot [autre signataire de la pétition], on ne nous a jamais parlé de cette affaire. Et Danièle Obono, on lui en parle. Je vais vous dire pourquoi je pense qu'on lui en parle: parce qu'elle est noire.»

Même son de cloche du côté de Jean-Luc Mélenchon en personne, qui écrit le 23 juin 2017 sur sa page Facebook:

«Amitié, affection et respect pour le sang-froid de Danièle Obono, députée de Paris, agressée sur les plateaux de télé par des chiens de garde médiatiques qui ne se rendent même plus compte que leur machisme est teinté d'une forme de racisme insupportable. Solidarité avec elle face au déchaînement de haine venant de l'extrême droite ainsi déclenché par les employés des neuf milliardaires qui contrôlent 90 % de la presse. » Chiens de garde médiatiques !

Avec cette expression, inspirée d'un pamphlet de l'écrivain communiste Paul Nizan en 1932 contre les philosophes humanistes de son temps, celui qui vient d'être élu député de Marseille s'en prend directement aux Grandes Gueules : « Il est inouï, ajoute-t-il, de voir un média provoquer délibérément le déclenchement d'une telle vague raciste. » Un simple coup de colère qui retombera vite ou une stratégie délibérée ? La calomnie, écrivait encore Beaumarchais, « s'élance, étend son vol, tourbillonne, enveloppe, arrache, entraîne, éclate et tonne, et devient [...] un cri général, un crescendo public, un chorus universel de haine et de proscription. »

La rancune sort de la rivière

Trois mois plus tard, l'accusation contre les GG est relancée par Danièle Obono, à l'occasion d'un numéro de « Complément d'enquête », l'émission de France 2 consacrée le 5 octobre 2017 au racisme. Dans l'un des reportages qui abordent la difficulté d'être noir en politique, la jeune parlementaire revient sur l'« injonction » qui lui avait été faite par les Grandes Gueules de crier « Vive la France ! » : « Ça ne sort pas de nulle part, s'exclame-t-elle. Ça sort de l'idée que comme on est noir, asiatique ou arabe, on doit prouver qu'on est de bons Français, [...] qu'on aime la patrie. Cette injonction, elle est complètement raciste ! »

Interviewé dans le même reportage, Alain Marschall lui répond : « Le racisme est un délit. Si on estime qu'on est raciste, on porte plainte, on prend chacun des avocats et on va devant un tribunal. Point barre ! » Aucune plainte ne fut jamais déposée. Et pour cause : l'accusation de racisme était complètement infondée. Les GG racistes ? C'est une blague ! D'ailleurs, il est probable que beaucoup de dirigeants Insoumis n'y ont pas cru, car ils ont continué de participer à cette émission qui leur permet de s'adresser librement et longuement à un public nombreux. Les Grandes Gueules ont été blessées par des accusations injustes, mais leur table reste ouverte aux Insoumis. Et, pour commencer l'année 2018 en beauté, elles lancent une invitation à Jean-Luc Mélenchon *himself*. S'ensuit un échange de textos, daté du 4 janvier :

« Bonjour monsieur Mélenchon ! écrit Anaïs Sainz, alors programmatrice. Alain Marschall et Olivier Truchot souhaitent vous inviter au "grand oral" des "Grandes Gueules" sur RMC (12 heures – 12 h 35). Est-ce que vous seriez OK sur le principe ? Peut-on caler une date ensemble ? D'avance, merci pour votre retour ! Et meilleurs vœux !

— Certainement pas, répond aussitôt l'ancien candidat à la présidentielle. Cette émission me déchire à longueur d'année. Pourquoi irais-je me faire infliger un tel *bashing* sur place ? Vous ne manquez pas de souffle !

— Vous êtes une grande gueule, nous aussi. Vous aimez provoquer le débat, nous aussi. Vous êtes libre, nous aussi.

— Il y a erreur, conclut le député de Marseille. Je ne suis pas une grande gueule, comme vous le dites. Je suis un intellectuel engagé qui a écrit une quinzaine de livres. » Dont acte. Du haut de ses 19,58 % lors du premier tour de l'élection présidentielle, l'ancienne double « Grande Gueule de l'année » a pris la grosse tête. Comment expliquer ce refus de celui qui vient d'être élu député de Marseille ? Il ne concerne pas le groupe

NextRadioTV dans son ensemble : candidat à la magistrature suprême, Jean-Luc Mélenchon fut souvent et longuement invité pendant la dernière campagne présidentielle aussi bien par BFMTV que par RMC. Et ses meetings furent retransmis dans leur intégralité. C'est avec « Les Grandes Gueules » en particulier qu'il y a un problème. Et celui-ci est antérieur aux affaires Garrido et Obono. Depuis son dernier passage, en 2013, le chef charismatique des Insoumis semble fuir l'émission qu'il a jadis adorée. Aurait-il peur d'une déstabilisation par des intervenants qui connaissent la vie des Français et n'appartiennent pas aux « élites médiatiques » qu'il dénonce à la vindicte populaire ? Son rejet des « Grandes Gueules » durera à peu près aussi longtemps que celui de Marine Le Pen. Et comme elle, il mettra fin à son boycott pendant la campagne des présidentielles 2022.

Son grand retour dans les GG se déroule le 10 mars 2022. « Une ambiance très cordiale, se souvient Anaïs. Il était content. Ses équipes aussi. » Tellement réconcilié qu'il est revenu le 29 septembre 2023 pendant près d'une heure pour présenter son dernier livre. Car le dirigeant des Insoumis, comme vous le savez, n'est pas « une grande gueule mais un intellectuel qui a écrit une quinzaine de livres ».

La liberté de penser autrement

La gauche radicale dans son ensemble ne peut vraiment pas se plaindre des « Grandes Gueules », une des très rares émissions où on laisse un Philippe Poutou exprimer longuement, en dehors des périodes électorales, son rêve de grève générale : « Nous, déclare-t-il le 18 décembre 2017, on maintient que la contestation est à l'ordre du jour ; maintenant, il faut la construire et c'est vrai qu'il manque aujourd'hui chez les jeunes et surtout chez les moins jeunes des militants prêts à la confrontation. » On est neuf jours après les obsèques de Johnny Hallyday. Philippe Poutou en profite pour juger « nul, ridicule avec ses grandiloquences » le discours du président Macron devant l'église de la Madeleine, avant de commenter à sa manière, pas très respectueuse, l'inhumation de l'ancienne « idole des jeunes » sur l'île de Saint-Barthélemy : « C'est normal, le fraudeur fiscal, jusqu'au bout, il est fraudeur fiscal, déclare l'ancien et futur candidat du NPA à la présidentielle. Même mort, il continue. Il est connu pour ça. C'est pas le seul. Autour de lui, aux obsèques dans la Madeleine, il y avait pas mal de fraudeurs fiscaux. Il y avait Balkany qui était là, c'est quand même un champion du monde pour ça. On a une élite qui fait sa petite fête. »

Ces propos iconoclastes dans un contexte de deuil ont choqué les très nombreux admirateurs de Johnny qui l'ont fait savoir. Mais à aucun moment, les animateurs des « Grandes Gueules » n'ont songé à interrompre le porte-parole du NPA, pas plus qu'ils ne l'auraient fait avec une personnalité plus influente. C'est le risque du direct que d'autres ne prennent pas, se réservant le droit de couper au montage certaines séquences de leurs émissions enregistrées deux ou trois jours avant la diffusion. « La liberté, c'est toujours la liberté de celui qui pense autrement », écrivait la socialiste allemande Rosa Luxemburg pour dénoncer en 1918 la dictature bolchévique naissante en Russie. Alain Marschall et Olivier Truchot ne servent pas d'autre cause que celle du débat d'idées. Un ancien porte-parole du NPA leur reconnaît ce mérite : Olivier Besancenot. À la sortie du studio, il a confié un jour à *Télé-Loisirs* : « Y'a plus de fond ici que dans d'autres émissions. On est capable de parler du contenu de la loi Travail et même de la révolution. »

Olivier Besancenot n'attend pas des Grandes Gueules un traitement de faveur. Il accepte le jeu des questions qui parfois le malmènent, mais il sait qu'ici on le laissera répondre. Et c'est l'essentiel. Contrairement à d'autres, il vit en cohérence avec ses engagements politiques : il continue à travailler comme facteur à mi-temps et n'a pour l'instant jamais essuyé de reproches concernant son mode de vie.

POUR QUI ROULENT LES GRANDES GUEULES ?

L'émission roule-t-elle pour Macron ? Cette accusation fleurit, encore parfois, sous la plume d'internautes de droite ou de gauche–@SniperDeDroite écrit en janvier 2018 : « Quand la gauche disait que #Sarkozy organisait des "rafles" sur les migrants, les #GGRMC approuvaient. Quand #Dray accuse #Macron de faire de même, "On ne peut pas dire ce genre de chose, c'est complètement ridicule." #voilavoila. »

Cet internaute a-t-il déjà écouté les Grandes Gueules ? Elles ne sont jamais (ou très, très rarement) unanimes sur aucun sujet. Cela ne fonctionne pas ainsi, les Grandes Gueules ! Ni un parti politique ni un journal d'opinion, elles débattent, expriment des points de vue contradictoires et parfois s'engueulent. Elles ont effectivement parlé des migrants le 16 janvier 2018, deux jours après la déclaration de Julien Dray.

Ce jour-là, Emmanuel Macron se rendait à Calais. Et la veille, Natacha Bouchart, la maire de cette ville, avait durement critiqué le rôle des associations d'aide aux migrants. Ce 16 janvier 2018, l'ambiance était chaude, explosive même, sur le plateau des « Grandes Gueules ».

L'un des intervenants, Jimmy Mohamed, était particulièrement remonté contre la politique migratoire de la France sous le gouvernement de l'époque comme sous ses prédécesseurs : « Pourquoi est-ce que nous, avec tout l'argent et les milliards qu'on a, on n'a pas la capacité d'accueillir dignement les migrants ? [...] On a le devoir d'accueillir les migrants ! Ce ne sont pas des patates et des carottes, on ne peut pas dire : "Je n'aime pas les carottes, je ne veux plus accueillir de carottes !" L'Allemagne accueille des migrants, on ne peut pas dire que l'Allemagne... »

Sans coup férir, la GG Zohra Bitan l'interrompt :

« Oui, mais Merkel, elle en est bien revenue...

— Y'a une moyenne, reprend Jimmy Mohamed, entre Merkel et ce qu'on fait... La moyenne peut être un juste milieu. On a l'impression que la France est un pays en banqueroute, en faillite. On ne peut plus accueillir personne. On est entre soi, on veut rester dans l'entre-soi, le repli sur soi-même. Laissons les gens mourir... »

Olivier Truchot alimente alors le débat en citant une statistique concernant l'année 2017 :

« Deux cent soixante-deux mille titres de séjour, ce n'est pas un pays fermé quand même, la France !

— Dedans, réplique l'intervenant, qui commence à s'énerver, il y a ma cousine qui est venue en France comme étudiante. Tu mélanges tout : les immigrés économiques, les réfugiés politiques ! »

Zohra Bitan conclut cet échange en contredisant totalement l'autre GG : « On ne peut pas dire qu'en France on est des pourris, qu'on n'est pas des humanistes, qu'on traite mal les gens. C'est honteux, tu ne peux pas, tu ne peux pas, tu ne peux pas nous dire que la France n'est pas un pays humain qui respecte les droits de l'homme, qui est solidaire et où le nombre de réfugiés est en constante augmentation. Est-ce que tu te souviens de la vague de migrants syriens et tout ce que cela a généré comme solidarité ? » Les Grandes Gueules, c'est clair, ne roulent pas pour Macron comme elles n'ont jamais roulé pour Chirac, Sarkozy ou Hollande. Ou alors leur pouvoir d'influence serait plus que nul, quand on voit l'impopularité, qui n'a cessé de croître, du président.

Alors, pour qui donc roulent les Grandes Gueules ? La droite ? La gauche ? L'extrême droite ? L'extrême gauche ? Quoi qu'elles disent ou fassent, il se trouvera toujours des grincheux pour les soupçonner d'arrière-pensées politiques. Ceux-là ne comprennent rien non seulement aux « Grandes Gueules », mais non plus à l'évolution de la société française. Car les auditeurs, comme beaucoup de citoyens, ne raisonnent plus à l'intérieur des carcans anciens de la gauche et de la droite.

« En vingt ans, analyse Olivier Truchot, depuis la naissance de notre émission, on a assisté à l'effondrement des idéologies traditionnelles. Cela ne veut pas dire que les gens n'ont plus d'idées ou que les valeurs de gauche et de droite ont disparu. Mais ceux qui nous écoutent, ceux qui nous téléphonent, le plus souvent ne veulent plus être enfermés dans de faux clivages. »

Alain Marschall fait un constat identique : « Les grandes idées de gauche comme de droite ont pris du plomb dans l'aile. Les gens de gauche, qui étaient très hostiles à l'économie de marché, ont adopté un discours plus positif sur l'entreprise. Les gens de droite, réfractaires à l'évolution des mœurs, se montrent plus compréhensifs à l'égard du féminisme ou du mariage entre homosexuels. Enfin, des questions nouvelles occupent le devant de la scène : les religions en général et l'islam en particulier. On en parlait très peu à l'époque. Aujourd'hui, on en parle beaucoup

– trop pour certains. Il y a aussi #MeToo, les violences faites aux femmes et, plus généralement, le rapport entre les sexes. Sur cette question, on ne voit plus clairement le clivage gauche/droite. Sans oublier l'écologie, le réchauffement planétaire, l'alimentation, la souffrance animale. Là aussi, il n'existe pas de réponses toutes faites. Et puis sont apparues des questions qui paraissaient frivoles, par exemple la vie privée des stars ou les faits divers. On n'aurait jamais osé en parler dans des émissions sérieuses ! Mais aujourd'hui, on se passionne pour les déchirements de la famille Delon ou pour le mystère Xavier Dupont de Ligonnès (que beaucoup croient toujours vivant) et on n'en a pas honte. Car en même temps que déclinaient les grandes idées, s'accroissait l'intérêt pour les petites choses de la vie dans une société où l'individu passe avant tout. »

L'indépendance à l'égard du pouvoir politique, quel qu'il soit, fait partie du contrat de confiance entre les GG et leurs auditeurs. Elle est garantie depuis toujours par la direction de RMC. Une anecdote en témoigne. Elle date de novembre 2007. Le PDG du groupe, Alain Weill, reçoit un appel de l'Élysée :

« Bonjour, c'est le secrétariat général de la présidence de la République. Je vous passe le président. » Alain Weill n'a pas le temps de comprendre. Nicolas Sarkozy est déjà en train de lui passer un savon : « Vous vous attaquez à ma vie privée, c'est inadmissible ! » Alain Weill, incrédule, se méfie. Serait-ce une blague de l'imitateur Gérald Dahan, qui s'était fait connaître en piégeant Zidane avec la voix de Jacques Chirac ? Il demande à Nicolas Sarkozy : « Mais de quoi parlez-vous ? » Pris de court, le président de la République explique : « Des "Grandes Gueules" ! »

Nicolas Sarkozy, premier président célibataire de la Ve République, reproche aux GG d'avoir évoqué, quatre jours plus tôt, son escapade amoureuse avec une journaliste télé. Dans d'autres médias, ce coup de pression présidentiel aurait pu entraîner de lourdes conséquences. Ce ne sera pas le cas. Alain Weill en fera part en toute transparence à Marschall et Truchot et l'histoire s'arrêtera là. Les GG ont pu garder leur indépendance et leur liberté de ton pendant toutes ces années grâce à leur direction qui les a toujours protégées. C'est précieux, car certains responsables politiques ont encore, de nos jours, la mauvaise habitude de vouloir intervenir sur le contenu des médias, comme si ces derniers étaient leurs obligés.

« Les Grandes Gueules » ont accompagné et parfois devancé la grande mutation des esprits, comme l'expliquent en chœur Marschall et Truchot : « Certains de nos intervenants, parmi les plus anciens, qui étaient très marqués à droite ou à gauche, étaient persuadés au début des années 2000 qu'ils représentaient des visions totalement inconciliables, d'un point vue politique et presque philosophique. Il était difficile au début de les obliger à se parler, à s'écouter et parfois à se serrer la main. En vingt ans, ils ont appris à se connaître, à s'écouter, à s'apprécier et surtout à relativiser leurs divergences, à admettre que leurs idées ne sont pas bonnes à 100 % et celles des autres mauvaises dans la même proportion. » Voici le secret des « Grandes Gueules » : la magie du débat qui part d'une question et s'achève par d'autres questions ; avec des intervenants qui savent reconnaître leurs erreurs, et s'enrichissent du point de vue des autres. Car leur grande gueule se trouve aussi entourée de deux oreilles qui leur servent à écouter les autres et à s'imprégner de leurs arguments, de leurs expériences.

Une prof d'histoire, une ancienne SDF, le président d'un club de rugby, un avocat de droite, un éleveur de Saône-et-Loire, un éducateur soixante-huitard, une jeune entrepreneuse écolo et bien d'autres que nous allons vous présenter dans la deuxième partie de cet ouvrage. Chacun d'eux représente un métier, une région, une histoire. Mais chacun d'eux est surtout représentatif de lui-même ; atypique et différent. C'est cet orchestre qui interprète la mélodie des « Grandes Gueules », sous la baguette des deux maestros Alain Marschall et Olivier Truchot.

LE FABULEUX DESTIN D'ALAIN MARSCHALL

Il est 9 h 05 dans la régie télé de RMC. Sur les écrans de contrôle, on voit les visages des deux « garçons » en studio. Entourés des intervenants, ils retiennent leur souffle comme deux nageurs sur un plongeoir. Le flash d'informations de RMC touche à sa fin. La publicité lui succède. « C'est bientôt à nous », lance Anaïs. Elle commence le décompte : 5, 4, 3, 2, 1. Top. Soulagement sur le visage de nos deux plongeurs ; ils se jettent à l'eau. Et c'est Alain Marschall qui commence : « Bonjour à toutes et à tous ! Et bienvenue dans les GG ! Vous êtes en direct sur RMC et RMC Story ! » Que la fête commence. Des millions de personnes connaissent sa voix et son visage. Mais la plupart ne savent rien de sa vie. D'où viens-tu, Alain ?

C'est l'histoire d'une star des médias qui, n'ayant plus de voiture depuis dix ans – « c'est inutile pour un Parisien intra-muros ! » –, se rend à vélo, en tram ou en bus au bureau. Parfois, des passagers reconnaissent Alain Marschall et viennent lui parler : « Ils sont toujours très gentils. Rien à voir avec la violence des réseaux sociaux ! Je n'ai jamais rencontré la moindre agressivité. C'est là que je réalise notre immense popularité. Des millions de Français aiment les GG !» On l'aborde rarement quand il fait ses courses, le samedi au marché ou en grande surface – par respect sans doute pour sa tranquillité ; mais aussi parce qu'on n'imagine pas l'une des deux vedettes des «Grandes Gueules» pousser le Caddie entre les rayons. «Je suis un gars ben ordinaire / [...] J'aime mon prochain, j'aime mon public», chantait Robert Charlebois au début des années 1970.

Alain Marschall était alors un gamin. Mais il rêvait déjà de faire ce qu'il fait aujourd'hui : parler dans le poste, écouter, interpeller, questionner, s'étonner, relancer, contredire, s'esclaffer, raconter ; rencontrer des gens célèbres mais aussi des obscurs, des sans-grade comme ceux qui ont peuplé son enfance.

«Mon premier souvenir ? J'avais 2 ou 3 ans. Je revois notre appartement, rue Pierre-Semard, à Bagneux ; je me rappelle même les meubles. Par la fenêtre, on apercevait le supermarché Suma, une nouveauté pour l'époque. Quand j'y accompagnais ma mère, nous passions devant un foyer pour immigrés. C'était peu de temps après la guerre d'Algérie. Ils n'étaient pas comme nous. Cela m'avait marqué.» La dernière guerre coloniale française s'est achevée un an avant la naissance d'Alain Marschall. Elle a profondément divisé le pays. Pendant très longtemps, on évitera même d'en parler. Mais, très jeune, le futur journaliste pourra l'identifier au père d'un copain d'école, un ancien soldat qui avait sauté sur une mine. Il avait perdu un œil et ses deux mains – impossible d'oublier.

L'histoire de France, grandiose et tragique, a fait irruption dans la vie du gamin quand il avait 7 ans. C'était pendant un repas de famille. Son grand-oncle maternel,

Jo Caprile, raconte sa guerre de 1914-1918, accomplie, avant sa naturalisation par la France, dans l'armée italienne sur le front des Alpes. « Tonton Jo » est en train de revivre les atrocités qui ont marqué sa jeunesse. Laissé pour mort après avoir été touché par des éclats d'obus, il s'était réveillé couvert du sang et des lambeaux de chair des blessés. Le petit Alain, attentif, écoute les paroles de l'ancien Poilu. Il demandait souvent aux anciens de raconter leurs souvenirs, forcément tragiques, qu'il gardera, comme des trésors enfouis dans sa mémoire, tout au long d'une vie heureusement épargnée par la guerre.

« J'ai grandi dans un monde apparemment immuable. Le temps s'écoulait bien plus lentement qu'aujourd'hui. Contrairement à mes parents et grands-parents qui avaient souffert de la guerre, je me sentais protégé des malheurs du monde qui s'invitaient chez nous sur la pointe des pieds, à travers la chaîne unique et en noir et blanc de la télévision. » Le petit Alain a poussé son premier cri à la polyclinique Santa-Maria de Nice, la ville de sa famille maternelle. Hasard ou coïncidence, il était 10 heures du matin, ce dimanche 18 août. « Bonjour, c'est l'heure des GG ! » aurait-il pu crier en sortant du ventre maternel. C'était en 1963, dans une France présidée par un personnage historique né au siècle de Napoléon. « Mon général, j'ai souvenance / Que vous avez sauvé la France », chantait Léo Ferré, qui le comparait à Jeanne d'Arc. C'était un temps où le président, coiffé d'un képi, roulait en DS.

Cette année-là, Claude François, dit « Cloclo » pour des millions de fans, chantait « Si j'avais un marteau » ; le poète Jean Cocteau tirait sa révérence le 11 octobre, quelques heures après sa grande amie Édith Piaf, et quelques semaines avant un président américain assassiné à Dallas et dont les initiales, « JFK », n'évoquaient pas encore le nom d'un aéroport. La jeunesse et le talent propulsaient vers les sommets de l'Olympe la plus brillante des générations de sportifs tricolores : les skieurs Jean-Claude Killy et Marielle Goitschel, les athlètes Michel Jazy et Colette Besson, la nageuse Christine Caron et le patineur Alain Calmat. Ils symbolisaient la France qui gagne, celle des Trente Glorieuses où chaque jour semblait meilleur que la veille. On appelait cela le progrès. Et on y croyait !

Mais c'est Raymond Poulidor, le légendaire « Poupou » qui, par ses échecs, crevaisons et chutes répétés, son visage en sang et ses maillots déchirés, s'assurerait pour l'éternité le maillot jaune de la popularité, dans cet étrange et beau pays éperdu d'affection pour les losers et qui, chaque année dans les casernes de pompiers, célèbre au son de l'accordéon la prise d'un fort à l'abandon, la Bastille – peuplé de sept malheureux prisonniers : quatre faussaires, deux malades mentaux et un criminel –, mais qui symbolise à jamais l'absolutisme royal. « Ah ! ça ira, ça ira, ça ira ! » « Salut les Grandes Gueules ! Salut, les GG ! Allons faire un tour au pays de Hollande. »

Une nuit dramatique

Le 14 juillet 2016, sur la promenade des Anglais, la fête populaire s'est muée en tragédie. Il est 22 h 30. Le feu d'artifice à peine éteint, un camion-bélier fonce dans la foule : quatre-vingt-six morts, quatre cent cinquante blessés, un carnage. Dans la nuit, les téléspectateurs de BFMTV découvrent Alain Marschall commentant des scènes de guerre, dont sa génération croyait être épargnée pour toujours en France. Alain ne se trouvait pas à Nice en tant que journaliste : s'il vit et travaille à Paris, il passe une grande partie de ses vacances au bord de la baie des Anges, dans la ville de sa famille maternelle où il possède une maison. Ce 14 juillet, il se trouve à environ huit cents mètres au large de la promenade des Anglais pour regarder le feu d'artifice à bord d'un petit bateau avec son père et sa fille Emma, alors âgée de 19 ans. Après la dernière fusée, ils reviennent vers la terre ferme. « Quand on est en mer, le littoral au loin paraît tout petit. On n'entend rien. Et mon smartphone ne capte pas internet. » Lorsqu'ils accostent, Emma regarde son écran : les réseaux sociaux parlent de la promenade des Anglais. Un attentat ! Plusieurs morts !

« Attention aux rumeurs », l'avertit Alain Marschall qui ne voit aucune alerte info sur son propre portable. Mais une à deux minutes plus tard, il reçoit un coup de fil de la rédaction de BFM à Paris.

« Tu es sur le port de Nice ? Il vient de se produire un attentat gravissime. Un camion a percuté des centaines de personnes. Fonce ! » Alain avance alors comme dans un mauvais rêve. Il croise des gens hébétés qui, par centaines, fuient le lieu du drame. Au milieu d'un groupe de jeunes, un garçon de très grande taille tremble de tous ses membres :

« N'y allez pas, monsieur ! Il y a des morts partout. »

Le journaliste ne l'écoute pas. Il n'arrive pas à y croire. « Ce qui me frappe, raconte-t-il, c'est le silence incroyable qui règne alors. Et la chaleur, étouffante. » Alain Marschall, pas plus que quiconque, ne peut pénétrer à l'intérieur du périmètre de l'attentat, totalement bouclé par les forces de l'ordre. « Je n'ai pas vu les morts ni les blessés. » De partout arrivent des policiers et des pompiers. Devant le cordon sanitaire, Alain retrouve sa collègue Emma Arnaud, une journaliste reporter d'images en poste pour

BFMTV dans la région. « Nous assurons alors notre premier duplex. » Jusqu'au matin, Alain Marschall fera son boulot de journaliste. Le cadre de l'image est serré : on ne verra que son buste car il est resté en bermuda ; pas le temps de se changer. Mais tout le monde s'en fiche. « Il régnait une tension extrême, se souvient Alain. Un noyau de jeunes m'entourait, très agressif. » L'un d'eux répétait : « On a vu des types dans le camion qui tiraient sur la foule. Vous, les journalistes, vous nous cachez la vérité ! » Alain Marschall ne cachait rien. Il refusait seulement de transmettre une information qu'il n'avait pu vérifier – laquelle, d'ailleurs, se révélera erronée, le tueur s'étant trouvé seul à bord du camion. Pas facile dans ces conditions de tenir l'antenne pendant toute une nuit ; pas le choix non plus. Il faut garder son calme et fixer la caméra, malgré un garçon en survêtement de l'Olympique de Marseille qui l'apostrophe, très nerveux, bras écartés, attitude provocante : « Vous allez encore désigner les musulmans ! » Un homme, qui a filmé le drame avec son téléphone portable, veut vendre les images. Il les montre brièvement à Alain ; mais il cherche plutôt une télévision britannique ou américaine, réputées plus riches que les françaises. Alain de toute façon n'a pas envie de les acheter. « Le type voulait vendre à tout prix. C'était écœurant. »

Les directs s'enchaînent toute la nuit. Mais il ne ressent pas la fatigue et continue de transmettre les informations recueillies auprès des policiers ou des survivants.

« On me raconte qu'on a pris les nappes de restaurant pour couvrir les cadavres. » En pleine nuit, Alain et sa consœur Emma Arnaud vont assister à une conférence de presse improvisée avec le ministre de l'Intérieur Bernard Cazeneuve, arrivé sur place, ainsi que Christian Estrosi, alors maire de Nice, et Éric Ciotti, président du conseil départemental des Alpes-Maritimes. Le climat est si électrique qu'en arrivant Alain et Emma, mis en joue par le service de protection du ministre, doivent lever les bras tout doucement pour entrer dans le périmètre sécurisé. Vers 6 heures du matin, Alain passe chez lui pour se doucher et se changer. Vêtu désormais d'un pantalon, et rasé de près, il enchaîne les émissions : celle de Jean-Jacques Bourdin, puis « Les Grandes Gueules ».

Une édition spéciale, entièrement consacrée à la tragédie de Nice. Olivier Truchot tient les commandes à Paris. Mais l'ambiance de l'émission ne se prête pas aux coups de gueule habituels. Les intervenants, Fatima Aït Bounoua, Étienne Liebig et Jacques Maillot, sidérés comme tous les Français, écoutent les témoignages recueillis à Nice par Alain Marschall. Dans une telle situation, un journaliste, comme un médecin ou un infirmier, ne doit rien laisser transparaître de ses sentiments. « J'ai vécu cet événement historique sur le plan professionnel plus que personnel. Aucun de mes proches heureusement n'a été touché et je ne connaissais aucune des victimes. Mais le fait que cela se passe dans "ma" ville ajoutait encore à l'horreur pour moi. »

L'enfant de Riquier

Alain Marschall n'ignore rien de Nice : à chaque coin de rue, il se sent chez lui dans cette ville aux maisons couleur ocre, qui fut sarde jusqu'en 1860 et reste si proche de l'Italie voisine. Ses parents y ont déménagé peu avant ses 5 ans. Sa mère, Yvette, ne supportait plus la grisaille parisienne et l'éloignement de sa ville natale et voulait vivre près de sa propre mère, dépressive et fragile.

Depuis la naissance d'Alain, elle a abandonné son métier de secrétaire pour se consacrer entièrement à sa famille. Gérard, le père d'Alain, ouvre à Nice une agence de nettoyage, Azur Net; filiale du groupe fondé à Paris par le grand-père Marschall. C'est ainsi qu'Alain grandit, juste au-dessus du port, dans le quartier populaire de Riquier. C'est un petit garçon facile, selon sa mère, d'humeur égale et attaché à sa famille. Une enfance pleine de soleil et d'insouciance, juché sur un vélo ou dribblant au milieu des copains dans un terrain vague, en se prenant pour Eriksson, Huck ou Molitor – les footballeurs vedettes de l'Olympique Gymnaste Club Nice Côte d'Azur, dans les années 1970. « Mon cœur a toujours été rouge et noir, aux couleurs du club. »

Cinq décennies ont passé. Alain Marschall est toujours heureux quand il se retrouve à Nice, pour un week-end ou des vacances, même s'il a du mal à y rester anonyme. L'été dernier, un automobiliste, après l'avoir gentiment interpellé, a augmenté le volume de son autoradio pour qu'Alain puisse entendre la voix d'Olivier, animant seul les GG en son absence. Un autre jour, allant acheter un tuyau d'arrosage pour son père dans un magasin de bricolage, il est touché et presque gêné par l'extrême gentillesse du vendeur, à ses petits soins. Et quand il accompagne sa mère chez le rhumatologue, celui-ci le retient quelques minutes pour parler de l'émission avant de faire un selfie. Cependant il éprouve un vrai blues quand il déambule à travers les petites rues typiques de la ville, toujours bordées d'immeubles aux balcons en fer forgé, mais désormais encombrées de voitures, de bruit et de poussière : « Je suis frappé par la paupérisation de certains quartiers et surtout par le délitement du tissu social ; cela me fait mal aussi de penser que des gamins ayant grandi à Nice sont partis combattre en Syrie. »

Nice est devenue une grande ville bruyante au grand dam des plus âgés, perdus au milieu des trottinettes, vélos et sens de circulation. Dans le souvenir d'Alain Marschall, son cher quartier Riquier ressemblait dans les années 1960 à l'univers apaisé et joyeux d'Amélie Poulain, peuplé de gens simples et chaleureux. « Il avait la taille d'un village, au maximum cinq pâtés de maisons, dans lequel tenait toute ma vie : l'appartement des parents et celui des grands-parents, l'école et un carrefour pas trop encombré, où le garage de la maison de famille de mon copain Robert faisait office de cage de foot. Et aussi les commerçants, sur le pas de leur porte, qui vous interpellaient en patois niçois ; mélange de français, de provençal et d'italien. Enfin, le petit bistrot où, adolescents, on sirotait des limonades avec les cantonniers, tout en refaisant les matchs de l'Olympique Gymnaste Club Nice Côte d'Azur. Je revois aussi la petite épicerie tenue par une certaine Jackie, sa vieille mère et son frère qui avait un pied bot et gardait sa jambe allongée ; le bar-tabac Le Virginie où j'allais acheter les cigarettes pour mon père et, enfin, le clos de boules du quartier où nous jouions à la pétanque avec les copains d'école, à deux pas de chez mes grands-parents. »

« Tchoi », la première des « Grandes Gueules »

Ah ! Le grand-père maternel. Il fut sans doute la première des Grandes Gueules rencontrées sur terre par Alain Marschall. François Saioni, appelé par son diminutif en patois niçois « Tchoua » ou « Tchoi », était une figure populaire du quartier Riquier où il naquit au début du XXe siècle, de parents originaires du nord de l'Italie. À sa mort, on donna son nom au clos de boules qu'il avait construit avec ses amis et où il joua régulièrement pendant plusieurs décennies. Ce grand-père tant admiré reprend vie dès que son petit-fils en parle ; Alain Marschall commence par un détail surprenant : « Il avait trente-deux dents en or ! »

Une dentition en or ? On croirait le titre d'un western ! Son physique, c'est vrai, l'apparentait à John Wayne. De bonne taille pour l'époque (environ 1,75 mètre), avec une force redoutable et des mains énormes. Prisonnier de guerre entre 1940 et 1945, en Prusse-Orientale, où il avait souffert du froid et de la faim, il avait dû à son retour en France faire refaire toute sa dentition, à une époque où les chirurgiens-dentistes ignoraient encore la technique de l'implant. Tchoi possédait un tempérament latin : généreux, mais pas commode. « C'était un bagarreur à l'autorité naturelle, témoigne son petit-fils, et qu'on venait chercher pour régler les conflits familiaux. Gare à ceux qui se mettaient en travers de sa route ! » Tchoi ne craignait rien ni personne. Dans sa jeunesse, il avait même fait le coup de poing contre son propre père qui, un jour, avait frappé sa mère. Ses frères, qui travaillaient avec lui, vivaient dans son ombre.

« Tu tires ou tu pointes ? » Combien de fois, le jeudi (puis le mercredi), le petit Alain accompagna-t-il celui qu'il appelait « pépé » au clos de boules qui porte désormais le nom de François Saioni ? Du haut de ses trois pommes, il observait les boulistes du club La Joyeuse, dans le quartier Saint-Roch, dont son grand-père était le président : un univers à la Pagnol, peuplé d'hommes en casquette et aux bretelles tombant au-dessus de leur chemise en flanelle. Un œil fermé pour viser le cochonnet, ils tenaient d'une main la boule et de l'autre une Gauloise bleue, ou une Gitane, toujours sans filtre – en ces temps où les fabricants de cigarettes n'étaient pas contraints d'afficher sur leurs paquets : « Nuit gravement à la santé. » La sacro-sainte prévention des risques chère à notre époque eût sans doute arraché des rires à cet univers masculin (et fier de l'être), où le Coca, le Schweppes et l'eau minérale (comble de l'horreur !) étaient prohibés. Peu avant midi, les offrandes au saint Pastis et à la sainte Suze transformaient l'apéro en grand moment de fraternité virile. Puis, à l'heure du déjeuner, le petit Alain suivait son pépé jusqu'à son appartement, situé au premier des deux étages du petit immeuble de la rue du Colonel-Guide, où les attendait sa grand-mère.

Mémé Jeanne, née Sensitiva, était comme son mari d'origine italienne, mais ses parents avaient émigré du sud de la Péninsule. Petite et effacée, elle s'était entièrement consacrée à son foyer, comme beaucoup de femmes de son époque. Les courses, le ménage et la cuisine ne lui laissèrent guère de temps pour une vie personnelle, elle qui se rendit seulement deux fois à Paris et ne prit jamais l'avion. Pendant qu'elle desservait le déjeuner, son mari faisait la sieste. Le petit garçon en profitait pour explorer l'appartement : dans la salle de bains était rangée la lanière en cuir dont Tchoi se servait pour affûter son rasoir – qu'Alain Marschall garde toujours en souvenir. Il possédait aussi un fil à aiguiser ses grands couteaux soigneusement rangés dans l'armoire de la cuisine et qui impressionnaient tant son petit-fils. Un jour, le gamin referma le gros Opinel sur son majeur gauche : « Je pissais le sang, il m'a attrapé la main, mis le doigt sous l'eau froide, l'a aspergé d'eau de Javel et fait un pansement. » À la dure !

Les couteaux n'étaient pas des jouets mais des outils de travail destinés à découper la viande. « On en mangeait matin, midi et soir. Hampe, onglet, araignée, poire et foie de veau. En quantité et en qualité! », s'exclame Alain Marschall. Et pour cause! Le grand-père Saioni était l'un des principaux transporteurs de viande des environs de Nice. Parti de rien avant la guerre, il se trouvait, la soixantaine venue, à la tête d'une entreprise dont les cinq gros camions frigorifiques livraient, chaque nuit, les bouchers niçois. L'un de ses clients, M. Forneri, avait pour fils le chanteur des Chats sauvages, groupe très célèbre au début des années 1960, grâce à ce tube dont les paroles s'adressaient aux lycéennes : « Premier prix en philosophie / Prix d'honneur en biologie / Mais en amour, baby, baby, / tu as trois, mon p'tit chat. »

Hervé Forneri, connu sous le nom de Dick Rivers, attendra cependant quarante ans avant de faire la connaissance d'Alain Marschall, quand il interviendra pendant un temps dans l'émission des « Grandes Gueules ». Le monde est petit mais, pour l'Alain de 10 ans, tout paraissait grand quand il accompagnait son grand-père aux abattoirs où il regardait les bêtes en attente d'abattage, puis assistait au chargement des quartiers de viande dans les camions de l'entreprise familiale. En ce temps où Brigitte Bardot était encore actrice, le petit garçon n'était pas bouleversé par la souffrance animale : « Cela ne me gênait pas qu'on tue des bêtes. J'adorais monter aux abattoirs. »

Le grand-père Saioni a appris à congeler la viande sur des blocs de glace durant les rudes hivers où, prisonnier de guerre en Prusse-Orientale, il a survécu par -30 °C, en se ravitaillant dans une ferme au marché noir. Les Russes, ayant occupé l'Allemagne en 1945, lui proposent de reprendre la boucherie du village. Il préfère évidemment rentrer en France où sa femme et sa fille, la future maman d'Alain Marschall, ne le reconnaissent pas sur le quai de la gare tant il a maigri.

Dans une ville de Nice en partie détruite, où son associé a péri pendant les bombardements de 1944, le grand-père Saioni repart de zéro avec ses frères. Alain l'a rarement entendu parler de sa captivité qui l'a beaucoup marqué : « Ayant tant souffert durant les interminables hivers en Allemagne, il refusait systématiquement de nous rejoindre quand nous allions faire du ski dans l'arrière-pays niçois. » Aux rigueurs de la montagne, Tchoi préfère la douceur du port de Saint-Jean-Cap-Ferrat, où il a acheté un cabanon de pêcheur, transformé avec les années en confortable petite maison de vacances. La famille s'y retrouve les week-ends, du printemps à l'automne. Le bonheur en Provence... Une fois la table installée dehors sur des tréteaux, on sort une guitare et on chante.

Tchoi a une belle voix, qui porte loin, quand il chante en patois l'hymne de sa ville, « *Nissa la Bella* » : « *O la miéu bella Nissa / Regina de li flou / Li tiéu vielhi taulissa / Iéu canterai toujou.* »

(Ô ma belle Nice / Reine des fleurs / Tes vieilles toitures / Je chanterai toujours.)

Le « pépé » d'Alain raffole aussi des airs d'opérette, tel *Les Pêcheurs de perles* de Georges Bizet, popularisé par Tino Rossi dans les années 1930 : « Je crois entendre encore / Caché sous les palmiers / Sa voix tendre et sonore / Comme un chant de ramier ! »

Mais son refrain favori (dont sa fille, la maman d'Alain, garde un souvenir ému) est une chanson de marin, naviguant vers le Guatemala sur des flots déchaînés et dont le refrain a été popularisé par Berthe Sylva, en 1937 :

«Je suis le maître à bord / Moi seul, je suis le maître / Bien des costauds, des forts / Ont dû le reconnaître. / Je vous promets, moi commandant / Double ration, bon vin et bonne goutte. / Je serai juste et indulgent / Oui mais il faudra qu'on m'écoute. / Et maintenant le cap au nord / Je suis le maître à bord!»

Il met tout son cœur pour reprendre ces derniers mots, que ce patriarche aurait pu appliquer à lui-même: «Je suis le maître à bord.» On peut l'entendre jusqu'à La Voile d'Or, le très chic hôtel de Saint-Jean-Cap-Ferrat, fréquenté à l'époque par les stars d'Hollywood. Il ne se trouve qu'à une centaine de mètres du cabanon familial. Et la mère d'Alain se souvient d'y avoir croisé Kirk Douglas et Gregory Peck.

«Il y avait des personnages pittoresques: un nommé Remo, toujours habillé d'un Marcel; un certain Jean, Antillais aux cheveux blancs coupés ras, qu'on surnommait "le Maure" sans qu'il proteste. Ils se retrouvaient sur les bateaux où ils buvaient du vin nouveau en parlant très fort.»

Alain et ses copains, âgés de 7 ou 8 ans, trempent leurs lèvres dans un petit fond coupé d'eau. Alain Marschall se revoit passant d'une embarcation à l'autre, tombant parfois dans l'eau dont le sort, en l'agrippant par le col, un haltérophile nommé Léo Rémi. Souvenirs, souvenirs… Tchoi a le cœur à droite. Et il ne s'en cache pas. Il a fait campagne pour Jean Médecin, maire de Nice dans les années d'après-guerre et tutoie son fils Jacques, qui lui a succédé en 1965. Mais Alain, enfant, a toujours entendu parler avec respect du député communiste Virgile Barel, doyen de l'Assemblée nationale dans les années 1970 et longtemps président du conseil général des Alpes-Maritimes. «Je me rappelle son enterrement en 1979, suivi par trente mille personnes, une foule énorme pour Nice. Virgile Barel faisait l'unanimité pour son action dans la Résistance. » Son fils, Max Barel, a été fusillé par les Allemands en 1944. Dans le quartier Riquier, une petite place porte le nom de ce jeune héros.

La famille d'Alain Marschall compte un communiste notoire, Charles Caressa, un cousin de sa grand-mère, membre du Comité central du PCF. Conseiller municipal à Nice dans l'opposition à Jacques Médecin, il siège aussi au conseil général des Alpes-Maritimes aux côtés de Virgile Barel, ce qui fait de lui une des personnes les mieux informées des affaires locales. La politique, avec toutes ses passions, est le sujet principal des discussions familiales. Entre les médecinistes, les gaullistes, les socialistes et les communistes, les discussions sont vives à table. Mais elles s'achèvent toujours dans la bonne humeur. Un peu comme chez « Les Grandes Gueules ». Le grand-père Saioni et d'autres personnages croisés par Alain Marschall durant son enfance niçoise n'auraient sans doute pas déparé l'émission. Mais notre futur journaliste a aussi été marqué par une autre grande gueule, sa grand-mère paternelle.

Et mamie Simone…

17 juillet 2013. Paris, livré aux touristes, semble s'assoupir dans la torpeur estivale. Les vacances battent leur plein. Et l'actualité se débat dans le vide ; mais « Les Grandes Gueules » ne font jamais relâche. En l'absence d'Olivier Truchot, parti bronzer sur une terre lointaine, Alain Marschall est resté seul aux commandes. L'émission à cette époque n'étant pas encore retransmise

à la télé, l'animateur ne s'oblige pas à arborer son sourire habituel. Il fait le job, mais son visage trahit une certaine tristesse.

Pendant les échanges, animés, comme d'habitude, entre des « Grandes Gueules », Alain Marschall semble avoir la tête ailleurs. Car Simone, sa grand-mère, n'écoutera plus jamais l'émission dont elle était une des plus fidèles auditrices. Elle s'est éteinte le 15 juillet, trois jours après son cent unième anniversaire. Mamie Simone a voulu rester maîtresse de son destin jusqu'à son dernier jour : sentant qu'elle risquait de devenir dépendante, elle s'est laissée partir. La veille de son décès, Alain Marschall lui a murmuré à l'oreille : « Tu as eu une sacrée vie et fait ce qu'il fallait. Tu peux t'en aller. S'il y a quelque chose de l'autre côté, fais-moi signe. » Onze ans plus tard, aucun signe n'est venu, mais le visage du petit-fils s'illumine dès qu'il parle de sa « grand-mère adorée », qui l'a accompagné dans la vie jusqu'à la veille de ses 50 ans : « Je la surnommais "Françoise Rosay" dont elle avait la gouaille, ou la "vieille seringue" parce que, dans un des films dialogués par Michel Audiard, Bernard Blier appelait ainsi cette grande actrice d'avant-guerre. J'avais vu ce film avec ma grand-mère à la télé et je lui avais dit : "Ça pourrait être toi quand tu es de mauvais poil et que tu as la dent dure !" Cela nous avait fait marrer tous les deux ! Elle était une vraie grande gueule. »

La disparition d'un vieillard, dit-on en Afrique, c'est une bibliothèque qui flambe. Mémoire vivante du XXe siècle, Simone gardait de sa petite enfance, pendant la guerre de 1914-1918, le souvenir des détonations de canons allemands aux portes de Paris, celui de son père qui, après deux années dans l'enfer des tranchées, restera presque totalement sourd, et celui des membres de sa famille revenant du front gazés ou amputés. Puis elle connut les Années folles : devenue mannequin pour chapeaux, la jeune coquette au regard bleu avait été sacrée « dauphine de la reine de Paris » à la fin des années 1920. Exerçant le métier de modiste, cette fille et petite-fille de tailleurs de la rue de la Chaussée-d'Antin prétendait avoir « des yeux au bout des doigts ». Simone la Parisienne s'était installée en Normandie au début des années 1930 quand son premier mari, Henri Coissat, ingénieur dans le pétrole, avait été embauché par la Standard Oil, à Notre-Dame-de-Gravenchon, près du Havre. Elle avait beaucoup souffert pendant la Seconde Guerre mondiale : fuyant l'arrivée des Allemands, elle avait quitté Paris dans un camion avec ses deux enfants (les futurs père et tante d'Alain Marschall), et onze autres membres de sa famille, dont sa mère et sa sœur. Direction : Élisabethville en région parisienne. Là, en zone occupée, on ne pouvait ignorer la présence allemande. Gérard, le père d'Alain, n'avait que 6 ans en 1940, mais il n'oubliera pas les uniformes nazis et les bruits de bottes, ni les étoiles jaunes cousues sur les vêtements de ses copains d'école – tels les petits Nakache ou Cohen dont les parents avaient été déportés.

Henri Coissat, le père de Gérard, était alors prisonnier des Allemands. Son attitude courageuse durant les combats de mai-juin 1940 autour de Sedan lui vaudra d'être cité dans un livre d'histoire. Mais après s'être évadé à deux reprises et avoir combattu aux côtés des Américains, il annonça à sa femme qu'il partait refaire sa vie avec une Autrichienne, la laissant seule avec les deux enfants.

Ainsi, à côté de ce grand-père biologique, Henri Coissat, Alain Marschall aura aussi un grand-père adoptif. Sa grand-mère épousa après la guerre un Normand,

Jacques Marschall, de huit ans son cadet, qui élèvera ses enfants et leur donnera son nom. L'animateur des « Grandes Gueules », dont l'état civil complet est Alain Coissat-Marschall, le considérera comme son grand-père et entretiendra avec lui des relations plus étroites qu'avec son grand-père biologique.

D'abord employé dans le nettoyage de bureaux, Jacques Marschall créera dans les années 1950 sa propre entreprise, installée rue de la Croix-Nivert, dans le XVe arrondissement de Paris, non loin des futurs studios de RMC. Celle-ci connaîtra un développement spectaculaire au point de compter jusqu'à mille cinq cents salariés dans les années 1980. « Grâce à lui, ma grand-mère vivra une longue et confortable vieillesse, qui compensera les difficultés de sa jeunesse. »

Les grands-parents Marschall habitaient en effet dans une magnifique maison, entourée d'un grand jardin, à Sèvres, en bordure du parc de Saint-Cloud. Le cellier abritait une cave à vins, symbole de la réussite du grand-père, intronisé chevalier du Tastevin en 1962, au château du clos de Vougeot. « Mes grands-parents de Paris, comme ceux de Nice, étaient partis de rien et avaient gravi l'échelle sociale à la force du poignet. Aucun d'eux n'a jamais renié ses origines. Ils m'ont appris à être modeste, à faire attention au plus faible, à le protéger parfois et à ne jamais céder à la tentation de la "grosse tête". »

La soixantaine venue, les grands-parents paternels d'Alain Marschall menaient grand train : ils voyageaient, allaient au théâtre ou au concert. Le petit-fils se souvient de son grand-père trépignant d'impatience en costume de soirée en bas de l'escalier : « Simone, il est moins le quart, on va être en retard. » La grand-mère lui répondait toujours : « Eh bien, quand ce sera l'heure, tu m'embrasseras quelque part ! », déclenchant un bougonnement du grand-père, puis elle arrivait à la dernière minute. « Elle tenait en respect mon grand-père. Elle ne s'écrasait jamais devant lui, ni devant personne. »

N'oubliant jamais le passé, Simone conservait précieusement dans une boîte qu'elle nommait son « musée » des vestiges de la Seconde Guerre mondiale : lettres, tickets de rationnement, morceaux de pain noir fabriqué jadis avec le peu de farine qu'il restait. Devenus durs comme des cailloux, ceux-ci témoignaient d'un temps où on ne mangeait pas tous les jours à sa faim. Elle racontait souvent à son petit-fils quelques secrets des années noires où, fonctionnaire au Commissariat général aux prisonniers de guerre (comme un certain François Mitterrand), elle était chargée d'annoncer le décès des soldats à leurs familles. Elle gardait le souvenir terrible d'une femme dont le mari et les trois fils avaient perdu la vie au front.

« J'ai vu le tréfonds de l'âme humaine, dans toute sa splendeur et aussi son horreur », confiait-elle en évoquant la veuve qui, à peine informée du décès de son mari, s'inquiéta… du montant de la pension. Elle racontait aussi la fuite vaudevillesque d'un soldat allemand par la fenêtre, alors qu'elle sonnait à la porte d'une femme dont le mari était mort pour la France.

« Les grands-parents ne réalisent pas le trésor qu'ils lèguent à leurs petits-enfants, en leur racontant simplement leur vie. Je le répète souvent à mon père : parle à Emma et Antoine (mes enfants), tu les aideras. Pour ma part, la connaissance de la jeunesse de mes grands-parents me donnait l'impression de vivre dans un monde bien meilleur. » Un monde qui va le passionner, très jeune. Et comment ne pas l'être quand l'actualité réserve chaque jour son lot d'étonnement.

Information, vocation, passion

« Un petit pas pour l'homme, un grand pas pour l'humanité. » Cette phrase est entrée dans l'histoire. Elle a été prononcée le 21 juillet 1969 par l'astronaute américain Neil Armstrong, premier homme à poser le pied sur la Lune. Le petit Alain Marschall n'a que 6 ans. Mais cet événement extraordinaire représente son premier souvenir d'une actualité vue à la télé. On pourrait faire pire comme baptême de l'info, pour un futur journaliste !

Enfant, il était très rarement autorisé à regarder la lucarne magique dont tous les Français, loin de là, n'étaient pas encore équipés. Seule exception : « Bonne nuit les petits ». Cette émission, née au temps de la chaîne unique et du noir et blanc, enchanta les familles jusqu'au milieu des années 1970. Cinq minutes chaque soir, peu après 19 heures, avec pour héros deux enfants, Nicolas et Pimprenelle, mais aussi Nounours et le marchand de sable – qui, à la fin de chaque épisode, les envoyait au lit d'un « Bonne nuit, les petits ! ». Et hop, au dodo ! C'était le signal pour le petit Alain et sa sœur Nathalie, de cinq ans sa cadette, comme pour tous les enfants de France. Ils étaient déjà en pyjama et avaient pris leur dîner dans la cuisine, sans les parents. Une éducation à l'ancienne, assez stricte, conforme à la règle avant 1968. « Nous entendions des discussions enflammées entre grandes personnes. Mais jamais nous n'aurions osé nous en mêler. C'était tellement cloisonné que j'ai attendu d'être un grand adolescent pour connaître la vie de mes parents et grands-parents. » Avant de s'endormir, Alain avait le droit de lire les BD à la mode au début des années 1970 : *Astérix*, *Lucky Luke*, mais aussi *Les Pieds nickelés* et *Le Fantôme du Bengale* dans *Le Journal de Mickey*. Le mercredi soir, veille du jour sans école (à l'époque, le jeudi), le petit Alain était aussi autorisé à regarder « La Piste aux étoiles » : mythique émission de cirque présentée par Roger Lanzac.

Mais c'est par l'écrit que le gamin va s'initier à l'information. Tout petit, il voyait ses parents lire le quotidien régional *Nice-Matin*. « Ce sera ma première lecture. Vers l'âge de 10 ans, je le parcourais de la première à la dernière page. Les articles, courts et simples, racontaient des histoires qui m'intéressaient, principalement des faits divers : une femme qui étranglait son mari, un accident d'autocar, l'incendie d'un entrepôt. Je lisais aussi le carnet des naissances et des décès en cherchant des noms de notre connaissance. »

Le petit Alain découvre la presse nationale par son père, lecteur assidu de *L'Aurore* : quotidien jadis prestigieux qui abrita la plume d'Émile Zola, mais fut réduit ensuite à un simple clone du *Figaro* et disparut au milieu des années 1970. On y trouvait les mêmes éditoriaux de Michel Droit (connu pour ses interviews très révérencieuses du général de Gaulle à la télévision), ainsi que les dessins de Jacques Faizant, mais aussi un humoriste débutant et anticonformiste, Pierre Desproges, imposé à la direction du journal par Françoise Sagan, en charge de la « Rubrique des chats écrasés ».

Pendant ses vacances, dans la maison des grands-parents paternels en région parisienne, Alain commence à lire le magazine *Historia*, ainsi que des livres sur les civilisations anciennes qui lui donnent le goût de l'histoire.

« Que feras-tu plus tard ? – Je serai journaliste. » À partir de l'âge de 12 ans, cette réponse ne varie plus. Alain est désormais autorisé à regarder chaque soir, à 19 h 20, avec les parents, dans un silence religieux, le journal régional de France 3 Provence-Alpes-Côte d'Azur présenté en alternance par Jean-Marie Molinengo et Jean-Claude Laplaud – les vedettes locales avec les speakerines Évelyne Leclercq et Chantal Lauby.

Mais c'est la radio qu'il a dans la peau. « Quand j'étais tout petit, nous possédions un gros poste, posé sur un meuble et branché sur secteur. Chaque station était associée au nom de la commune où se trouvait son émetteur. Celui de France Inter était installé à Allouis, une bourgade du Cher, et celui d'Europe 1 à Felsberg, en Allemagne, car en ce temps de monopole d'État, les radios privées n'avaient pas le droit d'émettre à partir du sol français. J'adorais tourner le bouton pour écouter ces voix sans visage qui, contrairement à la télévision, laissaient place à l'imagination. C'était magique. Et cela me fascinait. »

Au début, chez les Marschall, on écoutait la radio en famille dans le salon. Mais l'apparition du transistor allait tout changer pour la génération d'Alain, comme le smartphone plus tard pour ses enfants, en permettant d'échapper au contrôle des parents pour communiquer avec l'extérieur. Autre objet merveilleux reçu par Alain pour son onzième anniversaire : le magnétophone doté de cassettes qui remplacent les bandes magnétiques est accessible à tous. Avec ce magnétocassette, Alain s'amuse à interviewer sa sœur Nathalie comme le ferait un journaliste. Il trouve son inspiration en écoutant France Inter. Sous le septennat giscardien, un vent de liberté commence à souffler sur la « voix de la France » qui laisse émerger des personnalités originales. Le jeune Alain Marschall est fasciné par la voix de fumeur, la gouaille et la décontraction d'Yves Mourousi, présentateur des journaux du week-end sur la radio nationale. Adolescent, il devient un consommateur glouton des genres les plus divers : le divertissement avec le « Jeu des mille francs » de Lucien Jeunesse ; la culture, avec « Le Masque et la Plume » de François-Régis Bastide ; la musique avec « Loup-Garou » de Patrice Blanc-Francard. Mais il éprouve une préférence pour les émissions qui mélangent les genres, tel « Le Tribunal des flagrants délires » de Claude Villers : chaque jour une personnalité de la politique ou de la culture y est jugée par une cour fantasque composée de journalistes et d'humoristes. À la télé, Alain raffole du « Petit Rapporteur » où Jacques Martin et Stéphane Collaro tournent en dérision les politiques, chaque dimanche à l'heure du déjeuner, sur TF1.

« Un jour, tu présenteras le 20 heures », prophétise un copain d'Alain Marschall. Le jeune garçon est flatté, mais au fond, ce n'est pas son truc. Il ne s'imagine pas en homme-tronc des journaux télévisés, engoncé dans son costume, mais plutôt en présentateur décontracté et sympa, mêlant actu sérieuse et divertissement, tels Bernard Rapp et son « Assiette anglaise » sur Antenne 2, ou Philippe Gildas et son « Nulle part ailleurs » sur Canal+. L'actualité traitée sur un ton libre et joyeux, de surcroît entouré d'une bande de copains. Cela ne vous rappelle rien ? C'est ce genre d'émissions que le jeune Alain rêve d'animer afin d'interviewer, comme Yves Mourousi, à la fois le général Jaruzelski (chef de l'État polonais) et le chanteur Iggy Pop.

Au bas de l'affiche

« Je m'voyais déjà en haut de l'affiche »...

Alain ne vit alors que pour devenir journaliste. Il connaît sa première (minuscule) heure de gloire, vers l'âge de 16 ans lorsqu'il écrit à *Télé 7 jours* pour protester contre l'emballement autour de la série américaine *Dallas*, qu'il trouve médiocre et dont il ne comprend pas le succès. Jugé original, son courrier sera publié par l'hebdo dans sa rubrique « La lettre de la semaine », mais l'assurance de l'adolescent ne plaira pas à tous les lecteurs. Il recevra des lettres d'insultes dont une sur du papier-toilette… « Tu te prends pour qui ? Espèce de morveux ! »

« Pourquoi ne serais-je pas, moi aussi, plus tard en couverture ? », pense-t-il un jour en voyant *Télé 7 jours* sur le siège arrière de la voiture d'un copain. « J'y arriverai ! », se disait-il quand, jeune homme dans les années 1980, il regarde à la télévision la cérémonie des 7 d'or.

Y arriver, pourquoi pas ? Mais comment ? C'est une autre paire de manches. Élève au lycée Albert-Calmette, à Nice, Alain ne fait pas d'étincelles. Après avoir redoublé la seconde, il est renvoyé à l'issue de la première et fait sa terminale dans un établissement privé. À 19 ans, un bac littéraire (A4) en poche, Alain entre à la fac de droit et sciences économiques à Nice, pour suivre les copains… Mais il n'envisage pas une seconde de devenir avocat ou magistrat, encore moins notaire.

Comme il s'ennuie ferme, il pense à un service militaire dans la marine afin de traverser les mers. Lors des trois jours de préparation militaire, Alain réussit les tests censés lui ouvrir la voie vers l'École supérieure des officiers de réserve. Mais il est exempté après la découverte pendant la visite médicale d'une malformation congénitale à un œil. Déception. Voulant absolument abréger ses études de droit, Alain ira jusqu'à rendre des copies fantaisistes lors des examens de première année. Son échec dépasse toutes ses espérances. Il n'est pas fait pour le droit et le droit n'est pas fait pour lui. Ses parents sont bien contraints de l'admettre. C'est alors que ses grands-parents paternels lisent un encart dans la presse sur une formation du soir de quatre mois, animée par des journalistes professionnels. Le jeune homme part aussitôt pour Paris où elle se déroule : enfin des études qui l'intéressent, qui le passionnent et lui confirment sa vocation profonde. À la sortie, grâce à un de ses profs, il décroche un stage au Poste parisien, une radio historique qui, rachetée par le groupe Amaury, vient de renaître sur la bande FM dans le cadre de la libération des ondes (voulue par François Mitterrand, le nouveau président de la République élu en 1981). Le stage ne dure que dix jours, mais c'est mieux que rien. Le rêve commence à se concrétiser.

Rentré à Nice, Alain est embauché en mars 1984 à Radio Baie des Anges (RBA) – la station locale créée par le maire de la ville, Jacques Médecin, pour combattre la gauche au pouvoir. Le jeune journaliste découvre un clientélisme municipal qui s'épanouit alors comme thym et lavande sous le soleil provençal, entre Nice et Marseille (sous le règne du socialiste Gaston Defferre), en passant par Toulon (dirigée par le centriste Maurice Arreckx). Après les élections législatives de 1986, remportées par la droite, le jeune Alain Marschall surprend à l'occasion d'un reportage une conversation entre Charles Pasqua, alors ministre de l'Intérieur, et le maire de Nice : « Tu nous as bien aidés, Jacques, tu as fait le plein des voix dans ta ville. On va te remercier en rouvrant ton casino. »

Durant les années passées à RBA, Alain n'entretient aucune relation avec le maire. Il observe de près une certaine politique, avec ses magouilles, ses mensonges, ses silences et ses non-dits. Il en sera vacciné à vie. Ce n'est pas cela qui l'intéresse dans le journalisme, mais la rencontre avec des gens ordinaires en arpentant chaque jour le département des Alpes-Maritimes, un magnétophone à l'épaule et un micro à la main. Le jeune homme, élevé dans un milieu protégé, se trouve bientôt confronté à des événements dramatiques. Depuis le PC sécurité, il assiste ainsi en 1985 aux incendies du massif du Tanneron, durant lesquels les paysages sont dévastés et cinq sapeurs-pompiers tués. L'année suivante, le jeune reporter arrive le premier sur les lieux du meurtre par balles de la caissière du zoo de Saint-Jean-Cap-Ferrat. Effaré, il découvre le cadavre affalé derrière la caisse avant que les gendarmes ne le refoulent... Dans un registre moins dramatique, il se fait un peu secouer par les gros bras de la CGT alors qu'il couvre une grève des cheminots, à Nice. Ils lui reprochent de travailler pour « la radio de Médecin ». Mais Alain calme les esprits en les informant de son lien de parenté avec le « camarade Caressa », membre du comité central du PCF.

Entré à RBA à moins de 21 ans, Alain Marschall y apprend le métier. Le matin, il assiste à un congrès d'anciens combattants et l'après-midi, à celui des professionnels du BTP. En vertu de son climat et de ses équipements, le département des Alpes-Maritimes accueille le Festival de Cannes, mais aussi de nombreux congrès, dont celui où Alain Marschall entend parler pour la première fois des « autoroutes de l'information ». Il adore cette vie : « C'est mon côté touche-à-tout, en immersion totale parmi les gens. Un matin, au retour d'un quartier populaire où j'ai enquêté sur le suicide par défenestration d'un malheureux criblé de dettes, mon rédacteur en chef m'envoie à l'aéroport afin de poser trois questions à la volée à Sergio Leone. » Le mythique réalisateur d'*Il était une fois dans l'Ouest* arrive à Nice, où un hommage lui est rendu. Le tout jeune Alain n'a évidemment pris aucun rendez-vous avec la star : « Va à la pêche ! », lui dit son rédacteur en chef. Alain file à l'aéroport, où il tente sa chance devant le tapis à bagages :

« *Maestro, prego !* » Sans attendre, il pose trois questions dans un italien plus qu'artisanal. Sergio Leone, aimable, lui répond dans un excellent français. Pour réussir dans ce métier, il faut un tiers de culot, un tiers de chance et un tiers d'enthousiasme. Et le p'tit gars de Riquier possède les trois. Il n'en revient pas de pouvoir côtoyer des stars qu'enfant il voyait à la télé. « J'étais très ému d'interviewer Mireille Mathieu. Elle était une icône pour des millions de gens. J'ai été surpris de me trouver face à cette femme, gentille et très simple, malgré la présence pesante de Johnny Stark, son impresario, qui surveillait chaque mot. » Côté musical, pourtant, Mireille Mathieu n'était pas sa tasse de thé. Il lui préférait les groupes et chanteurs de sa génération : AC/DC, Johnny Cash, The Clash, Motörhead, Bruce Springsteen…

Alain est à 100 % rock et jazz. Avec ses potes, ils courent les concerts et se régalent l'été à la Grande Parade du Jazz, à Nice (désormais dénommée « Nice Jazz Festival »). Ils dévorent la presse spécialisée française et anglo-saxonne et vont jusqu'à traverser la Manche pour aller à Londres chercher des disques rares. Alain donne libre cours à sa passion, en animant le soir sur RBA une émission de rock, sans rémunération supplémentaire. Grande passion, gros travail, petit salaire : quatre mille francs mensuels ; de 9 heures à 21 heures, sept jours sur sept. Alain Marschall en garde un souvenir inoubliable : « Les radios libres, c'était magique ! »

Apprentissage et chômage

À partir d'avril 1988, le jeune journaliste est embauché pour faire les week-ends sur Radio Monte-Carlo (RMC), tout en travaillant la semaine sur RBA. Durant cinq mois, il va connaître des cadences infernales, entre Nice et Monaco. Mais, en septembre 1988, embauché à plein temps par RMC pour un salaire mensuel de huit mille cinq cents francs, il démissionne de RBA.

La radio dans laquelle il entre n'a rien à voir avec le RMC des « Grandes Gueules », trente ans plus tard. Née en 1943 sous contrôle allemand, RMC fut vraiment lancée après la guerre dans le cadre d'un partenariat entre l'État français (majoritaire par l'intermédiaire de la Société financière de radiodiffusion, Sofirad) et la principauté de Monaco, minoritaire. Diffusée principalement dans le sud de la France et axée sur le divertissement, la « radio du soleil » connut ses heures de gloire avec des animateurs célèbres : Francis Blanche et Maurice Gardett dans les années 1950 et 1960, puis Franck Fernandel et les débutants Patrick Topaloff et Jean-Pierre Foucault la décennie suivante, et enfin les anciennes stars du petit écran, Yves Mourousi et Jean-Claude Bourret, dans les années 1980 et 1990.

La libération des ondes, en permettant après 1981 la création de dizaines de radios libres dans le sud de la France, a réduit l'audience de RMC. Pour y faire face, l'entreprise crée des décrochages locaux dans certaines villes du nord de la France. Le jeune Alain Marschall, lui, travaille à l'antenne régionale de Monaco. Pendant quatre années, il va pratiquer autrement ce métier de localier appris sur RBA – « la meilleure des écoles de journalisme ». Il devient présentateur ; une fonction valorisante : « Chaque jour, tu racontes la vie de ton département.

C'est passionnant ! » Chargé des journaux du matin, il doit arriver au studio à 4 heures précises – un moment où, été comme hiver, il fait toujours nuit. Il sera contraint au trajet quotidien Nice-Monaco en voiture à 3 heures du matin, excepté l'année où il s'installe à Beausoleil, tout près de Monaco, avec sa petite amie de l'époque. Alain Marschall, qui travaille jusqu'à midi, intègre ainsi le monde des matinaliers.

Pendant ces années passées à RMC, il croise souvent dans les couloirs l'idole de sa jeunesse, Yves Mourousi, devenu directeur des programmes de la station monégasque. Mais ils ne s'adresseront jamais la parole : ils ne boxent pas dans la même catégorie. Malgré ses bons résultats d'audience, l'antenne régionale de RMC est marginalisée par la maison mère. « Ceux de l'antenne nationale nous regardaient de haut, ils étaient des vedettes et nous des minots, des saltimbanques qui passions de la musique et des flashs info. Pour cette raison, ils n'eurent aucun scrupule à fermer l'antenne. »

La belle aventure s'arrête donc brutalement en septembre 1992. L'audience de RMC est en chute libre. Hervé Bourges, le patron, décide de fermer l'antenne régionale. Le personnel étant sous contrat monégasque d'un ou trois mois, pas besoin de licencier. La simple non-reconduction des contrats suffit à mettre tout le monde dehors. Alain Marschall file à Paris où, pendant un an, il connaît l'épreuve du chômage ; et la peur du lendemain : « Je me heurte alors aux carences du système français. À l'ANPE, on m'apprend simplement à rédiger mon CV et une lettre de motivation. Je voulais une formation de langues, mais on ne pouvait pas m'en proposer. Je me retrouvais dans des réunions aux côtés d'une infirmière, d'un carreleur et d'un représentant de commerce, où ma spécificité de journaliste n'était pas reconnue, alors que seul un entretien individualisé aurait pu permettre de déterminer précisément mon profil. »

Passionné de musique, Alain Marschall propose ses services aux journaux spécialisés de l'époque : *Best*, *Rock & Folk*… Mais ses lettres de motivation demeurent sans réponse. « Pas de regret, finalement. J'aurais étouffé dans le journalisme spécialisé. »

L'hiver paraît long quand les demandes d'emploi, dans toutes les directions, n'obtiennent pas de réponse. « Je comprends que, sans diplôme ni relation à Paris, je n'ai aucune chance. On ne veut pas de moi. Être autodidacte m'avait donné l'avantage d'être moins formaté que les journalistes issus des écoles. Mais j'en ressens maintenant tous les inconvénients. L'absence de diplôme laisse un grand vide dans mon CV et j'ai l'impression que ceux qui en sont dotés me regardent avec condescendance. » Le ciel d'Alain Marschall s'assombrit : pour la première fois de sa vie, il doute de son choix professionnel. Grâce aux allocations chômage, il peut encore voir venir puisqu'il n'a pas de charge de famille. Mais il commence à envisager un autre métier. Pourquoi pas le tourisme, qui comporte quelques points communs avec le journalisme : sens du contact, goût des voyages ? Serait-ce plus raisonnable ? Alain Marschall se fixe alors une échéance : son trentième anniversaire, en août 1993. S'il est toujours sans emploi à cette date, il mettra un terme à sa carrière de journaliste.

Journaliste à RFI

Avant de jeter l'éponge, il va tenter une opération de la dernière chance. Un rendez-vous en juin 1993 au cinquième étage de la Maison de la radio avec Hélène Da

Costa, alors secrétaire de la rédaction de Radio France internationale (RFI). Ses chances d'être embauché sont alors infimes, mais un événement imprévu va faire basculer le destin d'Alain Marschall. Au cours de l'entretien, Hélène Da Costa apprend que le journaliste Jean-Pierre Blanzac, qui assure la revue de presse quotidienne, est tombé malade. Elle doit dans l'urgence lui trouver un remplaçant pour le lendemain matin : « Pourquoi pas vous ? Je n'ai plus de pigiste sous la main ! lance-t-elle comme un défi au demandeur d'emploi qui lui fait face. Une revue de presse de huit minutes, demain matin, vous pourriez la faire ? » Pour en parler, Hélène Da Costa conduit le jeune postulant vers le bureau voisin occupé par le rédacteur en chef, Pierre Ganz. C'est un ancien de la rédaction parisienne de RMC : il ne connaît pas Alain. Voyant sur son CV qu'il vient de RMC Provence-Alpes-Côte d'Azur, il le traite avec hauteur : « Vous êtes prêt à aller au casse-pipe ? » Alain n'a jamais présenté une revue de presse de sa vie. Mais rien à perdre, il se jette à l'eau. À peine l'entretien achevé, il se met au travail. Durant l'après-midi, il épluche tous les magazines : *L'Événement du jeudi*, *L'Express*, *Le Nouvel Observateur*, *Le Point*… Le lendemain matin, il arrive à 4 heures dans les studios déserts de RFI où nul ne le connaît, pas même le rédacteur en chef de la tranche matinale. À 6 h 20 commence la revue de presse : pendant huit minutes, le nouveau présentateur navigue entre les écueils de l'actualité internationale – huit minutes à quitte ou double. « À demain, si vous le voulez bien », lui murmure une voix intérieure à l'issue de ce qu'il ressent comme un exploit.

Il va rester sept ans à RFI. Présentateur pigiste pendant les deux premières années, il partage alors son temps entre cette revue de presse quotidienne et toutes les autres tranches (nuit, matin, journée ou soir), selon les besoins. Bénéficiant d'un CDI à partir de 1996, Alain Marschall assure ensuite la présentation quotidienne des tranches du matin. Durant ces sept années, il voyage peu, excepté quatre jours de délocalisation pour présenter les journaux à Dakar, en 1999. Mais il s'enrichit intellectuellement: « C'était une ouverture sur le monde, à travers la rencontre avec des gens issus d'Afrique ou d'Asie, ou les récits des correspondants et des présentateurs des rédactions en langues étrangères. » Alain découvre aussi à RFI certaines lourdeurs propres au service public: « Étant pigiste au service production, deux techniciens syndiqués, en CDI, m'ont demandé de ralentir ma cadence de montage (j'étais payé à la bande) parce que sinon, on allait leur demander la même chose. »

Durant son septennat passé à Paris, Alain accède à la maturité et… rencontre l'amour avec Cécile. Cette grande brune, autodidacte elle aussi, et dotée d'un fort caractère, a été élevée avec trois grands frères dans une famille bourgeoise originaire du Mans. Lorsqu'elle rencontre Alain, en octobre 1994, Cécile vit dans une chambre de bonne du XVIIe arrondissement de Paris. Trois mois plus tard, le jeune couple emménage dans un petit appartement du XIVe. Ils se marient en août 1995, à l'occasion de vacances aux États-Unis avec des amis… « L'idée de Las Vegas nous a plu, car c'étaient des noces seulement pour nous. » Un mariage qui sera régularisé peu après, à Paris, au ministère des Affaires étrangères et duquel naîtront une fille en août 1997 et un garçon en avril 2000. En 2024, Antoine veut enseigner la danse urbaine et Emma travaille dans le consulting au sein d'une start-up de son époque. Les deux jeunes gens ont grandi à Paris, malgré un intermède sur la Côte d'Azur.

En mai 2000, Cécile, leur mère, est en effet mutée à Nice. Représentante commerciale pour les laboratoires Pierre Fabre, elle va s'occuper de la marque dermocosmétique Avène pour le Sud-Est. Un homme doit suivre sa femme, c'est bien connu. Et dans le cas d'Alain, l'attirance du Sud est très forte. Mais son entreprise, RFI, n'a aucune filiale sur les bords de la Méditerranée. Alain demande une mutation dans une autre entreprise du service public, l'antenne locale de Radio France : France Bleu Azur. Mais ce n'est pas si simple, car Radio France et RFI sont distinctes. Il faut donc tourner la page.

« On ne démissionne pas de RFI », lui assène le directeur auquel il annonce sa décision. Dans un pays déjà miné par le chômage, l'abandon volontaire d'un CDI dans le service public paraît une folie. Mais Alain ne se laisse pas influencer. Retour à Nice, donc, à 37 ans, avec deux enfants dont un fils qui vient de naître. Alain retrouve le chemin de l'ANPE et frappe à la porte de RMC : on n'a pas grand-chose à lui proposer. En ce mois de juillet 2000, la « radio du soleil » est en train de s'éteindre malgré l'énergie d'un Tapie, appelé à la rescousse quelques mois plus tôt. Son émission « Allô Bernard » a suscité un frémissement parmi les auditeurs appelés à lui téléphoner chaque matin pour donner leur opinion en direct. Mais, après une décennie de déclin, l'audience de RMC atteint un plancher historique : 1,9 %. Les couloirs de la station, désertés par les stars, connaissent une atmosphère de fin de règne.

Le lecteur qui ignorerait la suite serait à ce stade très chagriné pour Alain Marschall. Mais en ce mois de juillet 2000, où notre chômeur survit grâce à quelques piges pour la station monégasque, un autre événement va tout changer. Le dynamique groupe NRJ, symbole du succès commercial des radios libres, prend le contrôle du capital de RMC – drôle d'idée de voler au secours d'un moribond. Le directeur général de NRJ s'appelle Alain Weill. Tout juste quadragénaire, il est lui aussi passionné de radio mais préfère le management à l'antenne. Après avoir accompagné le succès du premier réseau de radios musicales, il se lance un nouveau défi : la résurrection de RMC sous la forme d'une radio « info et *talk* » à l'américaine. Alain Marschall ignore tout d'Alain Weill. Simple pigiste, il regarde de loin ces grandes manœuvres qui ne semblent pas le concerner.

Mais quelques mois plus tard, Alain Weill métamorphosera RMC. Il donnera sa chance non seulement à Alain Marschall, mais aussi à un jeune journaliste, Olivier Truchot, qui commence à s'ennuyer sur Autoroute FM. « C'est l'heure du flash info trafic : on annonce un fort ralentissement de cinq kilomètres sur l'autoroute A6, dans le sens Paris-Lyon, à partir de l'aire de repos de Sonville. La route est très humide… » Olivier Truchot avait rêvé d'une autre vie.

« À vous, les GG ! »

LES RACINES D'OLIVIER TRUCHOT

C'est l'histoire d'un autre gamin qui, lui aussi, a toujours rêvé de parler dans le poste. Pourtant, rien ne le prédestinait à faire équipe avec Alain Marschall.

Premier point commun (et non le dernier) avec son compère, Olivier Truchot a vu le jour un dimanche. C'était en 1968 au terme d'un printemps qui aurait pu enflammer « Les Grandes Gueules » si l'émission avait existé. Sa naissance, le 16 du mois, fut, au moins pour sa famille, « l'événement de juin 68 » même si, pour la postérité, ceux de mai bénéficient d'une plus grande notoriété. Et pour cause ! Trois semaines de grève générale. Et des rues pleines de manifestants demandant le départ du général de Gaulle – que beaucoup d'entre eux considéraient comme un dictateur, alors qu'ils vénéraient dans le même temps Fidel Castro, Lénine ou Mao Zedong. « Dix ans, ça suffit ! » Dans un Paris hérissé de barricades, comme en 1830 ou 1848, le mot « révolution » enflammait la jeunesse estudiantine.

Françoise, la mère d'Olivier, a attendu que les choses se calment pour accoucher dans une clinique privée (transformée depuis en garage), près de la place de la Nation où vivaient ses propres parents, dans un immeuble moderne des années 1950.

Étudiante en droit et à Sciences-Po, sa grossesse avancée l'avait empêchée de descendre dans la rue. « Elle me l'a souvent reproché en rigolant », raconte aujourd'hui son fils. Mais en réalité, la contestation n'était pas sa tasse de thé. Claude, le père d'Olivier, était sympathisant du PSU de Michel Rocard, qui prônait alors la « révolution socialiste ». Mais il s'abstint d'aller chercher la plage sous les pavés du Quartier latin. Diplômé de Polytechnique depuis deux ans, il était engagé dans une formation d'ingénieur en hydro-biologie à l'ancienne École nationale des eaux et forêts de Nancy. Plus soucieux de préparer l'arrivée du bébé que celle du « grand soir », il préférait passer son temps libre auprès de sa jeune épouse. Une semaine après la naissance du petit Olivier, lors du premier tour des élections législatives, un raz-de-marée gaulliste exprima le ras-le-bol de la « majorité silencieuse », face à la « chienlit ». Mais dans les profondeurs du pays l'autorité du Général était ébranlée. Les Français, fatigués des héros, choisiront comme président l'année suivante Georges Pompidou, qui enseignait les lettres au lycée Henri-IV à l'époque où d'autres rejoignaient les maquis.

Alors que la télévision prend des couleurs et s'enrichit d'une deuxième chaîne, les années Pompidou marquent tout à la fois la sortie des Trente Glorieuses et l'entrée dans la vie du petit Olivier Truchot. « J'avais à peine 6 ans, se souvient-il, à la mort de Georges Pompidou. C'est le premier événement à la télévision dont je garde un souvenir, bien que très vague. »

Chers grands-parents

Comme Alain Marschall, Olivier Truchot entendra parler de la Seconde Guerre mondiale par ses grands-parents. Leurs destins de Français ordinaires se transformaient en histoires extraordinaires aux yeux de leurs petits-fils. André Coquart, le grand-père maternel, fils d'un imprimeur dijonnais, racontait à Olivier ses aventures de prisonnier de guerre, capturé en même temps que son frère, en 1940. Les Allemands les avaient envoyés dans un oflag (camp pour officiers) en Pologne. Le lieutenant Coquart a dessiné de jolis croquis, que la famille a précieusement conservés, représentant des baraquements en bois et le potager de l'oflag planté par les prisonniers. Les Français se donnaient des cours entre eux. Ainsi, André Coquart a fait la connaissance de Georges Vedel, futur doyen de la faculté de droit de Paris et membre du Conseil constitutionnel. Mais la détention fut une épreuve difficile. À bout de forces, le lieutenant Coquart avait maigri de trente-cinq kilos. Les Allemands l'ont rapatrié avant la fin de la guerre, en 1943, par sécurité sanitaire. Il était moribond ; le médecin lui donnait quelques semaines à vivre et son épouse Renée ne l'a pas reconnu sur le quai de la gare tant il avait maigri – une anecdote identique à celle qu'évoque Alain Marschall à propos de son propre grand-père. Elle illustre à quel point les histoires des Français parfois se ressemblent.

Renée, la grand-mère maternelle d'Olivier Truchot, avait passé la guerre dans un village de Bretagne, non loin de Guingamp, berceau de sa famille, où malgré les tickets de rationnement la vie était plus facile qu'en ville. Son mari et elle s'étaient rencontrés, bien avant la guerre, sur leur lieu de travail : les Établissements Guigner, fabricants de matériel électrique. Renée y était l'assistante du directeur ; André y travaillait comme ingénieur. Elle lui reprochait d'oublier d'éteindre la lumière le soir en quittant le bureau. Pour se faire pardonner, il lui offrit… une boîte de loukoums – un cadeau original pour l'époque. On était en 1930. Ils se marièrent peu après, vécurent heureux pendant cinquante-sept ans et eurent deux enfants : Michel, en 1933, puis Françoise, en 1944. Olivier aimait beaucoup ses grands-parents maternels qui le lui rendaient bien.

Il se souvient encore avec émotion des mercredis après-midi passés avec eux, dans leur appartement de l'avenue de Taillebourg, à taper le carton à la belote ou au whist. Et il entend, comme si c'était hier, son grand-père, mauvais joueur, pester contre sa grand-mère, plus chanceuse. Les week-ends, il les accompagnait dans leur maison de campagne de Gagny : un pavillon en meulière, où il jouait au foot dans le jardin en évitant les rosiers de grand-père. Telles des madeleines de Proust, Olivier garde en mémoire les œufs à la neige et les frites à la crème de sa grand-mère, la balancelle du jardin où il faisait la sieste, les cerises récoltées au début de l'été…

Côté paternel, son grand-père Jean Truchot était lui aussi ingénieur des Arts et Métiers. Mais Olivier ne l'a pas connu : malade, Jean Truchot est mort trois mois après la naissance du bébé qui fut à la fois son premier petit-fils et sa dernière joie. Amoureux de la vie, Jean Truchot appréciait les sorties, les spectacles et ses amis peintres qu'il allait voir à Montmartre. Il était une personnalité de La Varenne-Saint-Hilaire, quartier chic de Saint-Maur-des-Fossés (aujourd'hui dans le Val-de-Marne), où il présidait le club de tennis – un sport qu'il pratiquait assidûment. Il y dirigeait l'entreprise familiale créée par son beau-père, Léon Pelletier, qui faisait de la mécanique générale, travaillant en particulier pour la SNCF. La famille était enracinée à Saint-Maur-des-Fossés. Jean Truchot s'y était installé avec son épouse

Jeanne, dite « Jeannette », lors de leur mariage en 1932. Ils y élevèrent leurs trois fils, Pierre, Michel et Claude (le père d'Olivier), dans trois jolis pavillons successifs. Et Jeanne y finit ses jours dix-neuf ans après la mort de son mari, dans un petit appartement. Olivier passa beaucoup de temps avec sa grand-mère paternelle : « Elle était d'un abord plutôt rude. Et faisait preuve d'un franc-parler qui m'a parfois fait honte, comme ce jour où dans le métro elle a reproché à des jeunes assis en face de nous de mâcher leur chewing-gum trop bruyamment. Cela ne rigolait pas avec elle ! Mais je l'aimais bien, car je percevais sa bonté sous sa carapace. »

Des parents yéyés…

Au cœur de l'été 2024, pendant l'écriture de ce livre, Olivier apprenait la mort de son père, emporté par une crise cardiaque à l'âge de 81 ans. Certes, son état de santé s'était fortement dégradé les semaines précédentes, mais l'annonce fut un choc pour ses enfants et petits-enfants. Ses échanges avec son père sur l'actualité, la politique, la marche du monde, ont toujours été précieux pour Olivier. Ils lui manquent terriblement aujourd'hui. Cette disparition, après celle de sa mère cinq ans plus tôt, emporte avec elle une partie de son passé, de son enfance, de ses racines. Il lui reste le souvenir de parents éternellement « yéyés »… « Souvenirs, souvenirs, je vous garde dans mon cœur… » Nés en 1943 et 1944, Claude et Françoise Truchot ont été épargnés par la Seconde Guerre mondiale. Et à quelques mois près, le père d'Olivier a échappé à la guerre d'Algérie qui a mobilisé pendant huit ans plus d'un million de jeunes soldats français. « Cela agaçait un peu mes parents quand je leur disais qu'ils ne comprenaient pas l'angoisse des jeunes. Mais ils appartenaient à une génération dorée par rapport à ceux qui les ont précédés et suivis. »

Claude et Françoise Truchot ont grandi dans l'euphorie de la reconstruction et l'ignorance du chômage durant ces Trente Glorieuses où les Français accédèrent à la société de consommation et au confort moderne. Leur enfance s'acheva en même temps que les années 1950, celles de l'âge d'or où la chanson française scintillait de mille feux grâce à des troubadours nommés Brassens, Brel, Ferré, Gainsbourg, Montand, Piaf, Barbara, Bécaud, Aznavour. Et leur adolescence fut placée sous le signe du twist qui les faisait se déhancher dans les surprises-parties en écoutant les idoles de leur âge – que tous les adolescents de France appelaient par leurs prénoms : « Dick » (Rivers), « Eddy » (Mitchell), « Johnny » (Hallyday), « Richard » (Anthony), « Sylvie » (Vartan)… Leur chanteuse préférée était Françoise Hardy, jolie jeune fille aux cheveux longs et au regard mélancolique, révélée par un tube qui traversera le siècle, « Tous les garçons et les filles de mon âge ». Bientôt, Claude et Françoise vont rejoindre la cohorte de ceux qui « se promènent dans la rue deux par deux ».

Ils se rencontrent durant l'été 1963 à Llafranc, une plage de la Costa Brava, en Espagne. Ils sont très jeunes : lui 20 ans, elle 19. Toute leur vie, ils resteront attachés aux chanteurs de leur jeunesse. « Mes parents m'ont téléphoné, témoigne Olivier Truchot, après avoir appris la mort de Johnny Hallyday. Ils étaient attristés. Cela faisait longtemps qu'ils n'écoutaient plus les disques des yéyés. Mon père était plutôt un fan de Brassens ou Trenet. Ma mère penchait pour Jean Ferrat et Serge Lama. Tous deux aimaient aussi Barbra Streisand et Leonard Cohen.

Ils adoraient la musique classique. Mais avec le décès de France Gall un mois après Johnny, ils ont senti que leur génération commençait à s'effacer. »

Claude et Françoise Truchot appartiennent à la « génération yéyé », selon l'expression inventée par le sociologue Edgar Morin au lendemain d'un concert géant, réunissant cent cinquante mille baby-boomers en délire à l'appel d'Europe n° 1 et du journal *Salut les Copains*, le 22 juin 1963, place de la Nation.

Les parents d'Olivier Truchot possédaient déjà dans son enfance des centaines de disques. Ils ont transmis à leur fils des goûts musicaux très éclectiques : la chanson française à texte et la musique classique (surtout Mozart, que chérissait son père), ainsi que David Bowie, les Rolling Stones, Elton John, Eric Clapton, sans oublier Nina Simone et Dusty Springfield – qu'Olivier considère comme « les deux plus belles voix féminines ». Enfant, il a été bercé comme tous les mômes des années 1970 par *Les Fabulettes* d'Anne Sylvestre. Mais à l'adolescence, il ne jurait que par Renaud et sa chanson méconnue « Soleil immonde », écrite par Coluche et sortie en 1981 sur l'album *Le Retour de Gérard Lambert* – dont il chantait parfois à tue-tête les paroles un peu surréalistes :

« L'Armée rouge a défilé dans ma tête / J'leur ai fait monter de l'aspirine / Z'ont quand même fait leurs 8 heures comme des bêtes / Me v'là mouillé dans une drôle de combine / Le vent m'apporte des odeurs de frites / Tout l'monde me r'connaît dans la rue. »

Quarante ans après, Olivier Truchot confie un regret : « Ne pas chanter comme Frank Sinatra. Crooner, le plus beau des métiers ! »

… et cools

Les parents d'Olivier Truchot se sont mariés en 1967, quatre ans après leur rencontre. Ils étaient encore très jeunes et n'avaient pas fini leurs études. Bien que non croyants, ils ont accepté une cérémonie à l'église, par tradition et pour faire plaisir à leurs parents – surtout le père de Françoise, très pratiquant. Pour la même raison, ils feront baptiser leurs trois fils : Olivier, né un an après leur mariage, puis Stephan et Grégory qui verront respectivement le jour en 1971 et 1978. Olivier recevra une éducation catholique (catéchisme, communion, confirmation) et gardera la foi jusqu'à l'adolescence. Il a grandi à La Varenne, où ses parents se sont installés peu après leur mariage dans un appartement proche de celui de sa grand-mère Jeanne, qu'il appelle « Mamée ». Connaissez-vous ce Deauville des bords de Marne, situé à quelques encablures du bois de Vincennes ? Un vrai petit coin de paradis auquel Georges Brassens rend hommage dans une chanson éponyme vantant des « dactylos / Qui sont plus chouett's en maillot / Qu'bien des mondaines.

Durant les années 1970, La Varenne possédait encore une piscine découverte (nommée « Le Beach ») où les parents d'Olivier l'emmenaient se baigner à la belle saison. Non loin de là, les bords de Marne abritaient une star mondiale : Charles Trenet. Enfant, Olivier est souvent passé devant les deux maisons curieusement bariolées, habitées l'une par le « fou chantant » et l'autre par sa mère. Avec ses copains, ils murmuraient pour se faire peur que le chanteur « aimait les petits garçons », allusion à sa brève incarcération en 1963 pour cause de relations homosexuelles avec des jeunes gens de… 20 ans. Olivier et ses copains n'ont jamais croisé Charles Trenet, mais

«Y'a d'la joie» aurait pu être l'hymne du petit Truchot. «J'ai vécu une enfance merveilleuse dans un bel appartement, élevé par des parents qui, contrairement à beaucoup de couples, s'entendaient bien. J'étais très proche de mon premier frère, de trois ans mon cadet, comme je le serai ensuite du plus jeune qui naîtra en 1978.»

Olivier fut aussi choyé par ce qu'il nomme sa «deuxième famille». Installés dans un petit pavillon voisin, Micheline (surnommée «maman Lilitte»), son mari («papa Lilitte») ou leur fille Brigitte (dite tout simplement «Lilitte») gardaient souvent les petits Truchot, dont les parents travaillaient beaucoup. Olivier se souvient même être parti en vacances avec eux.

Dès l'âge de 8 ans, Olivier traîne ses culottes courtes et sa raquette en bois dans le club de tennis de La Varenne, le CS Marne, jadis présidé par son grand-père et désormais par son père. Il adore aussi le ski auquel ses parents l'initient très jeune, à La Plagne où l'oncle Michel (frère de sa mère) possède un appartement. Olivier, devenu adulte, pratique le ski plusieurs fois par an avec ses enfants… Peu attiré par les sports collectifs, il garde toujours ses distances avec les groupes. Et s'il aime le foot, c'est uniquement… à la télévision. «Mes parents étaient plutôt cools comme éducateurs dans l'esprit de l'époque post-Mai 68. Mon père n'était pas du tout autoritaire. Ma mère, qui filait droit chez son père, a agi en rupture avec sa propre éducation. On mangeait à table avec les parents, on discutait beaucoup. On parlait politique. Un climat de débat permanent qui m'a sans doute prédisposé aux "Grandes Gueules".»

Ingénieur du génie rural, des eaux et des forêts, Claude Truchot a consacré sa carrière à l'environnement, en particulier à la gestion des ressources en eau. Il occupa des postes à responsabilité au ministère de l'Environnement dès sa création, en 1971, ou dans des établissements publics dépendant de ce ministère.

Il fut par exemple directeur régional et interdépartemental de l'environnement et de l'énergie d'Île-de-France de 1993 à 2000, et président de l'Agence de l'eau Loire-Bretagne, de 2004 à 2008. Il a supervisé au niveau technique l'élaboration de la dernière loi de 2006 sur l'eau avant de prendre sa retraite en 2009.

Le père d'Olivier avait vraiment la fibre écolo. Dans les années 1988-1992, il fut proche du ministre de l'Environnement, Brice Lalonde, figure de proue du mouvement à cette époque, qu'il tenait en haute estime. Pour défendre ses idées, Claude Truchot se présentera aux cantonales à Saint-Maur et aux régionales en Île-de-France, en 1992, sous l'étiquette Génération Écologie, obtenant respectivement 7 % et 12 % – un score insuffisant pour être élu compte tenu de sa place sur la liste. Claude Truchot a toujours été de gauche, mais jamais fan de Mitterrand qu'il jugeait opportuniste et peu sincère.

Son épouse, elle, penchait à droite, comme son propre père, très conservateur ; mais une droite moderne. En 1974, elle vote pour Valéry Giscard d'Estaing, chantre du libéralisme, qui va abaisser à 18 ans l'âge de la majorité et autoriser l'avortement.

Fous d'infos

Au début des années 1970, la jeune mère d'Olivier Truchot, bien que diplômée en droit, choisit de travailler dans la publicité, conseillée par son frère (qui est alors un des patrons de l'agence Havas). Par le plus grand des hasards, elle met ses talents au service de l'entreprise dans laquelle son fils se fera connaître quarante ans plus tard. Embauchée à la régie publicitaire de Radio Monte-Carlo, à l'époque interne à l'entreprise, elle travaille à commercialiser la publicité.

La station périphérique, comme on disait en ces temps de monopole d'État, était encore principalement captée dans le sud de la France. Elle représentait pour les Truchot, comme pour tous les Parisiens, la « radio des vacances » : celle des jeux et du hit-parade, que l'on écoutait en voiture dès qu'on franchissait la Loire.

Le reste de l'année, les parents d'Olivier s'informaient auprès de sources réputées plus sérieuses. Tous deux lisaient *Le Monde*, considéré comme le quotidien de l'élite intellectuelle, son père appréciant aussi *Le Canard enchaîné* – seul journal, à l'époque, à dévoiler les coulisses du pouvoir. Côté audiovisuel, les Truchot ne juraient que par Europe 1, la station périphérique émettant d'Allemagne et réputée pour son indépendance à l'égard du pouvoir français. Depuis 1974, Françoise en avait d'ailleurs rejoint la régie publicitaire. La famille était donc branchée sur Europe 1, sans modération ; mais pas seulement par esprit *corporate*.

En voiture, les parents écoutaient les émissions « Mozik », puis « Maxi-Parade » de Jean-Loup Lafont, animateur vedette de la station périphérique. Ils avaient même posé des autocollants d'Europe 1, permettant de gagner des cadeaux, sur les pare-brise de la petite Austin de Françoise et du grand coupé Panhard C24 que Claude Truchot avait hérité de son père.

« Mes parents étaient fous d'info. Mon enfance a été rythmée par les flashs d'Europe 1 ; ils m'ont transmis le virus très jeune. » L'appartement familial était truffé de transistors. On en trouvait dans chaque chambre, dans la cuisine, le salon, la salle de bains. « On était la famille Transistor. » Et c'est en écoutant son radio-réveil qu'Olivier ouvrait l'œil. Adolescent, il connaissait par cœur la grille et les voix d'Europe 1 : Philippe Gildas, Jean-François Kahn, Ivan Levaï, Jacques Paoli, Guillaume Durand – à qui, devenu son confrère, il dira un jour : « Tu m'as tapé dans l'oreille avec ce style moderne, personnalisé. » Car Olivier, comme Alain Marschall, est très sensible au ton décontracté, incarné aussi par Yves Mourousi, qui émerge dans les médias au début des années 1980. « L'info est identique partout. C'est la manière de la présenter qui fait la différence. Tout est dans le ton. »

En 1978, le père d'Olivier est nommé à la tête de l'Agence de l'eau à Toulouse où la famille s'agrandit avec la naissance du plus petit des frères, Grégory. Trois enfants, c'est beaucoup. Pour les élever, Françoise Truchot cesse de travailler. Mais elle ne reste pas inactive : elle milite dans une association féministe et s'occupe de cinéma à l'association Toulouse Accueil. Elle fait de l'écoute à la Croix-Rouge, des études de psychologie et de l'accompagnement de personnes âgées chez les Petits Frères des Pauvres. Elle participe aussi à des ateliers de peinture, exposant parfois ses propres œuvres.

Olivier est triste de quitter La Varenne, où il a toujours vécu entre sa grand-mère, les copains, le club de tennis et l'école primaire Les Mûriers. Les premiers temps à Toulouse sont difficiles : « Parigot, tête de veau ! » Rien ne lui est épargné par les autres enfants. Mais comment résister au charme de la Ville rose ? Le jeune Truchot s'adapte vite, au point d'adopter l'accent du Sud-Ouest et de devenir un fervent supporter du Toulouse Football Club. Entre la place du Capitole et la basilique Saint-Sernin, il va entrer dans l'adolescence. Mais aucun déclic ne se produit au plan scolaire. Ses parents l'ont inscrit en sixième au collège privé Montalembert, un établissement confessionnel tenu par les frères maristes (une congrégation prestigieuse qui jadis forma un certain François Mitterrand). Pour la religion ? Non, pour la discipline. Ils veulent un cadre strict pour leur fils, car Olivier est très dissipé. Il n'arrive pas à se concentrer en classe et ses résultats scolaires sont médiocres. Il ne manque pourtant pas de centres d'intérêt : « L'histoire était ma matière préférée. Elle a même sauvé ma scolarité. On m'a orienté en classe scientifique mais finalement, j'obtenais mes meilleures notes en histoire, économie et français. Mais dans ma génération, un garçon devait faire S ! »

Naissance d'une vocation

Pendant ses années toulousaines, Olivier commencera vraiment à s'intéresser à la politique. « Je me souviens parfaitement du 10 mai 1981. J'avais 13 ans et mon frère Stephan en avait 10 ; nous attendions les résultats de l'élection présidentielle. Je revois le suspense juste avant 20 heures, l'apparition progressive du crâne de François Mitterrand sur l'écran et l'annonce par Jean-Pierre Elkabbach de sa victoire face à Valéry Giscard d'Estaing, puis les images de la foule en liesse place de la Bastille et les têtes d'enterrement d'Étienne Mougeotte et d'Elkabbach. Nous sentions qu'il s'agissait d'un moment historique. Nos parents étaient allés regarder les résultats chez des amis. Tous les convives avaient voté pour Giscard, sauf mon père. On imagine l'ambiance ! »

Scolarisé en établissement catholique, Olivier fait sa communion et participera en 1984 aux manifestations organisées par la droite pour la défense de l'« école libre », laquelle paraît alors menacée par le gouvernement d'Union de la gauche. « Mes parents n'étaient pas emballés. On parlait beaucoup politique à table. Je m'opposais, surtout à mon père, mais ils ont toujours totalement respecté ma liberté. » Durant ces années Mitterrand de grand chambardement médiatique, Olivier ne lâche plus son transistor. Jour et nuit, sur La Voix du Lézard qui se transformera bientôt en Skyrock, il écoute les succès des années 1980. Mais il se veut plus qu'un auditeur. Naissance d'une vocation : avec un micro offert pour l'un de ses anniversaires, il enregistre ses propres émissions de radio, sur son magnétophone lecteur de K7, simule un hit-parade avec ses 45 tours et interroge ses petits frères transformés en « invités ». Stephan et Grégory servent aussi de cobayes pour de fausses émissions de variétés à la sauce Truchot. Elles sont inspirées des incontournables rendez-vous télévisés du samedi soir : les shows de Maritie et Gilbert Carpentier où défile le gratin de la variété française – Joe Dassin, Michel Delpech, Claude François, Eddy Mitchell, Michel Sardou.

Mais après 1981, le ciel jusque-là paisible de la télévision française est déchiré par l'éclair de « Droit de réponse », chaque samedi à 20 h 30, sur TF1. Pour la première fois, à l'heure de la plus grande audience, on réunit en direct des gens de toutes opinions : le débat est totalement libre, les dérapages fréquents, les insultes possibles. « Mes parents aimaient cette émission. Toute la famille regardait... Michel Polac était un peu énervant, de mauvaise foi, tout comme Jean-François Kahn, qui intervenait souvent dans "Droit de réponse". Je ne comprenais pas tous les enjeux mais Polac m'a vraiment donné envie de l'imiter plus tard. Depuis quarante ans, on a beaucoup reculé en termes d'audace et de liberté d'expression. Une telle émission serait aujourd'hui inimaginable sur TF1 à 20 h 30. Mais je la considère vraiment comme une source d'inspiration pour "Les Grandes Gueules". »

Après six années passées à Toulouse, la famille Truchot rentre en région parisienne, où le père, Claude, est nommé à un poste important au ministère de l'Environnement. Retour donc à la case départ : La Varenne. C'est dur de refaire le chemin en sens inverse. Mais ses parents ne lésinent pas sur les moyens pour sa réussite : ils l'inscrivent dans le très sélectif lycée privé Albert-de-Mun, à Nogent-sur-Marne, où son père a suivi jadis de brillantes études.

En vain. Olivier se fait virer à la fin de la première – de quoi désespérer ses parents, si attachés aux études et aux diplômes. L'un des frères de notre héros, Stephan, fera Sciences-Po et HEC, alors que le deuxième, Grégory, suivra des études de droit ; Claude et Françoise auraient bien voulu voir leur fils aîné s'engager sur un chemin identique. Mais, philosophes, ils le prennent tel qu'il est. Olivier est passionné d'apprendre, mais… hors du cadre scolaire. Il est fou du septième art et des salles obscures. Chaque mercredi ou samedi, il prend le RER à La Varenne ; direction le Quartier latin. Il écume les salles d'art et essai : Action Christine, Hautefeuille, Reflet Médicis… À 18 ans, il connaît tous les classiques. Avec l'ouverture des premiers vidéoclubs, il va pouvoir satisfaire sa boulimie de cinéma : du navet au chef-d'œuvre, il dévorera toutes sortes de films. Mais sa grande culture cinématographique ne compte pas pour sa scolarité, toujours aussi poussive. Pour la terminale, ses parents placent Olivier dans une boîte à bac à Boissy-Saint-Léger : le cours Bernard-Palissy, seul établissement protestant d'Île-de-France.

En novembre-décembre 1986, à l'aube de son dernier hiver de lycéen, il participe au plus grand mouvement de la jeunesse, depuis Mai 68 : contre la sélection, incarnée par la loi du ministre de l'Enseignement supérieur, dont le nom est associé à un slogan vengeur que le jeune Truchot crie avec des centaines de milliers d'autres : « Devaquet, si tu savais, ta réforme où on s'la met ! » Plus à l'aise dans la rue qu'en cours de maths, le jeune homme ne manque pas une seule des nombreuses manifs qui défilent alors sur le pavé parisien. « Une demi-heure avant la mort de l'étudiant Malik Oussekine, j'étais devant la Sorbonne avec d'autres manifestants ; les policiers voltigeurs nous ont chargés. Pour leur échapper, je me suis réfugié dans l'un des fast-foods du boulevard Saint-Michel. » Olivier ne regrette pas cet engagement de jeunesse : « Je garde une grande tendresse pour ces semaines de fièvre, de rigolade avec les copains et de colère contre le pouvoir en place. On était fiers d'avoir fait plier le gouvernement. » Avec le recul, il voit les choses autrement : « Bien sûr, aujourd'hui, je n'ai pas le même point de vue… Comme dit Cohn-Bendit : il faut être con pour garder toujours les mêmes idées qu'à 20 ans. Aujourd'hui, je pense que la sélection par le mérite à l'université est nécessaire. C'est cocasse de constater que Chirac, détesté des jeunes des années 1980, est devenu tendance. » Aujourd'hui, Olivier Truchot est sceptique à l'égard des certitudes politiques de droite comme de gauche ; il croit plus aux gens et aux actes qu'aux idéologies.

Après une scolarité laborieuse, Olivier Truchot obtient en 1987 le bac B, économique et social. Enfin ! « Et maintenant, que vais-je faire ? », s'interroge notre bachelier.

Vivre du cinéma ? En faire son métier ? À aucun moment pourtant il ne caresse l'idée folle de devenir réalisateur, encore moins acteur. Pour accomplir son rêve d'enfant, il pense s'orienter vers le journalisme spécialisé dans la critique de films. Mais avant d'intégrer une école de journalisme, il faut d'abord obtenir une licence.

Inscrit en fac d'histoire à Nanterre, Olivier va enfin s'épanouir dans les études. Un déclic s'est produit : « Comme tous les anciens paresseux, je commence à travailler énormément pour rattraper le temps perdu. Et depuis lors, je n'arrête plus. » Il adore l'histoire contemporaine et se découvre une vraie passion pour les cours sur les États-Unis. Concernant la Seconde Guerre mondiale, il manifeste moins d'intérêt pour la Résistance que pour le régime de Vichy, dont la part d'ombre l'intrigue. Il sera particulièrement fasciné, quelques années plus tard, par les révélations concernant le passé de François Mitterrand. En 1990, après avoir obtenu sa licence d'histoire, il réussit le concours d'entrée à l'Institut pratique du journalisme (IPJ). Il a déjà renoncé à l'idée de devenir critique de cinéma – trop réducteur. Le cinéma restera son hobby, mais son métier couvrira un champ plus vaste. Comme Alain Marschall, Olivier Truchot possède une fibre généraliste : « C'est-à-dire être spécialiste de tout ! » Tous les sujets l'intéressent ; et toutes sortes de gens. Il ne veut pas s'enfermer dans un milieu quelconque, même celui du cinéma. Pendant ces deux années d'école, Olivier forge sa détermination : il sera journaliste à la radio.

Premiers pas dans le métier

Il fait ses premières armes pendant un stage de quelques semaines à Radio Notre-Dame : « C'était très formateur. Le diocèse de Paris voulait faire une radio sérieuse, professionnelle, avec des moyens conséquents. Nous avions des correspondants partout dans le monde grâce aux réseaux catholiques. Je présentais les infos et faisais des reportages, en général sur des sujets sociaux. »

Pas question pourtant de rejoindre immédiatement la vie active. En 1992, son diplôme en poche, Olivier doit d'abord accomplir ses obligations militaires. Il demande son affectation à la caserne de Satory, à Versailles : « Un copain m'avait refilé le tuyau : le 2e régiment de commandement et de soutien (RCS du train) de Satory recherchait un apprenti journaliste pour s'occuper du mensuel du régiment. Il s'appelait *Le Journal du 2* et nous étions deux à nous occuper à la fois des photos et du texte. On couvrait les manœuvres, écrivait des portraits des gradés, racontait la vie du régiment. Mon supérieur, le lieutenant-colonel Giboulot, était un type bien, ouvert d'esprit et qui avait envie de montrer une autre image de l'armée. »

En parallèle, les samedis et dimanches, Olivier présente les infos du matin sur Radio Montmartre. La petite station, surtout orientée vers la musique, est installée en haut de la rue Lepic, dans de magnifiques studios tout en bois ayant servi pendant les années 1960-1970 pour l'enregistrement des premiers tubes de Dalida et Claude François. Radio Montmartre est alors dirigée par une ancienne vedette du petit écran, Raymond Marcillac. Y travailler n'est pas une sinécure : lever à 5 heures, flashs toutes les soixante minutes jusqu'à midi. Comme Alain Marschall à la même époque dans le sud de la France, Olivier Truchot apprend les contraintes du matinalier et reçoit une rémunération dérisoire. Olivier n'a rencontré qu'une fois Raymond Marcillac : ce jour-là, le directeur l'appelle pour lui dire tout à la fois qu'il apprécie son travail et… qu'il ne peut plus le payer. Olivier refuse de continuer à travailler bénévolement: «Merci, mais c'est sans moi… L'exploitation des jeunes journalistes ne date pas d'aujourd'hui. Mais j'ai préféré m'en aller.»

Après son service militaire, Olivier travaille trois mois sur Autoroute Info, près de Lyon. Cette station, destinée à renseigner les automobilistes sur la circulation, est dirigée par un de ses anciens profs. Il pige ensuite pour l'émission de Jean-Pierre Coffe, «C'est tout Coffe», sur France 2. Il doit trouver des personnes poussant devant la caméra des coups de gueule, du type: «Le jambon sous plastique, c'est de la merde.» «Je me souviens d'un reportage dans une sorte de secte dont le gourou, Guy-Claude Burger, pratiquait l'"instinctothérapie". Il s'agissait de se nourrir uniquement d'aliments choisis à l'instinct. Autant dire que les adeptes étaient maigres et avaient mauvaise mine…» En 1994, Olivier a 26 ans. Il est au chômage et vient d'avoir son premier enfant, Baptiste, avec sa compagne Sophie qu'il épousera l'année suivante. Il lui faut absolument gagner sa vie. Il cherche dans toutes les directions. C'est alors qu'il commence à piger pour Autoroute FM, en région parisienne – une station du même type que celle pour laquelle il a travaillé l'année précédente à Lyon. Commence alors la carrière «radio-routière» d'Olivier Truchot: il y apprend vraiment le métier. L'info de proximité exige de la précision; impossible de baratiner car, quand vous annoncez un bouchon, les automobilistes peuvent vérifier en temps réel la pertinence de vos propos. Présentant des tranches info, Olivier doit aussi gérer le direct, sans filet, ce qui lui sera très utile bien plus tard à l'occasion des *breaking news* sur BFMTV. Le boulot lui plaît bien. On lui propose un CDI en 1994. Il l'accepte sans hésiter, car il faut bien faire bouillir la marmite. Mais il se prend au jeu et monte très vite les échelons pour finir directeur d'antenne de la radio : « J'en garde de bons souvenirs, notamment des émissions délocalisées dans des festivals de l'ouest de la France : les Francofolies de La Rochelle, le Festival du film policier de Cognac, le Festival interceltique de Lorient… Plein de reportages touristiques dans les régions desservies par le réseau : Bretagne, Normandie, Sud-Ouest… » Les années passent. Un deuxième enfant va naître : une fille, Camille, en 1999. Une autre fille, Léna, viendra au monde en 2007. Un quatrième enfant, le petit Joseph, enrichira cette fratrie en 2021. Sa mère, Mariam, est journaliste à France24. Olivier l'a rencontrée en septembre 2018. Il a trouvé auprès d'elle l'amour, la complicité et l'épanouissement nécessaire à une vie professionnelle si remplie…

Tout cela nous éloigne un peu de la fin des années 1990 et d'Autoroute FM. Revenons-y.

« C'était pour moi un peu une prison dorée. Bien payé, maîtrisant le job, je ne prenais plus de risques. Mais je n'étais pas satisfait de ma situation. L'actualité chaude me manquait. Ce travail m'éloignait des rêves de ma jeunesse. »

L'aventure RMC

À 32 ans, Olivier cherche une porte de sortie. Il sait que le temps ne travaille pas en sa faveur. C'est alors qu'il apprend par la presse le rachat de RMC par Alain Weill. L'ancien directeur général de NRJ veut transformer cette station moribonde du sud de la France en radio « Info, *talk*, sport » : un format de programmes radio inédit en

France ramené d'un voyage aux États-Unis par Frank Lanoux, son compère rencontré quinze ans auparavant chez NRJ. Lors d'une tournée dans plusieurs États, ils ont vu différents modèles de radio. Ils en sont revenus impressionnés : « Une chose m'a frappé, raconte Alain Weill, c'est le profil des animateurs : de très fortes personnalités qui n'hésitent pas à exprimer des opinions, souvent tranchées, à l'antenne. Cela ne les empêche pas, bien au contraire, de laisser s'exprimer toutes les opinions. » Alain Weill va totalement refonder les programmes de RMC. Pour commencer, il fera disparaître la musique de l'antenne. Conséquence de la multiplication des radios depuis 1981, l'émergence de radios musicales oblige un média comme RMC à définir une identité fondée sur sa spécialisation – info, *talk*, sport – et à clairement diviser la journée en deux parties distinctes : de 6 heures à 16 heures (info et *talk*) ; de 16 heures à 24 heures (sport).

« J'avais toujours rêvé, confie Olivier, de participer au lancement d'un nouveau média, comme l'aventure Canal ou France Info. J'ignorais alors que je m'apprêtais à travailler avec celui qui incarnerait la réussite des années 2000 dans l'audiovisuel ! » Or, il se trouve que leurs mères jouent ensemble au bridge. Début 2001, Olivier écrit à Alain Weill afin de lui expliquer son intérêt pour le projet. C'est son bras droit, Frank Lanoux, qui le reçoit peu après. Le nouveau directeur de RMC se montre intéressé par l'expérience d'info trafic du jeune journaliste.

« Nous envisageons un décrochage sur la région parisienne. C'est dans vos cordes ? », lui demande-t-il. « Je sais faire, je travaille dans l'info locale depuis plusieurs années. » Tope là ! Olivier est embauché le 15 février 2001 comme rédacteur en chef de l'antenne parisienne de RMC, censée séduire les auditeurs franciliens qui n'écoutaient jamais cette radio sudiste. Objectif ambitieux. Tâche exaltante. Réussite totalement incertaine. Tout est à faire. Mais l'aventure de ses rêves commence enfin. Une chose le frappe agréablement : lui faisant confiance, on lui laisse les mains libres. Olivier embauche une ancienne collègue d'Autoroute FM et deux autres journalistes. Il met en place des points trafic matin et soir et deux décrochages quotidiens sur la région parisienne : « De l'info trafic, de l'info générale et du *talk*, où l'on aborde sans tabou tous les sujets possibles : politique, société, vie quotidienne... Des débats et de longues plages horaires. On part de très bas : sous la barre des 2 % d'audience moyenne. Tout est à construire, mais avec des possibilités sans limite. Je bosse comme un dingue mais je m'éclate. » Chaque matin à 7 h 50, puis à 8 h 20, Olivier présente lui-même les décrochages. Il fait aussi de nombreuses interviews de personnalités politiques. Car le lancement du décrochage coïncide avec la fin de la « bataille de Paris », cette campagne municipale un peu folle qui verra Bertrand Delanoë mettre un terme à vingt-quatre ans de domination de la droite sur la capitale, sur fond de déchirements fratricides entre les partisans de Philippe Séguin et ceux de Jean Tiberi. Après un semestre sur les chapeaux de roues, Olivier est envoyé, l'été venu, sur la Côte d'Azur. Il ne s'agit pas d'y faire du tourisme, mais de remplacer un journaliste dans la rédaction de Monaco. Là-bas vient d'être embauché un ancien journaliste de RFI : Alain Marschall. Ils vont faire connaissance, s'apprécier, devenir copains – et surtout travailler ensemble.

Alain présente alors le 12 heures / 13 heures. « On était peu nombreux et on bossait avec des bouts de ficelle », se souvient son assistante de l'époque. Karine Sguazzi, 23 ans en 2001, qui sort alors de l'école de journalisme à Nice, vient d'être embauchée par Alain Weill pour les infos météo et trafic.

« C'était vraiment exaltant, car RMC repartait de zéro, dirigée par des gens qui avaient plus d'ambition et d'idées que de moyens. Je n'arrêtais pas : il fallait traiter trois sujets dans l'heure et trouver des experts. Malgré mon manque d'expérience, ils m'ont fait confiance. » On est encore dans la préhistoire du nouveau RMC, mais déjà se mettent en place les marqueurs de la station : donner la parole aux auditeurs sur un pied d'égalité avec les personnalités invitées en studio. Karine est témoin de la rencontre Truchot-Marschall : « Tout de suite, ils se sont bien entendus. Ils étaient complémentaires professionnellement. Alain, plus réservé, Olivier, plus caustique. »

Le duo des « Grandes Gueules » est né. Pendant trois ans, ils vont travailler ensemble dans plusieurs émissions.

« Je suis montée à Paris en même temps qu'eux, raconte Karine Sguazzy. Entre 2002 et 2004, on a fait deux émissions quotidiennes : "Controverses" et "On nous la fait pas". Avec Sylvain Puech, le producteur, on tâtonnait, on construisait le mur chaque jour, puis on le défaisait. Mais Alain et Olivier, au fond d'eux-mêmes, savaient où ils voulaient aller : donner la parole à Monsieur et Madame Tout-le-Monde, c'est-à-dire les gens comme moi. Cela me motivait encore plus. »

« Controverses », « On nous la fait pas » : des émissions aujourd'hui oubliées… Autant de marmites dans lesquelles vont mijoter les idées d'où jaillira une émission inédite peuplée de personnages dont la radio n'était pas le métier : Jacques, Bernard, Karim, Sophie, André, vont ouvrir la voie avec leurs voix. Chacun porte en lui une part de l'histoire de France et une histoire personnelle riche et passionnante. Nous allons maintenant vous les présenter.

AU PAYS DES « GRANDES GUEULES »

Que restera-t-il du 30 août 2004 ? La convention républicaine qui s'ouvre à New York et désignera George W. Bush comme candidat à sa réélection pour l'élection américaine de novembre ? L'inquiétude concernant le sort de deux journalistes français, Georges Malbrunot du *Figaro* et Christian Chesnot de RFI, enlevés quelques jours auparavant en Irak ? La fin des Jeux olympiques d'Athènes ou celle des vacances scolaires ? En ce jour de rentrée à Paris, « Les Grandes Gueules » ont rendez-vous avec leur histoire. Dans le studio de RMC, rue d'Oradour-sur-Glane, dans le XVe arrondissement, la tension monte. À 11 heures, on va lancer la première d'une nouvelle émission intitulée « Les Grandes Gueules ».

« C'était le coup d'envoi d'une nouvelle aventure, se souvient Alain Marschall, d'où le stress du jour et des semaines suivantes. Mais nous avions une grande confiance dans le concept et les intervenants. » « C'était pour nous un gros challenge, enchaîne Olivier Truchot : trois heures de direct à assurer chaque jour. On ne l'avait jamais fait. À cette époque, les radios parlées avaient des formats beaucoup plus courts. »

On se racle une dernière fois la gorge. 5, 4, 3, 2, 1. C'est parti. *A star is born*. On entend alors la « voix info » de RMC, elle appartient au comédien Claude Baylet : un grand professionnel dans le doublage des films étrangers et dans la pub. Il introduit « Les Grandes Gueules » : « Tout ce que vous avez envie d'entendre. Tout ce que vous n'entendez pas ailleurs. » Puis il glisse une phrase, totalement hors de propos, extraite d'un film : « L'histoire ne dit pas si l'inventeur de cette méthode est toujours en liberté. » Cette juxtaposition un peu surréaliste sera la marque de fabrique de tous les génériques de l'émission. Puis Alain Marschall prend le relais : « C'est la grande nouveauté sur RMC. "Les Grandes Gueules" arrive tous les jours entre 11 heures et 14 heures parce qu'aujourd'hui, plus que jamais, on a besoin du débat d'opinion, parce que aujourd'hui, plus que jamais, il faut se faire entendre... » Puis Olivier Truchot présente les trois Grandes Gueules : « Aujourd'hui, autour d'Alain et moi, nous accueillons Jacques Maillot, le président d'Eurotunnel ; le Marseillais Karim Zéribi, président de l'association Agir pour la citoyenneté (APC) ; et puis Bernard Debré, tout nouveau député de Paris, chirurgien et chef de service à l'hôpital Cochin. »

Ces trois-là seront longtemps fidèles au poste. Karim Zéribi est parti en 2018 vers de nouvelles aventures audiovisuelles. Bernard Debré, grand chirurgien qui avait sauvé tant de vies, a été vaincu par le cancer le 13 septembre 2020. Il nous reste heureusement Jacques Maillot. À quatre-vingt-trois ans, il est le doyen de l'équipe. Depuis le Covid, il ne vient presque plus au studio. Mais le « président Maillot » continue de veiller sur « Les Grandes Gueules ». Avec sa voix reconnaissable entre toutes, il ne laisse jamais les auditeurs indifférents.

Mais au fond, qui connaît sa vie ? Elle n'est pas banale. Son histoire, elle aussi, commence durant les derniers jours d'août, non loin de la porte de Versailles. Mais il s'agit d'un autre mois d'août, et ce ne sont pas des colonnes de vacanciers qui montent vers Paris.

LE « PRÉSIDENT MAILLOT »

GROGNARD DES « GRANDES GUEULES »

« Maman, maman ! Les Américains sont arrivés ! », crie un bambin, juché sur le balcon de l'appartement familial. À trois ans, Jacques Maillot, déjà, est une grande gueule. Il va grandir au sein d'une famille dont le bonheur sera cependant terni par le décès du plus jeune de ses deux frères, emporté à vingt ans des suites d'une encéphalite. Son père, ingénieur des Arts et Métiers (comme les deux grands-pères d'Olivier Truchot !), se mettra à son compte pour vendre de la robinetterie industrielle. Il transmettra à Jacques l'esprit d'entreprise. Sa mère, femme au foyer et militante de l'Action catholique, fera couler dans ses veines la passion de l'engagement social qui le mènera à œuvrer à la démocratisation du tourisme, en fondant Nouvelles Frontières.

« Je suis contre l'euthanasie parce que je suis un chrétien en recherche ; c'est clair, là-dessus je n'ai jamais caché mes convictions, et je suis assez déchiré face à la mort », explique Jacques Maillot dans la séquence des « Grandes Gueules » du 1er mars 2018 consacrée à une nouvelle loi sur la fin de vie. Très attaché à la laïcité, Jacques Maillot fait cependant souvent référence à sa foi comme fondement de sa réflexion. « Avant chaque décision importante, je vais prier à l'église Notre-Dame-des-Champs, proche de mon domicile. J'aime aussi méditer au cimetière du Montparnasse, au milieu des tombes de personnages célèbres ou d'inconnus. Je ne suis pas pour autant un croyant béat. Je doute par exemple de la résurrection. Ma foi s'enracine surtout dans la dimension sociale de l'engagement. » Bon élève mais turbulent, le petit Jacques en a fait voir de toutes les couleurs à ses parents au cours d'une scolarité chaotique. À neuf ans, au retour d'un camp de louveteaux en Bretagne, il est exclu par les chefs scouts : « Il ne respecte rien et n'accepte aucune autorité », affirment-ils, en colère. Trois ans plus tard, en cinquième au lycée Michelet de Vanves, il est exclu après avoir traité de « con » le professeur de français-latin. « J'avais raison, c'était un tyran ! », se justifie aujourd'hui l'octogénaire, toujours solidaire de l'insolent gamin qu'il fut dans les années 1950.

Repêché par le prestigieux lycée Montaigne du Quartier latin, Jacques y tiendra un peu plus d'un an. « Il est vif, trop vif. Ce ne sont pas ses résultats scolaires qui posent un problème mais son comportement », dira le censeur à ses parents à la fin de la troisième. *Bye bye*, Montaigne. Après un passage dans une école privée à côté de la place de Breteuil, à Paris, puis un premier bac au lycée Condorcet et un second à nouveau au lycée Michelet de Vanves, le jeune Maillot s'inscrit en droit à l'université Panthéon-Assas. Il se montrera très peu à la fac d'Assas (bastion des mouvements d'extrême droite), mais il finira par obtenir sa licence.

Engagé à gauche…

On est en pleine guerre d'Algérie. Et Jacques Maillot a choisi le camp de l'indépendance, que défend vigoureusement son journal préféré : *Témoignage chrétien* – logique pour un catholique social. Jacques vibre pour la cause des Algériens opprimés ; il est scandalisé par les révélations concernant la torture pratiquée par l'armée française. Son statut d'étudiant et le sursis qui en découle lui épargneront l'appel sous les drapeaux. Sinon, il se serait posé la question de suivre l'exemple du « Déserteur » chanté par Boris Vian. « Après toutes les horreurs vécues par nos parents et grands-parents, ma génération était plutôt antimilitariste », confie-t-il aujourd'hui. Le jeune Jacques Maillot reconnaît au général de Gaulle le mérite d'avoir mis fin à la guerre d'Algérie, mais il partage le rejet de la gauche à l'encontre du fondateur de la Ve République.

En décembre 1965, lors de la première élection présidentielle au suffrage universel, le jeune Maillot s'enthousiasme pour le candidat unique de la gauche, François Mitterrand, qui pourfend le « pouvoir personnel » du général de Gaulle avec les accents lyriques d'un Victor Hugo face à Napoléon III. « Avec des copains, se souvient Jacques Maillot, nous nous étions déplacés jusqu'à Toulouse pour assister à son dernier meeting de campagne, avant le second tour. Nous étions loin de nous douter évidemment que, tapi dans l'ombre de Mme Évelyne Baylet, la propriétaire de *La Dépêche du Midi* (puissant quotidien régional qui soutenait notre candidat), se trouvait René Bousquet, l'ancien chef de la police de Vichy ! Le verbe de Mitterrand nous avait subjugués. » En 1971, Jacques Maillot prend sa carte du PS, après le congrès d'Épinay où François Mitterrand dénonce à la tribune

« l'argent qui corrompt, l'argent qui achète, l'argent qui écrase, l'argent qui tue, l'argent qui ruine, et l'argent qui pourrit jusqu'à la conscience des hommes ». Jacques Maillot y croit, sans réserve. Il entre donc au PS par la porte de gauche, celle du Centre d'études, de recherches et d'éducation socialiste (CERES) de Jean-Pierre Chevènement, rencontré chez Marc Ozouf (militant socialiste passionné), en compagnie de ses lieutenants, Georges Sarre, Bernard Parmantier et Didier Motchane – théoricien marxiste aussi cultivé qu'abscons. « Je n'osais pas l'avouer mais je n'y comprenais rien. » Jacques Maillot défendit une seule fois les couleurs du PS, à l'occasion des élections législatives de 1973, dans le XIVe arrondissement de Paris. Devancé au premier tour par la candidate communiste Rolande Perlican, il dut ensuite la soutenir, au nom de la discipline républicaine. « Je me souviens encore du meeting unitaire d'entre-deux-tours. La direction du Parti communiste (PC) y avait envoyé une de ses principales figures, Madeleine Vincent. Elle lança un appel vibrant aux "travailleurs des champs", ce qui dans le XIVe arrondissement de Paris était totalement absurde ! sourit aujourd'hui Jacques Maillot qui ne regrette pas d'être passé à côté d'une carrière politique. Heureusement, j'ai été battu ! » Fait exceptionnel, il démissionne du PS, quelques jours après l'élection de François Mitterrand, le 10 mai 1981… alors que l'on se presse de toutes parts vers le nouveau pouvoir – le contraire de l'opportunisme. « En fait, j'étais profondément en désaccord avec son programme économique, reposant sur les nationalisations et un marxisme de pacotille, véritable tissu de bêtises archaïques. Mais j'avais quand même voté Mitterrand pour favoriser enfin l'alternance. » En réalité, depuis quelques années, Jacques Maillot s'était rapproché de la « deuxième gauche », incarnée par Michel Rocard et la CFDT, qui prônait le réalisme économique et l'autogestion. « Tu t'es rallié à la gauche américaine », lui avait reproché Jean-Pierre Chevènement quand il s'aperçut de son évolution. Avec le recul, Jacques Maillot comprend qu'il n'était pas vraiment à sa place dans un parti composé principalement de salariés du service public. « Pourquoi ne prends-tu pas une disponibilité ? », lui demanda Christian Pierret, alors premier secrétaire du PS à Paris, à la veille d'une réunion. « Cela m'était impossible. Je n'étais pas fonctionnaire, moi, mais entrepreneur. Ma priorité dans la vie, c'était le développement de Nouvelles Frontières. »

… et entrepreneur

Tout a commencé en 1965 quand Jacques, à vingt-quatre ans, responsable des Scouts et Guides de France, organise un premier voyage au Maroc. Disposant de budgets serrés, le jeune homme se heurte alors aux tarifs prohibitifs d'Air France et de Royal Air Maroc – deux compagnies en situation de monopole dans leurs pays respectifs. Qu'à cela ne tienne ! L'ingénieux voyagiste amateur va contourner l'obstacle aérien : ce sera plus long, mais moins cher. Ses cent soixante-cinq passagers emprunteront d'abord le train jusqu'à Bayonne, puis trois gros autocars, de cinquante-cinq places chacun, traverseront l'Espagne et embarqueront sur un ferry, avant de faire le tour du Maroc. L'année suivante, Jacques Maillot récidive, en emmenant cette fois trois cents jeunes au Proche-Orient : huit jours au Liban, puis en Syrie/Jordanie, et quinze jours en Israël (dont une semaine de travail en kibboutz). En 1967, il guide un groupe en

Turquie en juillet, puis un autre en Grèce, en août, où il rencontre sa future épouse, Catherine, normalienne et agrégée de mathématiques – ce qui étonnera et épatera les parents de Jacques, étant donné le passé scolaire de leur fils. Ne pouvant évidemment pas faire la traversée de la Méditerranée en autocar, Jacques Maillot s'initie alors à la négociation à l'orientale avec la Lebanese International Airways, qui assurera le trajet Paris-Beyrouth, et la compagnie israélienne El Al pour le retour Tel-Aviv-Paris.

« Je m'aperçois qu'on peut obtenir de bons tarifs, tout en contournant le monopole d'Air France. » Jacques Maillot vient d'inventer la poudre qui dynamitera le transport aérien : « En affrétant ensuite des charters de compagnies américaines à partir de Bruxelles, je vais devenir l'ennemi d'Air France et de l'aviation civile. »

Le 2 octobre 1967, il crée l'association Nouvelles Frontières, en référence au discours du président Kennedy, « *The New Frontier* ». Elle comptera, un an plus tard, quatre mille adhérents. Jacques Maillot a su comprendre les aspirations de sa génération à la recherche de voyages, organisés ou autogérés, sur tous les continents.

« En mai 1968, nous ne possédions qu'une seule boutique, à la façade rouge, donc très visible, près de la place Denfert-Rochereau. Les nombreuses manifs, passant par cet endroit, nous ont ainsi assuré une publicité inespérée ! » Commence alors la véritable *success story* de Nouvelles Frontières, marquée par l'ouverture des premières agences en province, en 1972, puis les premiers départs de Bruxelles vers les Antilles, dix ans plus tard. En 1986, il développera des formules en hôtels-clubs Paladien en Méditerranée, aux Antilles et à La Réunion. À côté de l'association, une société est créée et le cap du million de voyageurs est franchi en 1988. Dans les années 1990,

Nouvelles Frontières rachète et développe la compagnie Corsair, met en service son premier Boeing 747 avant de créer sa filiale Aérolyon spécialisée dans les vols charters vers les Caraïbes, l'océan Indien et l'Afrique noire. « En 1999, on créait un emploi par jour dans l'ensemble des succursales. En trente-cinq ans, on a généré au total dix mille emplois. Nouvelles Frontières a œuvré à la démocratisation du voyage. » Pour ces engagements, Jacques Maillot sera nommé chevalier de la Légion d'honneur en 1992, puis promu officier en 2002. Avec le sentiment du devoir accompli, il se retire progressivement de l'entreprise dont il vend ses dernières actions en 2002. « On ne peut pas rester indéfiniment à la tête d'une entreprise qu'on a créée ! »

La nouvelle vie de Jacques Maillot

« Après mon départ, j'ai connu un passage à vide de trois semaines. Quand on a l'habitude de se rendre chaque matin au bureau, c'est très dur d'arrêter. » À soixante et un ans, Jacques Maillot veut enfin prendre le temps de vivre auprès de son épouse Catherine. Ils ont quatre enfants et autant de petits-enfants, mais il n'est pas du genre à rester avec une bouillotte au coin du feu. Débordant d'énergie, il entame une deuxième vie, active et variée. Son expérience dans les transports est très sollicitée : il est nommé en février 2003 administrateur de la SNCF, en tant que représentant des voyageurs, puis en 2004 président d'Eurotunnel. À cette époque, Jacques Maillot est depuis longtemps une voix et une figure des médias. Son expérience et son franc-parler en font un « bon client », comme disent les journalistes, pour commenter une crise dans le tourisme ou un cyclone aux Antilles.

Et « Les Grandes Gueules », dans tout ça ? Patience, nous y arrivons.

Tout a commencé début 2004, Jacques Maillot reçoit un coup de fil d'Alain Weill, alors patron de NextRadioTV (propriétaire de RMC depuis 2000). En quête de talents pour « On nous la fait pas », l'émission d'Alain Marschall et Olivier Truchot avant « Les Grandes Gueules », il trouve à Jacques Maillot « une bonne voix pour la radio ». Les deux hommes se rencontrent et, à l'issue d'une longue discussion, le patron du groupe propose au président d'Eurotunnel de le tester. Le résultat étant concluant, Jacques Maillot participe chaque après-midi à cette émission de débat. Il y fait la connaissance des intervenants : un jeune militant de droite, très libéral, qui avait bravé Nicolas Sarkozy lors de la première élection à la présidence de l'Union pour un mouvement populaire (UMP) naissante, Rachid Kaci, et un jeune chevènementiste marseillais, Karim Zéribi. Mais cette expérience ne dure que quelques mois. « On y débat déjà avec le ton des "Grandes Gueules". Pour Alain Weill et Frank Lanoux, directeur de RMC, il s'agit d'un laboratoire en vue de cette nouvelle émission qu'ils vont lancer à l'été 2004. » Jacques Maillot se fait remarquer à l'occasion d'un mémorable moment de radio. Olivier Truchot, l'interrogeant sur les difficultés d'Eurotunnel, lui lance, provocateur : « En fait, la solution, ce serait de reboucher le tunnel ? » La colère de Jacques Maillot fait trembler les murs et les micros de RMC : il a gagné ses galons de Grande Gueule ; si bien que la séquence est même utilisée pour promouvoir la future émission. Pour préparer « Les Grandes Gueules », on ne laisse rien au hasard : « J'ai participé à de nombreuses réunions au printemps 2004 avec l'autre intervenant choisi, Karim Zéribi. Bernard

Debré, très accaparé par son travail de chirurgien urologue et sa fonction de député, était excusé. Il y avait non seulement Olivier Truchot et Alain Marschall, mais aussi Alain Weill et Frank Lanoux. Ils savaient très précisément ce qu'ils voulaient. »

Pilier des GG

Diffusées de 11 heures à 14 heures, « Les Grandes Gueules » des premières années ont une plus faible audience. « On bossait comme des fous ! Je me souviens d'un mois d'août où je venais tous les jours ; je ne faisais presque plus rien d'autre. Mais on trouvait déjà la même liberté de ton et l'envie de sortir des sentiers battus. » Olivier Truchot confirme : « On a beaucoup travaillé avec nos GG dans les mois qui ont suivi la première émission. La difficulté était de concilier la spontanéité d'une discussion entre amis avec les codes de la radio : ne pas se chevaucher, respecter le timing. On leur faisait des retours quasi quotidiens. Ils se réécoutaient, on organisait même des réunions avec toutes les GG ! On a très vite abandonné, car mettre dans une même pièce dix grandes gueules, c'est... épuisant ! » Après le lancement de l'émission, Jacques Maillot a démissionné de ses fonctions d'administrateur de la SNCF et de président d'Eurotunnel. Mais il s'est trouvé d'autres activités : ayant pris la direction du journal *Témoignage chrétien*, il se consacre à l'association humanitaire Feu vert pour le développement, qui soutient des projets de toutes sortes (La Chaîne de l'Espoir, La Mie de Pain, des écoles à Madagascar, les enfants de la rue à Haïti, un festival de musique au Sénégal, etc.). En même temps, il siège dans les conseils d'administration de Voyageurs du monde et de la Compagnie des Alpes, au conseil de surveillance du voyagiste easyVoyage et à celui de la société d'assurances Generali France. Il est aussi président de l'organisme de séjours linguistiques UNOSEL et administrateur de La Chaîne de l'Espoir !

Jacques Maillot fut enthousiasmé par l'élection d'Emmanuel Macron, en qui il voyait l'héritier de Michel Rocard. À l'époque, il revendiquait publiquement son soutien : « Macron est le pragmatique dont nous avons besoin pour régler les problèmes du pays. » Le « président Maillot » fut cependant parmi les premiers à s'inquiéter, dans les mois suivant l'élection de 2017, de certains manquements chez le jeune président : « Il doit se montrer plus attentif à ceux qui n'ont pas voté pour lui au premier tour. Ils représentent la grande majorité du pays. Il doit tenir compte de la France périphérique. »

Les années ont passé et Jacques n'a pas caché sa déception, le 29 août 2023, lors d'un de ses rares, mais remarqués, passages à l'antenne des « Grandes Gueules » : « Je suis très déçu par le président Macron. En 2017, j'ai voté dès le premier tour pour lui. En 2022, je n'ai voté qu'au second tour [...], il devrait relire ce qu'a écrit Nicolas Baverez dans *Le Point* et appliquer le programme de Baverez. Je trouve qu'il ne fait pas grand-chose. [...] Quand va-t-on réduire le nombre de fonctionnaires d'une manière sérieuse ? Et les dépenses publiques ? » Mais le coup de grâce pour Jacques Maillot, fut le traitement par Emmanuel Macron et son gouvernement de la crise en Nouvelle-Calédonie au printemps 2024 : « Cette politique tourne complètement le dos au rocardisme. »

« Les Grandes Gueules » ont changé la vie de Jacques Maillot. « J'ai été obligé de m'intéresser à des sujets nouveaux pour moi : le football et les transferts de Neymar ou

Patrice Évra, des pièces de théâtre, des films, des livres, le monde agricole et celui du handicap. Même si je refuse d'aller m'aventurer dans la jungle des réseaux sociaux, j'adore le contact avec les auditeurs et les téléspectateurs. Je regrette seulement qu'on ait abandonné les tournées en province. "Les Grandes Gueules" m'ont permis de débattre avec d'autres Grandes Gueules très différentes de moi. »

Jacques est resté fidèle au rôle qui lui fut assigné lors des réunions préparatoires du printemps 2004 : « Les gens de RMC avaient une vision très claire du débat qu'ils voulaient instaurer. Il fallait le ton d'une conversation entre copains autour d'une table. Mais ils voulaient absolument une pluralité d'opinions. Chacun incarnait clairement ce qu'il était dans la vie : moi, l'homme de gauche social libéral réconcilié avec l'entreprise ; Bernard Debré, le gaulliste attaché à l'État ; et Karim Zéribi, militant de la gauche chevènementiste, républicaine et laïque, attachée aussi au travail associatif. » Les trois premières Grandes Gueules étaient déjà, avant leur recrutement pour l'émission, des personnalités plus ou moins connues et habituées aux prises de parole publiques. Au fil du temps, la « table familiale » s'est élargie en accueillant des Grandes Gueules aux parcours très différents et dont l'émission a parfois changé la vie.

DIDIER GIRAUD

LE DERNIER DES MOHICANS

Ce 22 janvier 2024, « Les Grandes Gueules » se déroulent sur fond d'un mouvement sans précédent des agriculteurs. Alain Marschall se tourne vers Didier Giraud : « Depuis le début des "Grandes Gueules" en 2004, et on salue au passage Laurence Duval qui était notre première agricultrice, ça fait vingt ans que dans les "GG" on a autour de la table des représentants du monde agricole, qui portent la parole des agriculteurs. » Didier Giraud prend la balle au bond. Éleveur en Saône-et-Loire, il se veut depuis 2008 le porte-voix non seulement des agriculteurs mais d'un monde rural souvent ignoré ou caricaturé dans les médias : « Ça fait vingt ans qu'à cet endroit on a un morceau de parole qui n'existe pas ailleurs, Laurence l'a fait avant moi et il y a quinze ans que je le fais […] ; ça vous honore […]. Le mouvement qui est en marche, en vingt-cinq ans de syndicalisme, je n'ai jamais vu ça […]. Il y a tous les syndicats agricoles autour de la table, toutes les régions de France, toutes les productions. Je n'ai jamais vu une mobilisation d'une telle ampleur. Les chefs syndicaux sont en train de capitaliser là-dessus mais ils ont été dépassés par l'ampleur du mouvement. Jeudi dernier au centre de la Saône-et-Loire à l'appel JA-FDSEA[1], cent vingt tracteurs quoi, un truc de fou ! Moi je n'ai jamais vu ça ! Ce mouvement aujourd'hui prend une telle ampleur parce que tout le monde est excédé, qu'on est arrivés à la croisée des chemins entre ce qui est acceptable et l'inacceptable en termes de revenus et puis les enjeux de renouvellement des générations, je pense que c'est cela aussi qui motive les mecs de mon âge : aujourd'hui, on a cinquante ans, il y en a 50 % qui partent en retraite dans les dix ans qui viennent, et personne pour reprendre notre ferme. On avait l'habitude chez les paysans de vivre pauvrement, de vendre sa ferme quand on s'en allait, d'avoir certes une petite retraite mais le pécule faisait que tu allais au bout, quoi. Tu finissais tes jours tranquillement sans problème d'argent. Aujourd'hui, vu que plus personne ne reprend les fermes, ce n'est pas le cas, ce n'est pas le cas ! »

Le Vercingétorix des « Grandes Gueules »

Bougon et râleur, Didier Giraud est un vrai Gaulois, avec sa carrure de rugbyman (lui qui a joué comme capitaine jusqu'à quarante ans), et ses longues bacchantes à la Vercingétorix. Serait-il un lointain descendant du guerrier qui résista à Jules César ? Il vit en tout cas non loin d'Alésia, dans le département de Saône-et-Loire, où il poussa son premier cri en 1974 – l'année de la victoire du chef des Arvernes, Giscard, sur Mitterrand, le socialix.

1. Il s'agit des organisations syndicales : les Jeunes Agriculteurs et la Fédération départementale des syndicats d'exploitants agricoles.

Didier Giraud leur a toujours préféré le Corrézien mangeur de tête de veau, Chirac, seul homme politique, dit-il, qui aimait les paysans. Il n'en voit aucun aujourd'hui pour prendre la relève. « Au premier tour des deux dernières présidentielles, j'ai voté Lassalle, le seul représentant de la problématique rurale. Au second tour en 2017, j'avais voté Macron, cette fois je me suis abstenu. Comme beaucoup de patrons de TPE (très petites entreprises), j'espérais qu'il réduirait, un peu, le coût exorbitant de la main-d'œuvre, qui freine notre compétitivité. Comme beaucoup, j'ai été déçu ! »

Didier Giraud ressent dans sa chair le déclin du monde agricole. Il aurait pu y échapper, car il n'est pas né paysan ; il l'est devenu. Un choix rarissime pour le fils d'un conducteur de cars et d'une couturière, élevé en ville – à Paray-le-Monial (en Saône-et-Loire). Ses parents habitant une maison située dans une cour de ferme, Didier entend tout petit ses premiers meuglements. « Quand on jouait à la ferme, je voulais toujours m'occuper des animaux. Je n'avais qu'une envie : devenir éleveur. » Ses parents, eux, rêvent plutôt qu'il fasse des études. Dès la maternelle, ils l'inscrivent à l'institution Jeanne d'Arc à Paray-le-Monial. Non seulement parce que sa mère est une fervente catholique, mais aussi afin qu'il reçoive la meilleure des éducations. « Ils étaient prêts à se saigner aux quatre veines pour me payer des études. » Et le gamin en a le potentiel : bon élève, capable de se concentrer et de mémoriser, il brille à l'oral, avec un côté hâbleur, annonciateur de la future Grande Gueule qu'il deviendra. Médiocre en maths, il obtient de meilleurs résultats en français, lui qui consacre ses nuits à dévorer des romans et d'autres ouvrages liés à la Seconde Guerre mondiale. « À douze ans, j'ai lu *Le Franciscain de Bourges* de Marc Toledano qui raconte l'histoire de deux résistants français sauvés par un soldat allemand antinazi. Vers quinze ou seize ans, j'ai lu *Mein Kampf* – prêté très discrètement par le prof d'histoire – dans une version française, qui m'a horrifié. Depuis, je vis avec la conscience que le pire peut arriver. » Le jeune garçon a besoin d'exercice physique et de l'air des étables au petit matin. Le prêtre qui dirige l'institution Jeanne d'Arc veut absolument le retenir, mais les parents de Didier, à la fin de la troisième, soutiennent son choix de passer dans l'enseignement professionnel : direction une « maison familiale » à Anzy-le-Duc en Saône-et-Loire. Cette structure associative permet d'alterner quinze jours à l'école et autant dans une ferme. « C'était très dur ! On bossait de 8 heures à 19 heures, du lundi au vendredi ! Mais on était encadrés par des profs formidables. C'est là que j'ai appris le métier. » Didier est resté quatre ans dans cette maison familiale. Il en sort en 1993 avec un BTS. Peu après, le jeune homme part à l'armée : classe 95, une des dernières avant la suppression du service militaire. Il va y apprendre à dépasser ses limites : « À deux reprises, j'ai participé à des marches de cent vingt kilomètres en trois jours. Je suis aussi resté près de deux semaines avec des vêtements mouillés. On a dormi dehors par 18 °C. Ce dépassement de soi m'a armé pour la vie. » L'armée, école de la vie ? « J'y suis devenu copain avec des gens que je n'aurais jamais rencontrés autrement : de mauvais garçons de la banlieue de Clermont et aussi des musulmans. Pendant une marche, j'ai porté le sac d'un gars qui, faisant le ramadan, n'avait évidemment plus de forces. On était comme des frères. » Didier Giraud pense avec émotion à ses « potes du régiment ». Il les a tous perdus de vue. C'était une époque sans téléphone portable ni Facebook.

« On passe sa vie à perdre des amis. » Il le regrette, mais parle de celui qu'il ne peut oublier : un sergent d'active qui avait dû se ranger, après un accident de parachute. « Auparavant, il avait servi à Sarajevo, pendant les guerres dans l'ex-Yougoslavie. Il y faisait du déminage, ce qui est extrêmement dangereux. J'étais fasciné par son courage. »

Porte-voix des paysans

Au sortir de l'armée, Didier Giraud peut vraiment commencer sa carrière d'agriculteur. Un métier déjà très difficile quand on hérite d'une ferme familiale ; mais une mission quasi impossible quand on n'est pas un enfant d'exploitant. Il rejoint à Saint-Vallier, en 1997, un groupement agricole d'exploitation en commun (GAEC) fondé par deux agriculteurs. En 2002, les trois associés se sont lancés dans la vente directe de viande de bœuf, d'agneau et de porc, avec le renfort d'un boucher qu'ils ont embauché. « On en a beaucoup bavé. Les débuts furent chaotiques. Le Crédit agricole a refusé de soutenir notre projet. » Un événement marque alors profondément Didier Giraud : le suicide de son plus proche voisin. « Le premier d'une longue liste. Rien qu'entre le 1er mai et le 1er juillet 2017, il y en a eu trois dans un rayon de cinq kilomètres. Notre profession est celle qui déplore le plus de suicides. Ils ne sont pas toujours déclarés par crainte de voir les assurances refuser d'indemniser les familles. Mais on en compte entre un à deux par jour soit plus de cinq cents par an. » En 2018, les trois associés géraient deux cent cinquante hectares et cent dix vaches, toujours en GAEC. Ces dernières années, les associés de Didier se sont retirés. Leurs parts ayant été vendues, Didier s'est retrouvé seul, sur une exploitation devenue plus petite. Soixante-quinze vaches et presque plus de céréales à la vente. Un changement notable depuis quelques années: «Je n'ai jamais vendu mon produit aussi cher. C'est positif, car même s'il n'augmente pas, c'est le signe d'une revalorisation de notre travail. Pour le reste, peu de changement, nous sommes toujours étranglés par les contraintes administratives qui nous pourrissent la vie. Ainsi, rien que pour nettoyer un fossé, il faut au préalable faire une demande auprès de l'OBF[1]. Et je ne parle pas des loups, ils sont présents sur tout le territoire; on ne peut rien faire contre le lobby de défense des animaux.» Dès ses débuts dans la profession, le jeune Didier Giraud s'engage pour défendre les agriculteurs. Militant au syndicat des Jeunes Agriculteurs, il suit des sessions de formation pendant l'hiver: le droit, l'économie, les institutions. Il visite l'Office des Nations unies à Genève, et celui du Parlement européen à Strasbourg. Il se rend en Bretagne et part douze jours pour la Corse afin d'étudier l'agriculture locale. Didier est dynamique, dévoué, bon orateur. Il prend en charge l'installation des jeunes agriculteurs, puis fait ses classes militantes pendant la crise de la vache folle, à la fin des années 1990: une action syndicale presque chaque jour pendant huit mois, la guérilla avec les CRS, des harangues enflammées. Il monte rapidement dans la hiérarchie syndicale d'abord au niveau départemental, en Saône-et-Loire, puis en Bourgogne-Franche-Comté, où il préside la structure régionale, de 2004 à 2008. «Nous n'étions que huit présidents de région en France; j'avais beaucoup de pouvoir, j'étais devenu une personnalité du syndicat.» Il lui reste à

1. Office français de la biodiversité, organisme de contrôle et de sanction, du respect de l'eau, de la faune et de la flore.

gravir la marche qui mène à l'échelon supérieur. Sollicité pour entrer au bureau national, Didier Giraud refuse : marié et père de deux enfants, il ne veut pas passer trois jours par semaine à Paris. Se mettant en retrait de l'action syndicale, il va défendre autrement les agriculteurs. Étant souvent intervenu comme syndicaliste dans les médias, les GG ont repéré en lui « un bon client ».

En septembre 2008, il est convié à Paris pour faire un essai dans l'émission : « Je m'en souviens comme si c'était hier. J'étais entouré de Karim Zéribi et Sophie de Menthon. On avait au téléphone Jean-Paul Alduy, le maire de Perpignan, dont l'élection venait d'être invalidée pour suspicion de fraude électorale. Je me le suis "payé" en lui rappelant le caractère sacré du droit de vote, pour lequel des gens étaient morts. Ce clash, comme on les aime aux "GG", m'a ouvert les portes de l'émission. » Sa participation, d'abord mensuelle, est devenue hebdomadaire à compter de 2011. Il fait partie de ceux pour lesquels la rémunération versée par RMC, cinq cents euros bruts par prestation, représente un revenu important.

Damnés de la terre

Les plus à plaindre, selon lui, ne sont pas les fonctionnaires ni même les chômeurs indemnisés. Car 50 % des agriculteurs vivent, ou plutôt survivent, avec quelques centaines d'euros nets par mois, une fois payées toutes leurs charges. Exaspéré par les propos de Gérard Filoche, militant de l'aile gauche du PS, Didier Giraud pique une colère à l'antenne, le 3 septembre 2014 : « Moi, j'ai même pas gagné mille euros par mois, l'année dernière. J'en ai marre du discours sur les pauvres ! » En 2017, il a approuvé bruyamment la baisse de cinq euros des APL.

« Les jeunes qui se plaignent, sourit-il, ne se lèvent jamais à 5 heures du matin. ». Puis, après un silence, il ajoute, malicieux : « Moi non plus, puisque je suis debout… avant 4 heures ! » Le jour le plus long de la semaine est celui de l'émission. Réveil à 4 heures, donc. Avec les vaches jusqu'à 5 h 30, puis douche rapide, avant de filer à la gare du Creusot pour prendre le TGV de 6 h 50. Repas sur le pouce après l'émission dans un restaurant près des studios. Puis direction la gare de Lyon pour le train de 16 heures. Rentré à l'exploitation en début de soirée, Didier Giraud se remet au boulot. « Les "GG" ont changé ma vie. Elles m'ont permis des rencontres que je n'aurais jamais imaginées. Axel Kahn m'a beaucoup impressionné. Deux heures avec un généticien de ce niveau, je me sentais tout petit. » Quelle chance aussi d'avoir Bruno Lemaire en face, en mars dernier, et de lui dire dans les yeux ce qu'il pense du boulet que représente l'administration : « Monsieur le ministre, est-ce qu'il ne serait pas temps de dégraisser le mammouth ? Quand je dis dégraisser le mammouth, c'est dégraisser le mammouth… le train de vie de l'État enfin… c'est du vécu. C'était la semaine dernière… un bon serviteur de l'État au fin fond du dernier bureau du dernier couloir à la DDPT, dans un placard à balais tellement son bureau est petit. Eh bien, vous savez ce qu'il fait pour se donner un peu de consistance et pour montrer qu'il a encore du pouvoir au fond de son bureau, eh bien, vous savez ce qu'il fait ? Il fait chier ceux qui bossent, il rajoute des réglementations personnelles par rapport à des réglementations européennes et nationales. On a sorti les tracteurs il y a deux semaines, on peut recommencer ! »

Un autre homme

Les « GG » ont obligé Didier à s'intéresser à l'actualité. Il écoute la radio sur son tracteur, même si c'est très difficile évidemment pendant les moissons. « J'ai appris beaucoup sur des sujets dont j'ignorais tout. Ainsi, par rapport aux questions religieuses, notamment l'islam, j'ai beaucoup peiné au début puis je me suis laissé porter par la réflexion des autres. À une époque, on traitait beaucoup des faits divers, ces dernières années, on est revenu aux questions de fond. Pour être une bonne GG, il faut à la fois avoir une spécialité, comme moi avec l'agriculture, et s'intéresser à tout. Concernant la dépénalisation du cannabis, j'y étais hostile la première fois qu'on en a parlé, puis j'ai évolué, à la suite des débats. Les auditeurs n'accepteraient pas qu'une Grande Gueule change d'avis par opportunisme. C'est une émission d'une grande exigence où personne ne défend l'inverse de sa pensée. Je n'ai pas le temps avec mon travail d'aller bavarder sur Facebook ou Twitter. Mais j'ai beaucoup aimé les rencontres avec le public, durant les premières années dans les FNAC ou au Salon de l'agriculture – où j'ai vraiment connu mon heure de gloire. C'est important de savoir ce que pensent les auditeurs. La première fois qu'on m'a arrêté dans la rue pour faire un selfie, je me suis dit que mes propos n'étaient sans doute pas trop débiles. » « Les paysans sont les damnés de la terre d'aujourd'hui. Un de mes copains, producteur de fraises à Rivesaltes, racontait qu'elles lui coûtaient huit à dix fois plus en main-d'œuvre par kilo que celles de ses concurrents espagnols qui souvent travaillent avec des Marocains payés “au black”. »

Didier Giraud est scandalisé par les campagnes de L214, cette organisation de défense des animaux qui, au printemps 2016, a filmé clandestinement des actes de maltraitance dans certains abattoirs. « Leur combat consisterait à ce que tout le monde devienne végétarien », lance-t-il dans « Les Grandes Gueules » du 29 mars 2016. Il s'inquiète des conséquences économiques de l'extension du mouvement végétarien : « Des gens ont décidé de renoncer définitivement à la viande après la vidéo de L214. La consommation a baissé d'environ 3 % en cinq ans. » L'un des penseurs de ce courant d'opinion, l'historien et philosophe Thomas Lepeltier, est venu présenter dans « Les Grandes Gueules » du 3 décembre 2013 son livre *La Révolution végétarienne*, dans lequel il compare le comportement des humains envers les animaux à celui des nazis.

L'anti-vegan

Ce jour-là, Didier Giraud a piqué une colère mémorable : « Soyez végétalien dans votre coin, cela ne me dérange pas. En revanche, il y a un truc dans votre livre… Quatre pages qui comparent l'élevage et la Shoah. Vous avez de la chance que là où habite mon grand-père, dans le fond de la France, RMC ne passe pas bien, parce que mon grand-père était résistant. Les nazis, il les a connus. Pour de vrai, monsieur ! Il les a connus ! Alors, que son petit-fils se fasse traiter de nazi pour la simple raison qu'il est éleveur, monsieur, je trouve cela intolérable. Intolérable ! […] Vous traitez tous les éleveurs de nazis. C'est grave, très grave ! » Quand une auditrice lui reproche son manque de compassion envers les animaux qu'il mène à l'abattoir, Didier Giraud est sidéré par tant d'incompréhension : « Nous, paysans, n'avons presque pas accès aux médias et nous ne maîtrisons toujours pas les réseaux sociaux. On souffre beaucoup d'images caricaturales qui nous font passer pour des extrémistes, des arriérés ou des salauds. » Aux « Grandes Gueules », il a trouvé un lieu d'expression totalement libre ; le seul dans le paysage audiovisuel français à donner la parole, sans limite, pendant trois heures, à une personne travaillant dans l'agriculture. « Un menu 100 % végétarien dans les cantines à Grenoble, une bonne idée ? » La question, posée aux « Grandes Gueules » ce 7 septembre 2022, fait sortir de ses gonds Didier Giraud. « Moi, je fais un métier qui est décrié, pas rémunérateur et, en plus, nous donnons à manger à la nation ! » Ce jour-là, il se lance dans une démonstration très argumentée contre le véganisme : « Il faut quand même rappeler quelques règles d'équilibre de la planète… Moi, j'veux bien que la viande ça va tous nous tuer et ça va faire fondre la planète mais il n'empêche que […], aujourd'hui, à l'échelle du monde quand tu remplaces un kilo de protéine animale par un kilo de protéine végétale, pour produire un kilo de protéine végétale, il te faut plus de pesticides, plus de produits phytos, plus de semences protégées. Derrière cela, il y a les lobbies du végétal. Il faut que la planète ouvre les yeux par rapport au véganisme, le véganisme, c'est tout sauf de l'écologie ! Ma viande, produite avec de l'herbe, a un bilan carbone meilleur que le steak de tofu produit au Brésil en arrachant la forêt amazonienne et en mettant du soja avec des produits transgéniques et des pesticides, quoi ! »

Durant la crise agricole du début 2024, Didier s'est senti utile. « J'étais très sollicité pendant les manifs jusqu'à deux émissions par jour, pour expliquer la situation des agriculteurs. Et j'avais l'impression qu'on m'écoutait. » Didier Giraud a été plutôt satisfait par le projet de loi d'orientation. « Il contient des points positifs : par exemple, l'introduction des productions locales dans les appels d'offres des cantines des écoles, des Ehpad, et autres collectivités, ce qui permet d'échapper au moins-disant européen. Cette loi fait souffler aussi un vent de simplifications administratives. » Mais il craint maintenant la remise en cause du projet par le nouveau gouvernement. Envers et contre tout, Didier défendra bec et ongles un monde rural qui se sent menacé de disparition. Pendant longtemps, il partagea ce combat avec Johnny Blanc, fromager dans les Deux-Sèvres… Mais Johnny a abandonné, ne pouvant plus laisser son entreprise un jour par semaine. « Mon mode de vie d'entrepreneur en milieu rural, explique Didier, est de plus en plus minoritaire, je suis le vestige d'un temps révolu. » Didier, on l'a écrit, n'est pas fils de paysan. Et ses enfants ne lui succéderont pas. Son fils est éducateur et arbitre salarié d'un club de rugby, sa fille est secrétaire de direction dans une entreprise travaillant pour un sous-traitant de l'armée. La « grande muette » n'est pas a priori la tasse de thé d'un autre vétéran des GG, qui préfère le vin rouge. Ce solide gaillard, comme Didier Giraud, n'est pas non plus un perdreau de l'année. Et son parcours, comme ses idées et son mode de vie auraient rendu impossible leur rencontre, voire leur amitié, si le plateau des « Grandes Gueules » n'avait pas existé.

ÉTIENNE LIEBIG

L'ANARCHISTE AU GRAND CŒUR

Qui connaît Stéphane Maggi ? C'est une question-piège que les Grandes Gueules pourraient poser à leurs auditeurs. Et très peu d'entre eux, sans doute, donneraient la bonne réponse. Il s'agit en fait d'une figure de l'émission, connue sous le pseudonyme d'Étienne Liebig. Vous le saviez déjà éducateur, musicien, écrivain ; mais vous ignoriez certainement qu'il travailla longtemps dans l'anonymat, comme « nègre » – on dit aujourd'hui « prête-plume » – au profit d'auteurs en tout genre : des sportifs, un pilote d'avion, l'épouse d'un taulard… La question du pseudonyme se pose lorsqu'en 2005, volant de sa propre plume, il lui faut signer son premier livre – un ouvrage érotique intitulé *Comment draguer la catholique sur les chemins de Compostelle*. Difficile à revendiquer pour un éducateur ! Substituant alors une marque de potage à une autre, Maggi cède la place à Liebig. Pourrait-on aujourd'hui publier un tel ouvrage ? « On pourrait, bien sûr, répond Étienne, mais à notre époque, ce sont les femmes qui écrivent et qui lisent la littérature érotique. Elle est moins trash, plus "cinquante nuances" avec de la transgression très soft! L'humour potache à l'ancienne, ça ne fait plus rire que les vieux!» Ce premier livre connaissant le destin d'un best-seller, «Étienne Liebig» récidive. Après *Comment draguer la militante* et *Je n'ai jamais rencontré Mitterrand, ni sa femme, ni sa fille*, l'auteur publie début 2009 un ouvrage inspiré de son expérience d'éducateur: *Les ados sont insupportables, mais ce sont nos enfants!*

Grâce à Michael Jackson

«Il se trouve, raconte Olivier Truchot, qu'Alain et moi avons lu un article très enthousiaste dans *Le Journal du dimanche* à propos de ce livre, qui déculpabilisait les parents avec une grande liberté de ton. On a invité Étienne dans l'émission et on a tout de suite été très séduits par ce personnage à plusieurs casquettes et facettes, très curieux et charismatique, repérant en lui une Grande Gueule.» Après deux tests, le décès soudain de Michael Jackson précipite la participation permanente d'Étienne Liebig à la table des «Grandes Gueules». «Il est mort le 25 juin 2009, se souvient ce dernier. Les animateurs manquant d'un spécialiste, ils m'ont appelé en urgence. C'était bien la première fois qu'on me payait pour parler de musique!» Quinze années se sont écoulées depuis, mais il est toujours fidèle au poste – en moyenne une fois par semaine. Et fidèle aussi à lui-même: «J'ai franchi le cap de la soixantaine, mais je reste un anarchiste.» Il n'y en a pas un sur cent, et pourtant il existe…: anarchiste, tendance bon vivant. «"Qu'est-ce que tu fous sur cette radio facho?" m'interrogent parfois certains copains gauchos. Je pense qu'ils ne connaissent pas vraiment RMC et ne savent pas non plus ce qu'est le fascisme!» Étienne Liebig rigole, car il apprécie la difficulté : « Quand je parle sur France Inter ou France Culture (cela m'arrive parfois), je croule ensuite sous les compliments des auditeurs. Mais après un passage aux "Grandes Gueules", je me fais souvent laminer. J'écris dans *Siné hebdo* (puis mensuel), *Lien social* et quelques journaux de BD. À quatorze, quinze ans, je vendais *Hara-Kiri* à la criée et, après ma rencontre avec le professeur Choron, j'ai écrit de petits articles érotico-porno-rigolos dans *Charlie Hebdo* ou *Hara-Kiri*, qui faisaient marrer Cavanna, Cabu, Fournier, Reiser et Siné. C'est un peu ma famille. Mais je rêverais d'être publié par *Le Figaro* : je veux un public hostile, des contradicteurs en colère, des désaccords sur le fond ! »

Il se plaît vraiment dans « Les Grandes Gueules » : « Quelqu'un comme Pascal Perri m'a beaucoup appris sur l'économie ; mais rarement convaincu. Avec lui, nous étions en désaccord et nous savions pourquoi. » Au début de la grève à la SNCF, dans l'émission du 3 avril 2018, quand Pascal Perri explique le bien-fondé de la réforme, Étienne Liebig lâche, ferme et définitif : « Moi, bien sûr, je soutiens les grévistes ; ils ont raison de se battre pour leurs droits ! » Alors que les autres participants évoquent l'exaspération des usagers face aux blocages des trains, lui affirme, seul contre tous : « Cette grève n'est pas si honnie que vous le dites, elle est relativement appréciée par le peuple français. » Étienne Liebig appartient à une espèce en voie de disparition : celle des Français ayant une « conscience de classe ». Dans un monde où prospèrent les oppresseurs, il sera toujours du côté des opprimés. Et, au sein des médias (souvent acquis au réalisme), il affiche sa sympathie pour la « gauche de gauche ». Ainsi, lors des « Grandes Gueules » du 3 avril 2017, il vole au secours de Philippe Poutou. Le candidat du NPA à l'élection présidentielle a été ridiculisé deux jours plus tôt par la « bande à Ruquier » – tout comme un autre « petit candidat », le Béarnais Jean Lassalle. « Ce qui me choque, déclare alors Étienne, c'est de tourner en dérision des gens qui ont des programmes, qui ont des choses à dire. Si on les invite, il faut les écouter. » Puis il raconte son expérience face à l'une des figures d'« ONPC », Yann Moix, invité à cette époque dans « Les Grandes Gueules » : « C'est quelqu'un d'extraordinairement intelligent, puissant, violent. Devant lui, je me sens laminé, mais est-ce une raison pour me ridiculiser ? Il connaît mieux la Bible que moi qui suis pourtant un passionné des Écritures depuis mon enfance. Je me suis senti un peu humilié de ne pas pouvoir étaler ma science. » Comme la plupart des Grandes Gueules, Étienne porte dans chaque débat sa vie en bandoulière : « Ce sont nos expériences personnelles qui génèrent nos idées », explique-t-il, en paraphrasant Marx pour qui l'« être social » détermine la conscience. Et son expérience à lui est indissociable de celle du monde ouvrier.

Une famille en or

Étienne Liebig est né à Montreuil, dans une famille ouvrière d'origine italienne, à l'époque où Dalida chantait « Bambino ». Son père est arrivé en France à six ans avec ses parents, en 1930, à l'instar de beaucoup d'Italiens fuyant le régime de Mussolini. Artisan ébéniste et vernisseur, le grand-père a monté un petit atelier au fond d'une impasse du quartier du meuble – faubourg Saint-Antoine, dans le XIIe arrondissement de Paris. « J'ai vu mon grand-père et mon père y travailler chacun au-delà de soixante-dix ans. Je me souviens de leur constant épuisement physique. Quand il rentrait du boulot, mon père s'effondrait parfois de sommeil. Je mesure la chance de ne pas avoir eu un travail manuel harassant.» Étienne reste opposé au report à soixante-quatre ans de l'âge de la retraite. «Les gens qui me racontent qu'on est tous égaux face à la retraite m'énervent. Non! Moi, éducateur, je peux continuer de bosser à mon âge, mais pas un carreleur... donc protégeons nos travailleurs manuels avant tout.» Étienne grandit avec ses parents et sa grande sœur (de huit ans son aînée) dans de petits appartements sans confort, à Montreuil, puis à Noisy-le-Sec. Mais l'absence d'argent ne fait pas forcément le malheur: «J'ai vécu une enfance idyllique, vraiment merveilleuse, confie-t-il, des étoiles dans les yeux... J'ai reçu beaucoup d'amour de ma famille, dans un milieu ouvert où l'on parlait toutes les langues et, bien sûr, l'italien. La première fois que j'ai entendu ma grand-mère maternelle s'exprimer en français, j'étais déjà âgé d'une dizaine d'années; cela m'a paru bizarre.» Le grand-père maternel est lui aussi d'origine italienne; mais, natif de Nice, il a combattu dans l'armée française pendant la Première Guerre mondiale. Revenu blessé du Chemin des Dames et traumatisé à jamais, il adhère dès sa fondation, en 1920, au Parti communiste, croyant que son nouvel idéal empêcherait une autre boucherie entre les peuples. Ouvrier doreur sur glace, il militera toujours à la base pour une société fraternelle et sans classes: «À la fin de sa vie, il avait perdu toutes ses illusions sur l'URSS. Mais, en bon communiste, il m'inculqua la méfiance envers les socialistes; "des vendus", comme je l'ai entendu dire dès mon plus jeune âge.»

Le père d'Étienne, lui, se réclame d'une gauche plus modérée. «Mais comme il adorait de Gaulle, je crois qu'il a attendu le départ du Général, en 1969, pour commencer à voter socialiste. » Petite main chez un couturier qui s'appelle… Toumain, Odette, la mère d'Étienne, est moins portée que les hommes sur la politique. Préférant le bénitier au drapeau rouge, elle tente avec un succès très relatif de transmettre à son fils sa foi catholique. « Pour moi, Dieu remplaça le père Noël dans le rôle du protecteur. Mais je n'y ai cru vraiment qu'un seul jour, à neuf ans, la veille de ma première communion. Cela m'a un peu ennuyé de penser qu'il n'y avait rien après la mort et qu'on pouvait faire des bêtises sans risque de punition divine. Mais je m'y suis habitué. »

Inscrit au catéchisme pendant plusieurs années, le petit Étienne découvre, comme d'autres, une face obscure de l'Église catholique : « Enfant de chœur à onze ans, le prêtre me demandait d'arriver un bon moment avant la messe. J'en étais flatté ! M'ayant expliqué que, parallèlement à la confession qui purifiait l'âme, il fallait aussi nettoyer le corps, il me faisait monter chaque dimanche dans sa chambre au-dessus de la chapelle. Là, avec un gant de toilette, il me lavait les fesses dans une cuvette. Ce rite, dénué de violence, me paraissait étrange. Mais, sachant que nous bravions ensemble un interdit, je n'en parlais à personne, surtout pas à mes parents. J'étais partagé entre deux sentiments : la culpabilité et la domination que j'exerçais sur cet homme de soixante ans – lequel n'a rien pu faire à partir du jour où j'ai refusé de monter dans sa chambre. » Le milieu catholique, qui lui inspirera d'ailleurs son premier roman érotique, est cependant fertile en expériences sexuelles pour le jeune Étienne : « À quatorze ans, je me suis lié à une paroissienne quadragénaire, par ailleurs mère de l'un de mes copains. Conseillère conjugale de la paroisse, elle s'occupait des préparations au mariage. Pour mon grand bonheur, elle ne rejetait pas les aventures extraconjugales ! Pendant un an, je passais donc régulièrement la nuit dans le lit de cette respectable bourgeoise bretonne, que ma mère appréciait beaucoup. Une année d'éducation sexuelle en accéléré, à l'insu de ses trois enfants, sagement endormis dans une chambre voisine. »

De son côté, la mère d'Étienne ne chante pas uniquement des cantiques. Tout en faisant sa couture à la maison, Odette donne de véritables récitals des répertoires de Jean Sablon et Charles Trenet – les deux vedettes de sa jeunesse. Dotée d'une très belle voix, elle a gagné jadis le concours de chants des Catherinettes, organisé chaque année par les maisons de couture parisiennes. Récompensée par une tournée estivale en province, elle chante bientôt en lever de rideau du célèbre Paul Meurisse.

La famille d'Étienne lui a transmis le goût de la musique. Son père, lorsqu'il n'est pas épuisé par le travail, chante des mélodies napolitaines, en s'accompagnant à la mandoline. Et Fabienne, la grande sœur, l'initie à la guitare quand elle reçoit à la maison d'autres adolescents pour écouter les chanteurs yéyé de l'époque : Richard Anthony, Johnny Hallyday ou Eddy Mitchell. « J'ai appris à jouer avec la première guitare de ma sœur pour accompagner ses copains. » Suivant quelques cours au conservatoire, il apprendra aussi la clarinette avant de se mettre au piano et à l'accordéon. La musique vient d'entrer dans sa vie ; elle n'en sortira plus.

Ex-fan des 70's

Très brillante, la grande sœur d'Étienne deviendra prof de français, après avoir obtenu une double licence de lettres et d'anglais. Elle fait lire très précocement à son petit frère des livres de son programme de bac, rarement recommandés pour les enfants, tels *L'Écume des jours* de Boris Vian (à huit ans), les nouvelles de Maupassant (vers neuf ans) et *Les Chemins de la liberté* de Jean-Paul Sartre (l'année suivante). « Ce n'était pas très rigolo, mais j'aimais bien les histoires qui se croisaient comme dans un film. » Bientôt, le gamin dévore sans modération les œuvres de François Villon, Gérard de Nerval, George Sand ou Leonardo Sciascia.

« C'est un truc fou ! Je ne pigeais sans doute pas tout, mais cela m'intéressait bien plus que les textes pour mon âge qui m'ennuyaient tant à l'école. » Drôle de famille.

Sa mère, quant à elle, telle une Bernadette Soubirous de Seine-Saint-Denis, voit apparaître la littérature dans sa vie au lendemain d'une opération d'un cancer du sein (la deuxième en France), en 1965. « Avant l'anesthésie, elle ne lisait que *Nous Deux*, raconte son fils. À son réveil, elle dévora *Si c'est un homme*, l'œuvre majeure de Primo Levi. » Une sorte de miracle de l'hôpital Curie, qui la rendra avide de connaissances jusqu'à la lecture d'essais philosophiques. Selon ses dernières volontés, elle emporte dans la tombe, posé sur sa poitrine, un exemplaire de ce livre qui avait changé sa vie. Entre la vie intellectuelle d'Étienne, à la maison, et ses résultats scolaires, un fossé est vite apparu : « J'étais un cancre, peu intéressé par les cours, je déconnais tout le temps. » À quatorze ans, avant la fin de la troisième, il est de fait exclu du collège de Noisy-le-Sec. Son père le prend alors dans l'atelier familial comme vernisseur au tampon, chargé de poncer le bois. Trois générations sont ainsi rassemblées avec le grand-père qui, malgré son âge avancé, travaille encore comme doreur à la feuille !

Durant son temps libre, l'adolescent saisit toutes les opportunités pour « gratter » la guitare électrique avec des copains : dans les bars, les fêtes de lycée et les bals du samedi soir, où il remplace des musiciens d'orchestre portugais. « Pour la variété, j'étais à l'aise, mais quand ils jouaient des morceaux portugais, j'étais largué ! » Afin d'arrondir ses fins de mois, il travaille comme livreur de médicaments.

Un soir, après avoir garé son scooter devant le Palais des Sports, il assiste à un concert de Miles Davis. « C'était dingue ! Plus fou que Hendrix, plus technique que King Crimson ! Ça m'a tué sur place. » Ce concert lui donne envie d'écouter ses disques et il découvre d'autres jazzmen – Chick Corea, John McLaughlin. Révélation ! Étienne vend sa clarinette et sa guitare pour s'acheter un saxophone, et prend des cours – ce qui lui permettra, jusqu'à aujourd'hui, de participer à des orchestres de jazz dans des festivals réputés (ainsi Nancy Jazz Pulsations ou Châteauvallon).

Au début des années 1970, cédant à la mode baba cool, Étienne passe plusieurs mois en Afghanistan, sur le chemin de Katmandou (au Népal), malgré son peu d'intérêt pour le cannabis. Il se souvient de ce pays oublié, d'avant l'invasion soviétique et les talibans : « Excepté l'interdiction du porc et de l'alcool, c'était un peu comme l'Italie du Sud ; il ne fallait pas s'amuser à regarder les gonzesses. Mais les étrangers étaient super bien accueillis. Je passais des heures à écouter de la musique ou à jouer moi-même dans la rue avec des touristes ou des Afghans. » À l'aller, pour se nourrir, Étienne fait des petits boulots en chemin – notamment en Roumanie, où il charge des bottes de paille sur des charrettes à bras à l'aide d'une fourche. Au retour, il est pris en auto-stop par un groupe de musiciens folk ; dans leur communauté en Ardèche, il partagera la quête d'une vie nouvelle à travers le « retour à la terre » : « Notre seule activité était la production de fromage de chèvre. Mais, à part deux filles, des institutrices qui se levaient tôt le matin, nous, les gars, restions au pieu toute la matinée. Parmi nous, il y avait un prof de philo qui me fit lire des livres de penseurs, tels que Beauvoir, Derrida, Jankélévitch et Sartre – auxquels, je l'avoue, je n'ai rien pigé. » Sur ses conseils, Étienne s'inscrit cependant au bac en candidat libre : il obtient 19 en philo et seulement 2 en maths… Négligeant la session de rattrapage, il ne deviendra jamais bachelier, mais il ne va pas tarder à trouver sa voie.

Utile aux autres

Durant l'été 1974, le premier de l'ère giscardienne, Étienne Liebig est engagé comme moniteur dans une colonie pour enfants trisomiques. « Ainsi est née ma vocation, car je voulais être utile et je ne me voyais pas aller chaque jour au bureau en costume cravate. » Il va devenir éducateur après trois années d'études à l'École de formation psycho pédagogique (EFPP).

Ainsi, depuis cinquante ans, il se consacre à aider les autres : autistes, jeunes en difficulté, immigrés sans papiers – toujours aux côtés des damnés de la terre. « J'ai vécu des expériences incroyables, comme la musicothérapie ou Rues et Cités (association de prévention de la délinquance) ; on y travaillait à l'évolution des comportements de jeunes qu'on allait rencontrer dans la rue. J'ai aussi été confronté à l'héroïne. Dans les années 1980, partout les jeunes se shootaient, ce qui entraînait beaucoup de malheurs, de morts par overdose, des hépatites, puis le sida. Le travail consistait surtout à les amener à faire la démarche de décrocher. Par comparaison, l'accompagnement des autistes et des trisomiques m'a paru plus cool, bien que trop dominé par la psychanalyse. »

Depuis trente ans, Étienne s'occupe aussi de populations tziganes. Cinq mille Roms sont arrivés en Seine-Saint-Denis après la chute du communisme. Entassés dans des taudis près du périphérique, ils travaillent le plus souvent au noir dans le bâtiment. « Notre travail d'éducateurs s'adresse spécifiquement aux ados roms. Peu intéressés par l'école, ils la quittent très tôt. Les parents ne s'en inquiètent pas et les laissent tranquilles jusqu'au mariage, vers dix-sept ou dix-huit ans ! Durant cette période de flou éducatif, où souvent les gamins tombent dans la délinquance, les éducateurs essaient de remplacer les parents qui perçoivent leurs mômes comme des adultes. Cela suppose de vraiment vivre avec les Roms (les familles, les vieux) et partager les événements de la vie. Moi, je suis un peu considéré comme un Rom par les familles. » Dans le cadre du dispositif de la formation pour adultes, Étienne a passé un doctorat d'anthropologie sur les Roms. Il reste aujourd'hui une des rares personnes en France qui refusent de les considérer comme un problème. Le sujet l'a d'ailleurs mis plusieurs fois hors de lui dans « Les Grandes Gueules ». Ainsi, un violent clash l'a opposé à Gilbert Collard, Claire O'Petit et Karim Zéribi, le 11 août 2011, à propos des Roms dont la police venait de démanteler un campement à Marseille. « J'étais vraiment seul contre tous », se souvient notre éducateur. Les trois autres justifiaient le ras-le-bol de l'opinion publique par le comportement, difficile à supporter, des Roms. Indigné par leurs préjugés, Étienne leur répondit : « Aujourd'hui, à Montreuil, où la municipalité a pris le problème à bras-le-corps, la moitié des Roms travaillent, et 100 % des enfants sont scolarisés. »

Au cours d'une autre émission, le 19 juin 2014, il s'est emporté contre l'indifférence de l'opinion publique face au lynchage d'un adolescent rom. « Est-ce que ça a plus choqué que l'histoire du chat qui avait eu les quatre pattes cassées ? Je vois beaucoup moins de gens nous appeler à la révolution. »

En 2024, les Roms ont disparu de l'actualité. Étienne s'en félicite avec une certaine amertume. « Depuis quand n'a-t-on pas parlé des Roms roumains dans les "GG" ? Au moins six ans… Pourquoi, alors qu'on en parlait tous les jours comme l'engeance suprême ? Juste parce qu'ils se sont totalement intégrés au tissu social… » Il éprouve parfois une grande tristesse devant l'évolution de la société : « Je connais des gens de la cité de La Noue, à Montreuil, qui vont à La Défense pour faire des ménages, chaque matin, de 6 heures à 9 heures et, chaque soir, de 18 heures à 22 heures. C'est de l'esclavage ! Depuis cinquante ans, j'ai assisté à la panne de l'ascenseur social. Un gamin qui étudie sera animateur à mille cinq cents euros par mois, exactement le même salaire que celui qui n'aura pas étudié et qui sera vigile. Dans les années 1970, les jeunes nous croyaient quand on leur parlait d'espoir. La désillusion a gagné progressivement les quartiers. Et, maintenant, le désespoir se transmet de génération en génération. »

La société française s'est-elle droitisée depuis quinze ans ? « C'est évident, répond Étienne, et "Les Grandes Gueules" aussi puisque l'émission est à l'image de la société. » Lui-même n'a pas changé sur le fond. Mais il manifeste une tolérance et une sagesse assez rares dans le débat public. On l'a constaté à nouveau dans l'émission du 12 août dernier au lendemain de la clôture des Jeux olympiques. Les chroniqueurs sont revenus sur le déchaînement de critiques qui avait précédé l'événement… y compris dans les « GG » ! « Il y a un perdant, c'est l'esprit de défaite. » Après avoir approuvé cette phrase prononcée le matin même par le président de la République, Étienne, qui ne raffole ni du sport ni de Macron, s'est lancé cependant dans un vibrant hommage aux trois responsables qui, au niveau national, régional et local, avaient porté le projet des JO, envers et contre tous : « Le courage politique, que ce soit d'ailleurs Valérie Pécresse, Macron ou Hidalgo, cela a été de ne pas céder à la pression contre eux alors qu'ils n'ont pas arrêté d'entendre : "Vous nous emmerdez, c'est de la merde ce que vous faites, ce sera pourri, il n'y aura personne, etc." Et eux, ils ont tenu bon malgré cette pression et cette haine populaire. Je rappelle ici qu'il y a eu des trucs de haine populaire absolument dingues contre les gens qui organisaient et donc à un moment ils auraient pu dire : "Allez vous faire foutre, je laisse tomber les JO et on les fera ailleurs…" Eux ont eu le courage – c'est assez courageux de leur part ! – de ne pas céder à la pression […]. On n'ose plus – et en partie les journalistes quels que soient les médias et nous les chroniqueurs, on est dans le même lot –, on n'ose plus, on n'ose plus être positifs… Parce que quand on est positifs, on est des vendus, on est des pourris, on lèche Macron… Si jamais tu disais : "Je pense que ces JO peuvent être une réussite et c'est plutôt pas mal, tu te faisais laminer." »

Dans « Les Grandes Gueules », Étienne Liebig n'est pas le seul défenseur des défavorisés. Quelques années après lui, l'émission a accueilli une personnalité exceptionnelle, au profil inédit dans les médias. Revenue de l'enfer moderne que représentent la rue, l'alcool et la drogue.

ÉLINA DUMONT

LA RESCAPÉE DE LA RUE

«En France, c'est un tabou de dire qu'on est alcoolique.» Ce 11 avril 2018, Élina Dumont, au micro des «Grandes Gueules», commente les aveux dans *Paris Match* de Jean-Vincent Placé, ancien secrétaire d'État sous François Hollande, arrêté en état d'ébriété avancée dans une boîte de nuit de Saint-Germain-des-Prés. «Moi, poursuit Élina Dumont, je n'ai pas peur de le dire, toute ma vie je serai fragile avec ça. Il faut arrêter que ce soit un tabou qui empêche les gens de se soigner.» On est habitué dans «Les Grandes Gueules» aux intervenants qui se réfèrent à leur vie privée. C'est l'originalité de l'émission. Mais Élina Dumont est bien la seule, dans les médias français, qui a dormi dans la rue. Et cela, pendant des années! Ce vécu peu commun donne un poids à sa réponse, le 8 février 2018, au député LREM Sylvain Maillard qui avait évoqué le «choix» volontaire d'être SDF. «Je parle de mon expérience, s'indigne Élina. [...] Pourquoi on refuse d'aller dans les centres d'hébergement? Par exemple, il y en a un qui s'appelle "la boulangerie". Personne n'ira parce que c'est l'horreur. Tu te retrouves avec des gens qui puent, qui pètent, qui boivent, qui crient, et sont violents, des malades mentaux… La rue est l'annexe de la psychiatrie, avec la prison. […] Personne ne fait le choix de rester dans la rue. Vous posez la question à n'importe quel sans-abri : "Cela te dit d'avoir un toit ?", il vous répondra : "Oui !" » Élina Dumont, elle, dut attendre d'avoir quarante-quatre ans pour emménager dans son propre logement. Un studio HLM dans le XIXe arrondissement. « J'ai dû ramer grave car, curieusement, les HLM sont difficiles à obtenir pour les gens défavorisés. » C'était il y a douze ans seulement. Auparavant, elle a erré de squats en centres d'hébergement, son meilleur logis étant une chambre de bonne avec WC sur le palier. « Au début, dans mon studio, j'avais le réflexe de me diriger vers l'évier de la cuisine pour me laver. J'ai mis du temps à comprendre que j'avais une salle de bains. »

Sans famille

« Élina revient de l'enfer », dit à son propos Étienne Liebig. Sa vie ressemble à un roman du XIXe siècle : une Cosette moderne qui n'aurait pas eu la chance de rencontrer Jean Valjean. Élina est née à Draveil, dans l'Essonne, en 1967. Un père inconnu. Tu ne sais vraiment rien de lui, Élina ? « Rien. Quelques bribes par ma grand-mère maternelle, que j'ai rencontrée dans mon adolescence. Il était frisé, arabe peut-être, mais ce sont des suppositions. » L'absence de père reste sans doute la première des souffrances pour Élina. Elle l'a évoquée, le 19 octobre 2017, dans « Les Grandes Gueules », pour expliquer son opposition à la PMA (procréation médicalement assistée) : « Je suis contre, pas pour des raisons religieuses ou parce qu'il s'agit de lesbiennes, je m'en fous complètement […] ; mais je pense que la PMA, c'est un acte égoïste. Je vous jure qu'à un moment donné, surtout à partir de l'adolescence, tout au fond de vous, au plus profond, vous avez envie de savoir d'où vous venez. C'est plus fort que vous ! Je connais des gens, à cinquante ans, ils sont encore obsédés par l'idée de savoir qui est leur père ou leur mère. Si le père est mort d'un accident d'avion, on va le montrer en photo… Mais vous imaginez quand c'est juste du sperme ! En grandissant, vous vous demandez comment il était. Et vous n'avez aucune réponse ! » Sa mère s'appelait Solange. Élina en garde quelques vagues souvenirs. « Elle m'aimait mal, mais elle m'aimait à sa manière. Malheureusement, ne contrôlant pas ses accès de violence, elle aurait pu, malgré elle, me tuer. » Jugée dangereuse, cette mère alcoolique et fragile psychologiquement se vit retirer la garde de ses enfants. Élina a deux demi-sœurs, issues de deux pères différents. Elle les a croisées dans sa vie mais elles lui ont définitivement tourné le dos. L'aînée fut élevée par un père issu d'un milieu très bourgeois. La cadette, de père inconnu, fut confiée par la Ddass à une pouponnière pendant six mois. Elle est aujourd'hui mariée et mère de deux enfants. Pour Élina, la décision judiciaire fut immédiate : dès la naissance, elle fut placée dans une pouponnière pendant six mois. Puis, à deux ans, on l'éloigna de la région parisienne. « Ma mère ne devait pas savoir où j'étais. Il ne fallait pas qu'elle puisse me retrouver. » Si elle avait été orpheline, Élina aurait été adoptable. Sa mère encore vivante, Élina était condamnée à vivre en famille d'accueil et en foyer jusqu'à ses dix-huit ans. Elle passa une dizaine d'années chez les L., dans le Perche. Elle y reçut des colis et des lettres de sa mère – souvent incohérentes, parfois délirantes, mais toujours aimantes.

Élina en a gardé quelques-unes. Il lui reste aussi les souvenirs très douloureux de leurs rares rencontres.

Ainsi, en juillet 1976, Élina passa ses vacances chez sa grand-mère, à Paris, où elle pouvait voir sa mère chaque jour. Mais le séjour est écourté par la Ddass. Retour dans le Perche ; dans le dossier de la Ddass, il est écrit : « La mère la frappe sans raison. »

Élina a rencontré sa mère une dernière fois à la collégiale de Bellême, dans le Perche, en compagnie d'une assistante sociale. Elle se souvient d'une femme-enfant qui joue avec elle et qui, au moment du départ, la tire par le bras de toutes ses forces afin de l'arracher à l'assistante sociale. Quelques mois plus tard, Solange est décédée d'une embolie pulmonaire en hôpital psychiatrique. « Ma mère était très gaie. Elle m'a transmis une forme d'optimisme. J'étais une enfant très bavarde qui chantait toute la journée. »

En 2013, Élina a appris que sa mère était enterrée à Berck. Elle s'est rendue sur place, espérant se recueillir sur sa tombe. Mais à la mairie, on n'en trouvait aucune trace : pas de Solange Dumont dans le cimetière de la cité balnéaire. On informa finalement Élina que sa mère reposait dans une fosse commune. Conformément à la loi, ses restes ont été brûlés cinq ans plus tard. « Jamais je ne pourrai faire le deuil sur la tombe de ma mère. » Élina n'entretient aucune relation avec ses deux demi-sœurs. Elle est sans famille.

« Problématique »

À dix ans, elle fut curieusement informée de la perte de sa maman : « Eh ! la Lina, ta mère elle est morte ! », lui annonça, avec son accent normand, madame L., la femme chargée par la Ddass de garder Élina en pension. Une famille d'accueil, ce sont des gens payés pour vous accueillir. Mais ils ne seront jamais votre famille. Élina en a connu deux. La famille L. fut la plus durable. La fillette y a grandi au milieu des vaches, des prés et des forêts. « Je n'étais que la gamine de la Ddass, un être sans aucun droit, personne ne me respectait. Dans le village, beaucoup d'hommes ont abusé de moi durant mon enfance. Personne ne m'avait rien dit, je croyais que c'était normal. Lors de ma première seconde, quand mon prof de maths m'a invitée chez lui, j'ai commencé à me déshabiller en arrivant. Il était très choqué, car il m'avait fait venir pour des cours particuliers en maths. Mais je croyais que je devais coucher avec tous les hommes. » Interviewée à ce sujet à la télévision, la mère L. dira trente ans plus tard : « Elle me l'a dit qu'elle était prise par tout le monde. Mais elle n'était pas une gosse de notre sang, et puis si la Ddass me l'avait retirée, j'aurais pas eu de retraite. » Juste une pensionnaire pour laquelle on dépensait moins qu'on ne percevait. Élina était plutôt bonne élève. « J'adorais le français, l'histoire, la géographie. J'aimais aussi lire et écrire des poèmes. Mais il n'y avait aucune lecture dans ma famille d'accueil, excepté le calendrier des pompiers. Désert affectif, désert culturel, j'étais mal tombée. Heureusement, la venue des Parisiens pendant les vacances représentait une bouffée d'air frais. Ils me prêtaient leurs livres et quand ils parlaient, je les écoutais, émerveillée. L'un d'eux m'avait raconté la vie de Mozart, mort dans la misère. Bouleversée, je m'identifiais à cet enfant, qui, comme moi, n'avait pas eu de chance, en me disant que, comme lui, je serais célèbre un jour. »

À quatorze ans et demi, en seconde au lycée public de Mamers, Élina se sent rejetée par le système : « Lors d'une visite médicale, l'infirmière scolaire, en regardant mon carnet de la Ddass, relève : "Ta mère est morte en psychiatrie." Dès lors, on m'a traitée comme une cinglée. » Élève « problématique », Élina est exclue à la fin de la seconde. « J'étais désespérée de voir s'effondrer mon rêve de faire des études. Je les ai suppliés de me laisser redoubler. »

Comme pour lui offrir une dernière chance, la Ddass place Élina à Notre-Dame, l'établissement privé catholique le plus cher du Mans. L'enfer est pavé de bonnes intentions.

« Parmi tous ces jeunes de milieux aisés, je n'étais pas à ma place. Quand ils sont partis visiter la Russie, ne pouvant pas participer aux frais, je ne les ai pas accompagnés. »

Enfant sans amour, Élina sera une adolescente révoltée. Elle perturbe souvent les cours. Elle dort en semaine dans un Foyer de jeunes travailleurs et ne rentre que le week-end dans sa famille d'accueil : « Deux jours seulement, ils faisaient la tronche, car ils perdaient de l'argent. » Les résultats scolaires s'en ressentent. Tout se déglingue. « Ne me sentant nulle part à ma place, je fréquentais les bars, je faisais des fugues. Je me suis enfuie à Paris, où j'ai retrouvé ma grand-mère à la fin de sa vie. Comme elle s'étonnait de ma présence hors vacances scolaires, je lui racontais que le lycée était en grève ! Elle était gentille, mais malade et très pauvre, elle ne pouvait rien pour moi. Je suis tombée dans les pattes du mari de ma sœur aînée. Il était riche et avait promis de m'aider mais, profitant de mon besoin d'affection, lui aussi abusa de moi et me "prêta" à ses copains. Personne ne me respectait. Je n'étais rien. » Ce qui devait arriver… arriva. À la fin de la seconde, Élina est exclue du lycée Notre-Dame. « On m'orienta vers une voie de garage, à défaut d'une formation qui m'intéressait. Je voulais être assistante sociale. Mais ils m'ont mise en BEP secrétariat commercial. » La gamine en sera malade. Elle passe son temps dans les bars et fréquente des délinquants. À dix-sept ans, boulimique, elle pèse 86 kilos pour 1,56 mètre! Elle sortira du système scolaire sans le moindre diplôme. Hébergée dans un Foyer de jeunes travailleurs, Élina participe à un projet de l'État: « Jeunes gens défavorisés ». « Je raconte les malheurs d'un p'tit orphelin, nommé Guillaume, en réalité c'était ma propre histoire. » Dans le cadre de ce projet, Élina contacte au culot un journaliste du quotidien *L'Humanité*. « J'ai vu son nom dans le journal, j'ai noté le numéro et je l'ai appelé. » La jeune fille de dix-huit ans lui raconte son vécu dans la rue, à Paris. Il en fera un bel article. « Je ne dirai jamais de mal des journalistes, car ils m'ont beaucoup aidée. » Bien plus tard, un autre journaliste l'introduira à *Libération*: « Quand je l'ai rencontré, je crevais de faim. » Il la fera embaucher comme standardiste.

La débrouille

Le jour de ses dix-huit ans, Élina a cessé de dépendre de la Ddass. La voici livrée à elle-même. Sans argent, sans toit, sans famille: « On ne m'avait pas préparée à être indépendante. Du jour au lendemain, je me retrouve à la rue. J'étais terrorisée. Les trois premières nuits, je me cachais dans les endroits les plus improbables par peur qu'on me trouve. Une jeune fille seule, trois nuits dehors, la peur de ma vie. » Pendant un an, elle fait de la « rue sèche » : « J'ignorais l'existence des foyers d'urgence. C'est au hasard des rues, des rencontres, que j'ai pris connaissance des dispositifs pour les sans-abri. »

Elle apprend les trucs indispensables à la survie. Par exemple : comment se faire hospitaliser. Elle ingurgite un mélange d'alcool et de médicaments. « C'est génial, je vais rester trois mois, logée, nourrie à Sainte-Anne. » À dix-neuf ans, Élina se retrouve sous tutelle du juge jusqu'à ses vingt et un ans. « Il me dit : "Je veux bien qu'on s'occupe de toi mais à condition de voir le psychiatre trois fois par semaine." Je lui ai donné ma parole et je l'ai tenue. C'est le meilleur conseil que j'aie jamais reçu. Car, dans mon cas, comme pour beaucoup de gens de la rue, le problème est d'abord psychique, voire psychiatrique. »

Sortir de l'enfer

On est au milieu des années 1980. Élina va expérimenter les innombrables dispositifs de réinsertion mis en place par les gouvernements successifs. « Des trucs comme "Jeunes gens défavorisés", les travaux d'utilité collective (TUC), les contrats emplois jeunes, etc. Il y en a eu plein depuis quarante ans. Je me suis vite aperçue qu'ils ne menaient nulle part, puisque après on se retrouvait toujours au même endroit. » Pour améliorer l'ordinaire, Élina sait jouer du charme de ses vingt ans. Des hommes d'âge mûr l'emmènent dans des clubs échangistes : « Je faisais cela pour être au chaud. C'était plus sympa que les potes de mon âge qui sortaient de prison. À travers les hommes de cinquante ans, inconsciemment, je cherchais le père que je n'avais pas eu. »

Pendant quelques mois, au milieu des années 1990, elle a tenu le standard du journal *Libération*, rue Béranger, près de la République. Une période plutôt heureuse dans une ambiance décontractée, où elle entretient de bonnes relations avec le personnel. Mais on ne rompt pas facilement avec son passé et ses vieux démons. Ses potes, qui viennent parfois la saluer au journal, ne lui créent pas une très bonne réputation. Un soir, l'un d'eux l'appelle pour qu'elle le rejoigne immédiatement à l'hôpital. Il vient de recevoir un coup de couteau dans le ventre. Il est gravement blessé. Une histoire de deals entre camés. Élina, qui est en CDD, est immédiatement virée. Les journalistes qui l'aiment bien implorent l'indulgence de la direction. Mais rien n'y fait. La jeune femme, qui dépense tout dans le crack, se retrouve sans argent ni maison. « Je vivais dans une chambre, chez une mamie ; un jeune prêtre me l'avait trouvée mais quand il a compris que je déconnais, on m'a mise dehors. »

Pour l'aider à survivre, une journaliste de *Libé*, Marie-Ange Rodeaud, la présente à Marie Desplechin. Cette écrivaine encore inconnue mettra à sa disposition une chambre de bonne, en échange de la garde de ses enfants. Élina reste dix-huit mois chez sa nouvelle amie. Elle lui raconte sa vie. Marie s'inspire de leur rencontre pour écrire un roman qui sera un best-seller : *Sans moi*. « Dans les années 2000, je reviendrai habiter pendant dix ans dans une autre chambre de bonne, achetée par Marie. Elle me la louera cent cinquante euros par mois. À l'époque, j'aurais voulu ne pas payer du tout. » Avec le recul, Élina donne raison à Marie Desplechin : « "On n'a rien pour rien dans la vie", me disait-elle. Refusant de faire la charité, elle m'a aidée autrement. D'abord en m'apprenant que je n'étais pas un objet sexuel. Personne ne me l'avait jamais dit auparavant. Ensuite, en me poussant à passer à trente-cinq ans un brevet d'État pour devenir intervenante sociale. Enfin, en m'encourageant à continuer à retourner chez le psychiatre que j'avais cessé de voir. J'y retourne encore quand les vieux démons pointent le bout de leur nez. Je reste très vigilante. J'ai été très touchée récemment par une interview de Gad Elmaleh racontant sa difficulté à cesser de boire. Quand on est addict, c'est à vie. Rien n'est jamais acquis. Ma seule addiction, maintenant, c'est le travail. » Devenue intervenante sociale, au début des années 2000, après l'obtention de son brevet d'État, Élina travaille alors dans un foyer d'accueil pour jeunes femmes. « Au début, je voulais tout changer. Mais je me suis heurtée à une institution plus forte que moi. J'ai craqué, et dénoncé un détournement de fonds par la direction, ce qui m'a valu de perdre ce boulot. »

C'est alors qu'elle rencontre un metteur en scène en train d'adapter *Les Bas-fonds* de Maxime Gorki. Il lui offre le rôle de la jeune Vassilissa Karpovna. Tous les autres acteurs sont des SDF. Cette expérience très ambitieuse permet à des gens de la rue de s'épanouir tout en s'initiant à l'art théâtral.

« Grâce à ces cours avec des professionnels, j'ai appris à valoriser mon corps et ma voix. J'ai aussi découvert avec Gorki que la misère dont j'ai souffert existait depuis toujours. »

À la suite de ce projet de réinsertion, Élina écrit son propre spectacle, *Des quais à la scène*, pour changer le regard sur les sans-abri. Elle le joue pour la première fois en 2012.

Gagnant un peu d'argent grâce à des petits boulots (ménages, baby-sittings, déménagements, cueillettes…), Élina soigne sa mâchoire pendant quatre ans : « Avoir des jolies dents, cela rassure. » Et, grâce au théâtre, elle acquiert une petite notoriété.

Grande gueule et militante

Ayant lu son portrait dans *Libération*, l'éditeur Flammarion lui propose de raconter sa vie. Le livre s'appelle *Longtemps, j'ai habité dehors*. Il paraît en janvier 2013 et connaît un certain succès : environ huit mille exemplaires. Il lui ouvre de nouvelles portes : « Je participe à des salons du livre où je me retrouve le soir, à table, aux côtés d'écrivains. C'est très sympa. À Bâle, sur un stand, je vois une femme qui a l'air très, très malheureuse. Je m'approche d'elle pour lui remonter le moral. Elle me raconte ses soucis avec sa mère. Elle n'en manquait pas, car elle était la fille de Liliane Bettencourt. Comme quoi, l'argent ne fait pas toujours le bonheur. Être l'héritière de la plus grosse fortune de France, ce n'est pas enviable lorsque l'on peut lire une certaine tristesse sur son visage. » Au moment d'envoyer les exemplaires du livre destinés aux journalistes, Élina a écrit une longue dédicace à l'attention d'Olivier Truchot et Alain Marschall. « Cela faisait longtemps que je les écoutais, le matin, dans ma chambre de bonne. Alors, quand ils m'ont invitée à présenter mon livre, c'était dingue ! J'étais heureuse ! » Ce premier contact avec les Grandes Gueules est une épreuve : « Je me retrouve face à des hommes très sûrs d'eux : Philippe Gabilliet, Pascal Perri et Didier Giraud. J'étais très impressionnée. » Pascal Perri s'en souvient : « Elle était tendue, Élina. C'est toujours très émouvant d'écouter quelqu'un parler de sa vie, surtout quand elle a été périlleuse. Elle l'avait fait avec sincérité et pudeur. On ne la connaissait pas, on l'a écoutée dans l'esprit des "GG", avec bienveillance. Elle était déjà un vrai personnage avec ses aspérités. J'ai senti qu'il n'y avait pas d'artifice chez elle. Elle m'a paru sympathique tout de suite. » En onze ans, « Les Grandes Gueules » ont changé la vie d'Élina. Sa rémunération de cinq cents euros bruts par émission n'est, pour elle, pas négligeable. Elle s'ajoute aux (petits) revenus de ses autres activités. Élina est une femme très occupée : conférences en entreprises sur l'exclusion et dans les écoles, jury pour plusieurs fondations, notamment Monoprix et DAPAT, soutien de femmes en détresse, ateliers théâtre dans les écoles primaires en banlieue parisienne, et, en province, interventions dans différentes structures sociales, médiatrice culturelle. Sous le gouvernement d'Élisabeth Borne, Élina a participé au CNR du logement avec Olivier Klein, ministre du Logement, ancien maire socialiste dont elle appréciait la fibre sociale.

Depuis le 1er janvier 2024, Élina siège au Ceser Île-de-France dans le 3e collège en qualité de vice-présidente du Comité de la rue pour « conseiller et éclairer les politiques du conseil régional dans les domaines du logement, des transports et du tourisme ». La plupart de ses activités sont bénévoles, car Élina est avant tout une militante de la lutte contre l'exclusion. « L'émission m'est indispensable même si j'y vais moins souvent. Elle sert de tribune pour défendre mes causes. » Aujourd'hui présidente des Oubliés de la République, Élina relaie auprès des décideurs la voix des plus cabossés par la vie. Son action a permis la rédaction d'une proposition de loi face à la montée du sans-abrisme pour les enfants de l'ASE, sujet sur lequel une commission d'enquête avait été lancée à l'Assemblée avant la dissolution. Cette loi viserait au comptage des personnes sans-abri dans toute la France et surtout à la protection des moins de dix-huit ans.

Étudiante aux « Grandes Gueules »

« Avant les "GG", j'étais ignorante de toutes les questions autres que celles en rapport avec les SDF. » Pour se mettre au niveau, elle a dû travailler énormément. « Ils ont été très gentils et patients avec moi. » Paul Larroque, le producteur de l'époque, lui a conseillé de consacrer au moins deux heures par jour à s'informer par tous les moyens : radio, télé, journaux. « La préparation d'une émission, pour moi, c'est comme un examen. » Élina avoue les lacunes dont elle a longtemps souffert : « Avant d'avoir mon studio, à quarante-cinq ans, je n'avais jamais entendu parler des impôts locaux. J'ai attendu la trentaine pour participer à une élection, la peur au ventre, conduite au bureau de vote par Marie Desplechin. Sous Hollande, j'ai appris par cœur les noms des ministres. Aux "Grandes Gueules", la première fois que j'ai entendu le mot "circonscription", j'ai baissé la tête pour masquer mon ignorance ; pareil pour "dividendes" et "actionnaires". En rentrant chez moi, j'ouvrais le dictionnaire. Quant au mot "déliquescence", je l'ai entendu pour la première fois dans la bouche de Charles Consigny. » Élina, l'ancienne SDF, adore l'aristo libéral : une de ces rencontres surprenantes qui font le charme des « Grandes Gueules ».

« Je l'aime comme un petit frère. Il est tellement naturel ! Au début, je l'écoutais, un peu ébahie, parler de ses problèmes de riche. Pour qu'il comprenne d'où je viens, je lui ai offert mon livre. Il a été très ému. Il a beaucoup de cœur. Quand j'ai été attaquée en diffamation pour avoir évoqué un détournement d'argent dans une mairie de la région parisienne, il m'a trouvé un avocat à six cents euros, sinon je n'aurais pas pu me défendre. “Les Grandes Gueules” m’ont permis d’autres rencontres improbables. Ainsi, Bernard Debré. A priori, tout me séparait de ce grand chirurgien, fils de Premier ministre, frère du président du Conseil constitutionnel et lui-même ancien ministre. La première fois que je l’ai vu, j’étais plus qu’intimidée. J’ai été bluffée par son incroyable simplicité. Après chaque émission, Bernard me demandait une clope que nous fumions ensemble et il proposait toujours de me raccompagner. La première fois, j’ai été sidérée. J’imaginais que les anciens ministres roulaient dans une super voiture. Quelle ne fut pas ma surprise de monter dans sa vieille bagnole ! J’adorais le côté rebelle de ce grand bourgeois qui nous rendait complices. Apprenant son décès par l’équipe des “Grandes Gueules”, j’ai été très peinée.

Grâce aux “GG”, j’ai également fait la connaissance de la présidente de la région Île-de-France : Valérie Pécresse. C’était en 2014. Invitée de l’émission, elle s’est tout de suite intéressée à la cause du sans-abrisme. Elle est même venue voir mon spectacle *Des quais à la scène* dans un petit théâtre parisien du XVIIIe. En 2018, elle me proposa de faire un rapport sur le sans-abrisme des femmes. Depuis, Valérie a créé des Maisons solidaires pour les femmes puis m’a chargée d’une mission sur le crack – une drogue que j’avais prise quand j’étais très jeune et dans la rue – et dernièrement sur la précarité alimentaire.

À travers nos échanges professionnels, j’ai découvert une femme sensible et généreuse. Une relation de confiance s’est créée entre nous. Un jour, à ma grande surprise, elle m’a appelée pour me parler de son fils, arrêté pour un joint. J’écoutais une mère qui vivait une épreuve douloureuse, cela m’a beaucoup touchée qu’elle me fasse confiance. C’est vraiment une personne de grande qualité humaine, tout comme Ian Brossat, le conseiller de Paris et sénateur, communiste, que j'aime beaucoup. Contrairement à ce qu'on pense parfois, les politiques, quelles que soient leurs étiquettes, sont pleins de bonne volonté, ils ne sont pas méprisants à l'égard du peuple, ce sont juste des gens qui, ne vivant pas comme nous, ignorent nos conditions de vie. »

Élina mesure le chemin parcouru grâce aux « GG » : « Longtemps, je me sentais incapable de lire. J'avais peur, je butais sur les mots. Même le roman de mon amie Marie, je n'avais pas pu aller au bout. Avec les "GG", je lis non seulement les journaux mais les livres des auteurs qu'on reçoit ; j'aime surtout les sujets de société. Deux livres m'ont marquée il y a quelques années : *Comment sommes-nous devenus si cons ?* d'Alain Bentolila et *Les Intouchables d'État* de Vincent Jauvert. Un roman récent ? *Morsures de nuit* d'Ervé. Je lis toujours autant de livres sur des sujets de société mais jamais de livres d'amour. Étant donné mon vécu, les viols que j'ai subis, je ne peux pas croire au prince charmant.

Depuis ma rencontre avec Thomas Porcher, je m'intéresse beaucoup à l'économie. Dernièrement, j'ai lu son livre *Les Délaissés* et je lis beaucoup les interventions de Thomas Piketty dans la presse. Avec les "GG", je rattrape les études que j'ai toujours rêvé de faire. » Élina est devenue une porte-parole de ceux qu'on n'entend jamais dans les grands médias. Régulièrement interviewée dans la presse, elle surprend parfois par ses positions : « Les allocations familiales incitent certaines femmes à faire des gosses ; j'en ai connu dans la rue. Les allocs devraient au contraire être dissuasives et donc ne pas être attribuées au-delà du troisième enfant. » Élina conteste les incohérences de certaines prestations sociales : « On devrait réserver l'APL à ceux qui en ont vraiment besoin. Quand les parents d'étudiants en ont les moyens, c'est à eux d'aider leurs enfants. Pareil avec le RSA, je trouve inadmissible qu'on le distribue parfois à des gens issus de familles aisées. » Élina prône une assistance fondée sur la responsabilité, et plus seulement sur la charité. « L'association La Mie de Pain représente pour moi un contre-exemple. Tous les SDF rêvent d'y entrer. Évidemment ! Ils y trouvent une chambre individuelle, de bons repas et ils ne paient pas un sou. On leur demande juste de proposer des projets qui souvent n'aboutissent pas. Ils ont un toit, mais pas de réinsertion réelle, donc pas de dignité. Je propose qu'on les incite à avoir une activité, comme le fait l'association Toi chez moi où des gens prêtent un logement en échange de petits travaux. "Si tu veux aller à la fête, il faut ramasser les pommes." C'est au moins une chose que m'ont transmise les paysans qui m'ont élevée. »

Une femme qui compte

À cinquante-six ans, Élina déborde d'enthousiasme et d'énergie. Elle a monté sa propre association : Cris d'éclats, dont la présidente est Marie Desplechin. Élina est bien décidée à consacrer toutes ses forces à aider ceux qui sont tombés du train. Mais, plus que quiconque, elle mesure la difficulté de la tâche : « Quand je vois certains de mes copains des "GG" peinant à reprendre le boulot après un mois de vacances, je leur dis : "Vous imaginez la difficulté après dix ans sans travail ?" » Élina, contrairement à beaucoup de gens, ne déteste pas les riches, loin de là. « J'en connais quelques-uns qui sont très généreux. Ce qu'ils font pour les autres, aucun de ceux qui les critiquent ne le ferait. » Depuis leur rencontre lors d'un Salon du livre, Élina a revu à plusieurs reprises Françoise Bettencourt-Meyers qui entre-temps a hérité de sa mère, faisant d'elle avec une fortune de cent milliards de dollars une des personnes les plus riches du monde. « Chaque année, Françoise me souhaite de bonnes fêtes de fin d'année et m'invite toujours à titre personnel lors des événements que la fondation organise. Elle m'a même présenté un de ses fils et son mari, ils sont super sympathiques. Je sais que je peux compter sur elle si un jour j'ai un projet génial. »

Autre milliardaire croisé sur sa route par Élina : Bernard Arnault. « Sa fondation Vuitton m'a contactée pour rappeler à travers mon histoire qui était Louis Vuitton, parti de rien, aux salariés venus du monde entier. J'apprécie l'action de Bernard Arnault même si, contrairement à Françoise Meyers, je ne le connais pas. »

Élina, contre vents et marées veut rester positive : « Je ne supporte pas de voir chaque jour dans notre société un peu plus de haine, un jour contre l'un, un jour contre l'autre. Tout le monde pense à partir de son propre nombril et empêche tout dialogue pour construire une société saine. Je reste convaincue qu'il faut créer une passerelle entre les décideurs et les citoyens. Ma raison de vivre ? À mon humble place, retisser ce fameux lien social au profit de chaque individu. » Avec Élina, un souffle, une bourrasque d'air frais est entrée chez les « GG ». Après elle, les portes vont s'ouvrir plus grand encore à de nouveaux visages et de nouvelles voix, jeunes, féminines et diverses. L'heure du grand renouvellement a sonné qui fait vraiment des « GG » l'émission où s'exprime la société civile.

MOURAD BOUDJELLAL...

QUI CONNAÎT LE VRAI COÛT DU SMIC !

Connaissez-vous Mourad Boudjellal ? Bien sûr, l'éditeur de bandes dessinées ! Mais non, vous confondez avec le président du Rugby Club de Toulon. Pas du tout, c'est le pote de Macron qui a refusé d'être député. Curieux, je le croyais intervenant des « Grandes Gueules »... En réalité, Mourad Boudjellal est tout cela à la fois. Sans compter le reste... « Je suis un athée intégriste qui cherche à passer son temps avant de mourir. » Mourad Boudjellal, au fond, ne se prend pas trop au sérieux. Sauf quand il s'agit de ses convictions profondes. Il est ainsi un grand pourfendeur du Rassemblement national. Le 27 juin 2024, alors que les sondages annoncent une possible victoire du parti lepéniste aux législatives, Mourad Boudjellal, livide, la voix tremblante, exprime au micro des « Grandes Gueules » les racines profondes de son angoisse : « Moi, j'ai vu mon père se faire traiter de sale Arabe parce qu'à une époque, c'était banalisé le racisme, ce n'était pas un délit. Mon père, il a baissé la tête et il a pleuré. Et moi j'ai dit : "Personne ne me traitera jamais de sale Arabe." Donc je me suis battu dans ma vie pour mériter le fait d'être français. Je suis allé le chercher parce que pour moi on devait le mériter. Et depuis quinze jours, je suis devenu un Arabe. J'ai vraiment l'impression d'être redevenu un Arabe, un simple Arabe, un Français de second choix. » Que ce soit le RN ou le FN, Mourad ne supporte pas. Mais pas du tout. Au soir du premier tour des élections municipales de 2014, qui ont vu la liste de Robert Ménard arriver largement en tête à Béziers, il décide d'annuler le match prévu quelques mois plus tard entre son club toulonnais et les rugbymen biterrois. En retour, Marine Le Pen le décrira comme « un énorme bobo millionnaire qui nous aligne les préjugés les plus ringards, les plus éculés de la pseudo-lutte antifasciste qu'il doit mener dans sa baignoire en or ».

Mais l'anti-lepénisme n'est pas une simple marotte pour Mourad Boudjellal. « Je ne m'engage en politique que lorsqu'il s'agit de contrer le danger FN », explique-t-il. Dès les élections municipales de 1995, il prend en charge la communication de Christian Goux, chef de file des socialistes à Toulon. Par la suite, scandalisé par le maintien de la gauche au second tour, qui permet ainsi la victoire du Front national, il soutiendra dès le premier tour le chef de file de la droite, Christian Estrosi, face à Marion Maréchal Le Pen lors des régionales de 2015. « Sa tante Marine est une opportuniste qui a monté un business aux fins d'exploiter le désarroi des pauvres. Mais la petite-fille est pire que le grand-père qui, au moins, croyait à ses idées. Avec les Le Pen, chaque génération nous fait regretter la précédente. Et Marion Maréchal est sans doute la plus réac. Avec elle, on croirait voir *Les Visiteurs* et le retour au Moyen Âge. »

C'est pour effacer les dégâts provoqués par l'ancienne municipalité frontiste que Mourad a repris le Rugby

Club de Toulon en 2006. Et s'il est devenu l'une des têtes de Turc préférées des frontistes, ce n'est pas seulement à cause de ses grands-parents paternels nés en territoire ottoman. Mourad est issu de sangs mêlés : celui de sa grand-mère paternelle, chrétienne rescapée du génocide arménien, et de ses ascendants musulmans d'Algérie, venus à Marseille où il est né en 1960. Une mère concierge, un père chauffeur de poids lourds à la mairie de Toulon, un frère et deux sœurs, un foyer modeste, mais une éducation et des valeurs qui ont fait de lui un homme solide et ambitieux. « Mes parents m'ont transmis le goût du travail et de l'effort, mais aussi la droiture et l'honnêteté. Tous les métiers sont valables pour gagner sa vie, sauf celui de voleur ! » Après un bac littéraire, Mourad s'inscrit en droit à la fac de La Garde, à Toulon. « Ma mère rêvait que je devienne avocat. » Mais le jeune homme laisse tomber les études au bout d'un an. Il est impatient de se lancer dans les affaires. « J'ai un don pour le business, qui vient peut-être de mes origines arméniennes, dit-il en riant. Ce qui m'intéresse dans le commerce, ce n'est pas d'amasser l'argent, mais de faire connaître et partager mes passions. » Sa vie s'apparente à une *success story* à l'américaine, avec l'accent provençal. Le *worldwide* et le terroir : un rôle pour Robert De Niro, sur des dialogues de Marcel Pagnol !

Acte I : la BD

Au commencement était un petit garçon animé d'une passion précoce pour la bande dessinée, découverte vers l'âge de cinq ou six ans dans les pages de *Capt'ain Swing*, acheté en kiosque avec son premier argent de poche. « Je n'ai jamais dessiné de ma vie, mais je peux expliquer à un dessinateur comment faire. » À dix ans, il relie ses propres BD sous le label « Mourad Éditions ». À dix-sept, il participe à la création du festival de bande dessinée d'Hyères. À vingt-deux, il fonde une petite librairie spécialisée à Toulon et, à vingt-neuf, il crée sa société, les éditions Soleil, qui se fait tout d'abord connaître par la réédition de bandes dessinées telles que *Tarzan* et *Mandrake le magicien*, puis par la publication de séries originales telles que *Lanfeust de Troy*, dont le succès sera phénoménal. En 2006, Soleil grimpe sur la troisième marche du podium des éditeurs francophones de bandes dessinées. Son chiffre d'affaires annuel avoisine les quarante millions d'euros.

Acte II : le ballon ovale

Personnalité reconnue à Toulon, Mourad Boudjellal est appelé en 2006 à mettre sa notoriété et son argent au service d'un club de rugby à la recherche d'une gloire perdue.

Premier coup de tonnerre dans le ciel toulonnais : le nouveau président fait venir le capitaine des célèbres All Blacks, Tana Umaga. C'est le début d'une série de transferts qui vont régénérer le vieux club : Yann Delaigue, Jean-Jacques Crenca, Jean-Baptiste Rué en précèdent bien d'autres, tout aussi prestigieux. Résultat : la conquête d'un championnat de France en 2014, et de trois championnats d'Europe entre 2013 et 2015 ! Devenu un expert du rugby français, Mourad commente la Coupe du monde pour Canal+ en 2015. Membre du comité directeur de la Ligue de rugby depuis juillet 2017, il est connu dans le milieu pour un franc-parler qui n'épargne pas même ses propres joueurs. En janvier 2012, après la défaite de son équipe à Clermont-Ferrand, il s'en prend à l'arbitre en termes fleuris : « J'ai connu ma première sodomie arbitrale contre Clermont en demi-finale en 2009. Je viens de connaître ma deuxième ce soir. Je n'aime pas ça. » Le rugby, avance-t-il, c'est comme la BD : « Je n'y ai jamais joué, mais je l'ai suffisamment dans la peau pour diriger des joueurs. » Une passion qu'il a communiquée à sa mère. Âgée de quatre-vingt-dix ans, elle est devenue folle de rugby, au point de lire *Midi olympique*… à la grande surprise de son fils.

Acte III : la politique

Homme de gauche par fidélité à ses origines et chef d'entreprise partisan de la mondialisation, Mourad Boudjellal fut longtemps un compagnon de route du Parti socialiste. Son parcours l'a poussé naturellement à soutenir la candidature d'Emmanuel Macron. Contacté par l'équipe de ce dernier, Mourad le rencontre à son siège de campagne en janvier 2017. « L'entretien a duré une heure et demie, confie-t-il. Il m'a aussitôt tutoyé et donné son numéro de portable, ce que je n'avais jamais vu faire par un homme politique. Je l'ai vraiment trouvé très abordable. »

Le 18 février suivant, Mourad accueille à Toulon le candidat et son épouse. Il leur fait visiter le stade Mayol et les invite à assister au match RCT-Lyon. Le 17 avril, il ouvre le grand meeting d'avant premier tour à Bercy. « Faisons le choix du collectif, de l'optimisme », déclare-t-il à cette occasion, avant de donner rendez-vous au candidat le 4 juin suivant, afin qu'il lui remette le bouclier de Brennus au Stade de France en finale du top 14 ! Car Mourad n'envisage pas de quitter le monde du rugby…

mais personne ne le croit. Parmi les journalistes, on lui prête un avenir de ministre dans un futur gouvernement En Marche. Pourtant, le 11 mai suivant, il dément l'annonce de son investiture par le mouvement macroniste pour les élections législatives dans la 1re circonscription du Var. «Je ne suis pas un homme politique», répète-t-il. Dont acte.

Acte IV: «Les Grandes Gueules»

Mourad n'avait certes pas attendu d'être recruté par l'émission pour être une grande gueule. On peut même s'étonner qu'il n'ait pas rejoint les «GG» plus tôt. Paul Larroque, mémoire de l'émission, racontait: «Mourad est venu pour la première fois comme invité, le 23 mai 2013. À l'époque, le "grand oral" n'existait pas, les GG étaient en plateau de 10 heures à 12h30. Alain et Olivier accueillaient l'invité seul en studio à partir de 12h30. Mourad nous a clairement tapé dans l'œil. On a donc entamé le processus de recrutement et il a fait sa première émission en tant que GG, autour de la table, le 4 juillet 2013. Pour l'anecdote, je dois révéler que nous n'étions pas les seuls sur le dossier! Fogiel lui avait également fait une proposition pour "On refait le monde" sur RTL. Du coup, on se tirait un peu la bourre! Mourad a fini par trancher en notre faveur: il a trouvé plus intéressant de dialoguer avec des Français lambda que de participer à un débat d'éditorialistes parisiens. Depuis, chaque fois qu'on le sollicite ailleurs, il refuse et nous répète inlassablement: "Comme je l'affirme depuis le début, aux 'Grandes Gueules', personne ne me dit avant ce que je dois dire ou penser, ni même comment je dois le dire ou le formuler à l'antenne. 'Les GG', c'est la liberté et la vraie vie."»

Une liberté dont Mourad use de manière parfois facétieuse, comme le 14 avril 2017 face à Clémentine Autain. Alors en campagne pour Jean-Luc Mélenchon, elle défend le projet d'« échelonner les revenus de 1 à 20 ». Croyant piéger Mourad Boudjellal, elle lui demande de but en blanc :

« Savez-vous à combien est le SMIC ?

— À deux mille deux cents euros, répond-il.

— Ahhhhh ! Combien ? s'esclaffe-t-elle. Mais c'est une scène d'anthologie. J'en appelle aux auditeurs !

— Laissez-moi vous répondre, commence Mourad, l'anthologie va être pour vous. Parce que moi, des SMIC, j'en paie et ils me coûtent deux mille deux cents euros, charges comprises. Vous, vous ne savez pas ce que c'est, les charges, la différence est là. Salariales et patronales comprises, c'est l'employeur qui les paie. Mais vous, vous n'en avez pas conscience, vous pensez qu'un SMIC ça coûte mille deux cents euros. C'est grave, car vous n'avez jamais créé un emploi de votre vie, avec votre argent. Moi, je dis que le coût du SMIC pour une entreprise, c'est deux mille deux cents euros, et cela vous a surprise… et c'est ce qui me surprend. Vous ne connaissez pas le coût d'un SMIC en France ! »

Sept ans après, Mourad s'amuse encore du « coup » du SMIC que voulait lui faire Clémentine Autain. « Elle me prenait pour un bourgeois détaché des réalités, tel Giscard d'Estaing qui ignorait le prix du ticket de métro. C'est vrai, je gagne très bien ma vie. Et l'argent facilite mon quotidien. Il me permet de boire des grands crus et ce n'est pas rien ! Mais il n'est pas mon but. Je ne perds pas de vue la réalité. Je sais ce qu'est la pauvreté, je connais le coût de la vie, je n'ai pas de chauffeur et je gare ma voiture sur le parking de l'hyper Casino où je fais chaque semaine les courses pour ma famille. “Les Grandes Gueules” font partie de cette hygiène de vie qui me permet de rester en contact avec les gens. »

Comme les autres GG, Mourad s’appuie sur son expérience personnelle pour réagir aux questions d’actualité. C’est ainsi qu’il s’oppose en avril 2024 à la proposition du garde des Sceaux Éric Dupond-Moretti de placer les jeunes délinquants dans des familles d’accueil : « Le ministre de la Justice se trompe complètement. Le problème de ces gamins, au-delà de l’éducation, c’est qu’on est dans une société consumériste et qu’ils n’y ont pas accès. Plutôt que la famille, la solution est dans l’entreprise pour que ces gamins commencent à travailler, à gagner leur vie, pour être des acteurs dans une société consumériste et moi je suis intimement persuadé que plus on grandit socialement, plus on s’éduque et on apprend les règles de la société. Ce n’est pas si simple que ça mais aller dans une famille d’accueil ne servirait à rien. »

En onze années de présence, Mourad avoue ne s’être énervé qu’une fois. « Ivan Rioufol, l’éditorialiste, m’a vraiment exaspéré. Je n’ai jamais vu un tel réac ! Pour la première fois de ma vie, pendant la pause publicitaire, j’ai eu envie de frapper quelqu’un. Alors qu’on parlait d’Israël, il a sous-entendu que j’étais antisémite. » Accusation infamante à ses yeux : « Vous savez, en tant qu’Arménien, je me sens un peu juif. J’ai beaucoup d’amis sépharades et un seul ashkénaze. » On l’aura reconnu, il s’agit de… Gilles-William Goldnadel, l’ancien pilier des « GG ». « Notre amitié me perturbe beaucoup car Gilles-William est vraiment très, très à droite. Politiquement, on est aux antipodes. Mais humainement, c’est un type extraordinaire et on s’entend formidablement bien. C'est quelqu'un sur qui on peut compter. » Cette amitié, confirmée par Gilles-William Goldnadel, résiste à tout, même aux passions déclenchées par la guerre entre Israël et le Hamas, à la suite des massacres du 7 octobre 2023, et qui a conduit chacun à exprimer des positions souvent opposées.

Telle est la magie des « GG » qui crée des passerelles amicales au-delà des opinions politiques. Et permet de révéler l'humanité des uns et des autres bien au-delà des stéréotypes et des étiquettes. Et s'il est une personne toujours surprenante, c'est bien celui qui fut longtemps le benjamin des GG : Charles Consigny.

CHARLES CONSIGNY

L'ARISTO À LA LANTERNE LIBÉRALE

« Avant, les hommes par exemple portaient des cols amidonnés, des plastrons, des chapeaux, leurs poignets de chemise étaient amidonnés ! » Ce 21 juillet 2017, au micro des « Grandes Gueules », Charles Consigny commente la fin de l'obligation de porter la cravate et la veste à l'Assemblée nationale. Il y voit un signe de décadence pour toute la société :

« Une certaine tenue vestimentaire générale signifiait que les gens s'imposaient à eux-mêmes une certaine élégance, une certaine droiture. Aujourd'hui, dans le métro, vous voyez des gens en tee-shirts, avachis devant leur smartphone... Ils sont vautrés physiquement et "vestimentairement" parce que vautrés moralement, c'est la signification d'un abandon. Karl Lagerfeld dit que le jogging est un signe de démission. On s'habille en jogging parce qu'on perd le contrôle de sa vie ! » Dans un monde où tout passe et tout lasse plus vite que la lumière, Charles Consigny refuse de faire du passé table rase.

« J'ai grandi avec la musique de Farinelli à pleins tubes dans le salon, le dimanche, j'ai un peu de mal avec l'Auto-Tune. » Charles Consigny est issu d'une famille de petits aristocrates vendéens qui a souffert de la Révolution. « La République est née dans une mare de sang : le meurtre du roi, puis le génocide des paysans vendéens, durant lequel les colonnes infernales du général Turreau jetaient des bébés dans les flammes. C'est un moment historique qui me bouleverse. » Ironie du destin, Charles Consigny est né un 14 juillet. Et pas n'importe lequel, celui du bicentenaire de la prise de la Bastille.

À trente-cinq ans comme à vingt, il se veut démodé : « Je n'écoute pas PNL, ne fréquente pas les festivals, je n'aime rien tant que la musique classique et les vieilles maisons, tout cela fait peut-être de moi ce qu'on appelle aujourd'hui un "réac". »

L'État qui asservit

Pourtant, Charles Consigny se défend d'être un bourgeois : « J'ai été élevé dans un certain confort, mais non dans l'opulence. Je n'ai pas fréquenté les collèges et lycées élitistes de Paris, par exemple. » Rétif aux mirages de la consommation, indifférent au culte contemporain des footballeurs ou des stars de la télé-réalité, il aime raconter l'histoire de son ancêtre Henri de La Rochejaquelein, tué à vingt-deux ans par les Républicains. Ce héros de l'armée de Vendée menait ses soldats au combat, en leur criant : « Si j'avance, suivez-moi ; si je recule, tuez-moi ; si je meurs, vengez-moi ! » Charles Consigny n'est pas pour autant royaliste : « Je ne fais pas partie de ceux qui commémorent la décapitation de Louis XVI. Et je suis heureux de vivre en démocratie. Mais je me sens dépositaire de l'héritage d'une certaine France, plus attachée à la liberté qu'à l'égalité, bête et méchante. La gauche, aujourd'hui, ne coupe plus les têtes. Mais elle terrorise moralement tous ceux qui réussissent, par leurs mérites individuels et non grâce au syndicat, au parti ou à l'institution. Regardez la SNCF : la CGT y préfère le statut au mérite ! L'égalitarisme est un totalitarisme qui rend les gens tristes et qui ne marche pas. La seule solution pour réduire la pauvreté, c'est de laisser vivre le marché. J'ai souvent défendu Trump, car c'est un entrepreneur, un homme habitué à prendre des risques, ce qui ne m'empêche pas, par ailleurs, de le trouver épouvantable. »

En réalité, l'aristo des « Grandes Gueules » est d'abord un libéral. Il préfère l'individu au groupe : « Les citoyens sont broyés par les procédures administratives. Ce constat m'a motivé pour devenir avocat. C'est un métier qui donne parfois l'occasion de délivrer l'individu des tentacules de l'État qui l'asservit. » Charles Consigny a choisi le droit aussi pour une autre raison : « C'est une discipline à l'ancienne, avec un langage en vieux français. Quand on lit un arrêt de la Cour de cassation, on se croirait au Moyen Âge. Et quand on regarde des magistrats, lors d'événements officiels, on les voit habillés comme sous l'Ancien Régime. » Ayant tourné la page du XXe siècle en primaire chez les sœurs, dans une petite école du Ve arrondissement de Paris, le jeune Charles commence le suivant au lycée Massillon, fondé par les oratoriens, près de la Bastille. « Je suis imprégné de culture chrétienne. Il faut être aveugle pour ne pas voir que les églises apaisent le pays. Je crois beaucoup aux vertus de la prière. Pourtant, je ne vais jamais à la messe, sauf à Noël. Je suis croyant par gros temps, je m'en remets à Dieu seulement quand cela "chauffe" dans ma vie. Mais c'est encore très faible : ma grand-mère, par exemple, prie pour les autres. »

Après des études de droit à l'université Panthéon-Sorbonne, Charles Consigny est devenu avocat fin 2018. Pour y parvenir, il a emprunté des chemins de traverse. À seize ans, le jeune garçon a quitté le lycée au début de la terminale pour préparer le bac en candidat libre. «Je m'ennuyais trop, assis toute la journée en classe. J'avais envie de bouger, de gagner ma vie.» Particulièrement précoce à une époque où les «Tanguy» prolongent leur adolescence jusqu'à la trentaine, il fonde à dix-sept ans son propre magazine culturel, *Spring*, et publie à vingt-deux ans avec son père son premier roman *Le Soleil, l'herbe et une vie à gagner*. L'année suivante, en 2012, il signe sa première chronique dans l'hebdomadaire *Le Point*. Il n'a que vingt-trois ans. Il se fait connaître des milieux parisiens dans la catégorie des intellectuels de droite, qui commence à être recherchée par les médias, après en avoir été longtemps bannie.

«Je rêvais de parler à la télé, d'être chroniqueur un peu par narcissisme et beaucoup parce que j'avais des messages à faire passer.» Son baptême de l'écran se déroule sur BFM Business où il vient présenter *Spring*, vers l'âge de vingt ans. À l'occasion d'un débat sur Paris Première en 2009, il fait la connaissance de Christine Boutin. Sympathie réciproque. Un jeune homme de vingt ans, ouvertement homosexuel, aux côtés de la madone du conservatisme français, celle qui brandit la Bible à l'Assemblée nationale! Charles Consigny crée la sensation: «Christine Boutin est une personne affable, rigolote et qui ne se prend pas trop au sérieux. Quand je l'ai rencontrée, elle sentait le soufre. Cela nous amusait mutuellement de nous fréquenter. Elle m'a invité à des réunions de son Parti chrétien démocrate où je donnais mon avis. Mais je n'y ai jamais vraiment milité.» Au début, le jeune homme soutient dans son combat la Jeanne d'Arc de la réaction: «J'étais énervé par le consensus écrasant en faveur du mariage gay. Et je n'aime pas le conformisme.» Mais, en janvier 2013, il tourne casaque à la veille du premier grand rassemblement de La Manif pour tous. « Les arguments haineux des adversaires de Christiane Taubira m'ont décidé à soutenir son projet de loi. J'ai expliqué à Ludovine de La Rochère, la présidente de La Manif pour tous, que son mouvement dissimulait mal une homophobie profonde, au même titre que l'antisionisme sert de paravent à l'antisémitisme. »

L'école des « Grandes Gueules »

En 2014, notre aristo libéral publie son deuxième livre, *L'Âge tendre*, et réalise son rêve de tenir une chronique régulière à la télévision. De janvier à mars, il participe à la nouvelle « Émission pour tous » de Laurent Ruquier, diffusée quotidiennement à 18 h 30, sur France 2. « On était toujours dans la rigolade et la détente. Ruquier est un grand professionnel. J'ai beaucoup appris avec lui. » Ce talk-show doit malheureusement cesser, faute d'audience. Mais il représente un merveilleux tremplin pour un jeune talent. Dring… Dring… Les Grandes Gueules le veulent dans leur équipe. « Quand ils m'appellent, je leur déclare franchement : "Je ne connais pas votre émission. Laissez-moi l'écouter avant de vous répondre." » Le premier essai est concluant : « Comme je sortais d'une émission d'humour chez Ruquier, il a fallu que je m'adapte au style des "GG". Frank Lanoux, alors directeur de RMC, m'avait mis en garde : "Tu ne dois pas rire tout le temps." "Les GG", c'est une émission sérieuse, l'agora de la parole citoyenne, où on traite des sujets lourds. Au début, je jouais le rôle du réac un peu sophistiqué. Puis je me suis comporté naturellement, comme dans la vie. »

Charles Consigny ne simule jamais ses colères. Certaines resteront gravées sur YouTube comme les hiéroglyphes sur les pyramides d'Égypte. Le 3 juillet 2014, une prise de bec mémorable l'oppose au « gauchiste » des « Grandes Gueules », l'éducateur Étienne Liebig, à propos de l'âge de la retraite, dont Charles justifie le report. « Pour toi, lui lance Étienne, c'est pas trop grave, tu peux bien travailler jusqu'à soixante-dix ans. Et même quatre-vingts ans ! Tu peux y aller, on t'a payé tes études jusqu'à trente balais, tu peux y aller tranquille jusqu'à quatre-vingt-dix ans et tu ne seras pas crevé. Moi, mon père, il est mort juste après avoir pris sa retraite. Je suis désolé qu'il y ait des pauvres... Désolé ! On ne peut pas tous être avocat. » Se sentant attaqué personnellement, Charles Consigny s'étrangle d'indignation : « C'est à cause de gens comme toi... qu'on en est là aujourd'hui. J'ai jamais entendu un discours aussi con. Il fallait que je vienne jusqu'ici pour entendre un connard pareil. Quel connard ! » Sous le regard incrédule d'Olivier Truchot, qui cherche à le retenir, Charles Consigny quitte le studio. Poursuivi dans les couloirs par les assistants de production, il marche d'un pas rapide vers l'ascenseur, exaspéré. « J'ai trouvé particulièrement déloyaux les arguments d'Étienne. C'était indécent d'utiliser la mort de son père pour me clouer le bec. Quant à mes parents, que sait-il de leur vie ? De leurs difficultés ? Il n'y a pas que la souffrance sociale. Croit-il que tout est facile, dès lors qu'on n'est pas ouvrier ? Comme le disait l'essayiste martiniquais Frantz Fanon : "Je ne suis pas l'esclave de l'esclavage qui déshumanisa mes pères." »

Cet incident, vu plus de cent mille fois sur YouTube, a contribué à forger à notre aristo libéral la réputation d'un fort caractère. Une autre altercation, avec le chanteur Francis Lalanne cette fois, défrayera la chronique l'année suivante, lors du pilote d'un talk-show de Christophe Dechavanne, « Épinglés », pour TF1 – qui, finalement, ne verra jamais le jour. Charles Consigny, qui a la dent dure avec les autres, est très sensible aux attaques à son égard. « Je suis frappé par l'arrogance des gens de gauche. Persuadés d'incarner le bien, ils se croient supérieurs sur un plan moral. Il faut oser ! » À travers sa personne, Charles Consigny sent qu'une certaine France est visée : « Tous ceux qui restent attachés aux traditions, les cathos, les familles nombreuses, les paysans, sont moqués en permanence par les humoristes officiels. C'est une nouvelle Inquisition ! » Au début de la campagne présidentielle de 2017, le cœur de Charles Consigny penchait vers l'incarnation de cette France d'avant, François Fillon, mais sa raison le poussa à voter Macron dès le premier tour : « Ce jeune président me paraissait une chance pour la France. Positif et plutôt libéral, il voulait responsabiliser les Français. »

Charles Consigny a cependant rapidement rejoint la cohorte des déçus du macronisme : « Macron s'est laissé envahir par son narcissisme et il s'y est perdu, comme Narcisse s'est noyé dans le fleuve où il contemplait son reflet. » Charles reproche surtout au président Macron l'absence d'une vraie politique libérale. « La France reste une nurserie où l'État traite le citoyen en enfant : fais pas ci, fais pas ça. On vous inflige des amendes quand vous ne mettez pas votre ceinture de sécurité et même quand vous crachez par terre. La loi remplace la civilité et l'éducation. »

Charles a beaucoup appris au contact des Grandes Gueules. « Nos joutes m'ont aidé à m'expliquer en public de manière claire et synthétique, ce qui m'a beaucoup servi à l'École du barreau. J'aime Olivier et Alain, toujours bienveillants, comme deux grands frères, et Jacques Maillot, comme un grand-père. Avec sa voix de capitaine de frégate et son souci de l'exactitude, il ne déclenchait jamais de polémique pour le plaisir. Je regrette vraiment qu'il ne participe plus à l'émission. Mais trois heures d'affilée, cela demande énormément d'énergie et à son âge, il doit se ménager un peu. J'ai rencontré des gens dont la vie fut bien différente de la mienne : Johnny Blanc, le fromager, Jimmy Mohamed, le médecin, ou Élina Dumont, l'ancienne SDF. J'ai adoré m'engueuler pendant des années avec Marie-Anne Soubré qui est d'une gauche à l'ancienne. Parmi les nouveaux, j'aime bien Frédéric Farah, le professeur d'économie, Bruno Poncet, le cheminot… Je m'amuse à jouer au bourgeois, mais "Les Grandes Gueules", en me plongeant dans l'eau glacée de la société, m'ont rendu sensible à des questions qui nous concernent tous. »

Charles Consigny est loin de correspondre à la caricature qu'il se plaît à entretenir. Ainsi, les Grandes Gueules l'ont entendu s'indigner du sort des migrants : « Les procédures à leur encontre sont souvent inhumaines, par exemple quand elles conduisent à limiter les distributions de nourriture à Calais. On ne les traite pas en êtres humains. Et on sanctionne ceux qui leur viennent en aide. Encore les méfaits d'un État qui n'a pas de cœur ! » On l'a vu aussi évoluer au cours d'une émission : « Quand j'entends l'avocat d'une terroriste en Irak plaider en faveur de son retour en France près de ses enfants, je n'écarte pas a priori ses arguments, même si le sujet commande de se garder de tout angélisme. » Charles Consigny peut défendre dans la même phrase Zemmour et les migrants, la liberté d'expression et celle d'exister. « L'idée que je me fais de l'avocat conduit à toujours défendre d'abord la liberté. J'aime plaider, me battre dans les dossiers. Dans une salle d'audience je me sens vraiment mieux que nulle part ailleurs. » Il n'a pas cherché la facilité en défendant Yacine Mihoub, accusé du meurtre antisémite de Mireille Knoll, une femme de quatre-vingt-cinq ans, rescapée de la Shoah. « C'était un dossier ingagnable dans lequel je suis resté par loyauté à mon client. Le président de la cour d'assises a été atroce. Il a expédié ce procès. Les avocats des parties civiles ont pris une place très excessive, ont invectivé mon client, ont fait montre d'une agressivité qui n'était pas nécessaire. Mais je défendrais à nouveau cet homme si je devais le faire. »

Aristo, qui s'avance dans la pénombre du XXIe siècle, une lanterne libérale à la main, Charles Consigny aime la lumière – sinon il se tiendrait à l'écart des médias – mais il n'en est pas avide au point de s'y perdre. Appelé à remplacer Yann Moix à la rentrée 2018 dans l'incroyable « machine à buzz » qu'était « On n'est pas couché », de Laurent Ruquier il est revenu « à la maison » des GG, moins exposé mais plus à l'aise. « L'expérience sur France 2 fut très intéressante mais Christine Angot était vraiment toxique ! » Charles s'est ensuite une deuxième fois mis en congé des GG pour soutenir Valérie Pécresse avant la présidentielle de 2022. « Cette campagne n'avait pas grand intérêt car tout était joué d'avance. Mais je ne voulais pas la suivre en commentateur ; j'ai été candidat aux législatives ensuite pour faire cette expérience et commencer à entrer en politique. C'était utile. »

Charles Consigny aimerait bien se lancer pour de bon en politique. Mais depuis quelques années, de nouvelles règles interdisent le cumul, longtemps répandu, d'un mandat parlementaire et du métier d'avocat qui le passionne. Il est aussi occupé par la littérature et vient de publier un nouveau roman intitulé *Le Grand Amour*. Plongera-t-il un jour pour de bon dans l'arène politique ?

À trente-cinq ans, l'avenir lui appartient. Mais la sensibilité qu'il représente, à la fois conservatrice et libérale, est devenue marginale. Avant les élections législatives de juillet 2024, Charles s'est offusqué dans « Les Grandes Gueules » du ralliement d'Éric Ciotti au Rassemblement national. Et s'est prononcé « malgré tout » en faveur des macronistes entre les deux tours des législatives.

Seuls ceux qui ne le connaissent pas ont été surpris de l'entendre demander la nomination à Matignon de Lucie Castets, candidate du Nouveau Front populaire. Car Charles, en bon avocat, défend, en tous domaines, ce qui lui semble juste. Et s'il éprouve un rejet, c'est bien celui de l'extrême droite surtout quand elle est incarnée par Éric Zemmour.

Dans « Les Grandes Gueules » du 4 octobre 2021, Charles Consigny avait qualifié d'extrême droite le livre du chroniqueur de CNews auquel il reprochait d'être déconnecté de la situation des Français. Si ce dernier l'a écouté d'abord avec un sourire ironique, il eut du mal ensuite à imposer son argumentation, étant sans cesse interrompu par Charles Consigny : « Écoutez-moi maintenant, clama Zemmour, poussé à bout. J'élève la voix. Pendant que vous parlez, moi je me tais. Non, je ne reste pas calme, je connais ce truc. » Charles Consigny lui rétorqua : « Pour être président, il faut être calme.

— Je m'en fous, réagit le polémiste, à deux doigts de quitter le studio. Oui, je ferai peur aux gens. J'aimerais bien que vous vous taisiez. Bon OK, je m'en vais. » Éric Zemmour ne mit pas sa menace à exécution. Mais ce jour-là, avec Consigny, il avait trouvé son maître.

JOËLLE DAGO-SERRY

LA MUTANTE

Il est rare de voir une Grande Gueule craquer en direct à l'antenne. Tel fut pourtant le cas de Joëlle Dago-Serry, le 29 juin dernier, avant-veille du premier tour des élections législatives. Face à Yaël Braun-Pivet, alors ex-présidente de l'Assemblée nationale, Joëlle ne put retenir ses larmes : « Qu'est-ce que vous avez fait de la France ? [...] Il y a trois heures que je me retiens, je ne sais même pas pourquoi je suis là. Je commente la politique comme si j'étais une analyste. Excusez-moi, je suis une citoyenne... Qu'est-ce que vous avez fait de la France ? Qu'est-ce que vous avez fait de la France ? J'aimerais que vous me répondiez : Qu'est-ce que vous avez fait de la France dont on vous a confié les clefs en 2017 parce qu'on a cru en vous, parce que j'ai cru que ce président comprenait le monde dans lequel on vivait, comprenait les Français. Qu'est-ce que vous avez fait de la France ? Pourquoi demain ce serait Jordan Bardella ? »

À cet instant, tous les sondages promettaient une majorité relative voire absolue au parti de Marine Le Pen et Jordan Bardella. Une situation qui plongeait Joëlle

Dago-Serry dans le plus grand désarroi : « J'ai voté pour Emmanuel Macron en 2017 en y croyant très fort et en ayant conscience à quel point il était le dernier rempart avant l'extrême droite. Je sentais que s'il ne réussissait pas, on aurait l'extrême droite. J'ai voté pour quelqu'un de mon âge aussi, que je pensais un peu plus libéral dans sa façon de gouverner avec un peu plus de décentralisation, beaucoup moins de concentration des pouvoirs, etc. Je vous ai vue arriver aussi au perchoir et je me suis dit : "Tiens, une femme!" Et donc en fait, à travers le parcours de Renaissance, j'ai vu des choses qui me donnaient espoir [...] et je me retrouve avec ce dont j'avais peur au fond, je me retrouve avec le RN [...]. Et je ne sais plus pour qui voter... Je suis presque émue parce que je ne considère pas le vote comme rien du tout et je l'ai plusieurs fois exprimé ici en disant qu'on devait voter mais je me sens obligée de voter... je dois voter... En tant que personne, je ne sais plus à qui j'appartiens, à quel pays j'appartiens, je me sens presque apatride parce que je me dis : "Je suis française"... c'est vraiment compliqué, c'est vraiment compliqué... »

Comment une Française peut-elle se sentir « apatride » ? Pour comprendre Joëlle Dago-Serry, il faut écouter une autre émission des « Grandes Gueules », au ton bien plus joyeux. Elle date du 22 décembre 2016. On est encore sous François Hollande. Ce jour-là, Olivier Truchot sollicite l'avis des Grandes Gueules à propos de la diminution éventuelle du montant des allocations familiales.

« Est-ce que c'est une bonne idée, alors qu'elle marchait bien, notre politique familiale ? Parce que cela marche bien !

— Non ! répond Joëlle Dago-Serry, avant d'ajouter, hilare : En même temps, je suis d'une famille de quatorze enfants !

— Ouah, quatorze enfants ! s'exclament, incrédules, les deux autres intervenants présents en studio, Bernard Debré et Étienne Liebig.

— Cela a dû nous coûter bonbon, s'esclaffe ce dernier, s'érigeant en défenseur du contribuable. Tu peux nous inviter à bouffer ce midi pour rembourser un tout petit peu ? »

Olivier Truchot lance alors : « Ce serait sympa qu'un jour tu viennes avec tes treize frères et sœurs. Il va falloir qu'on agrandisse le studio !

— J'en ramènerai un chaque semaine, répond la jeune intervenante.

— Alors, en 2017, conclut Olivier, toutes les semaines, nous allons découvrir un frère ou une sœur de Joëlle et cela nous emmènera jusqu'au mois de juin ! » Non ! Il ne s'agissait pas d'un sketch pour amuser les auditeurs à deux jours de Noël. Joëlle Dago-Serry est bien issue d'une famille plus nombreuse qu'une équipe de foot, remplaçants inclus. Quatorze enfants ! Nés sur quatre décennies, entre l'aîné, son frère de soixante-cinq ans (déjà grand-père) et la dernière des petites sœurs, aujourd'hui âgée de vingt-neuf ans. « Cela correspond à un nombre inférieur à la moyenne française d'enfants par couple, précise Joëlle avec humour, car mon père a été marié ou en couple… huit fois, depuis l'âge de dix-huit ans ! Mais il n'est pas polygame, il n'a jamais eu deux femmes en même temps ! »

La mère de Joëlle, Suzanne, fut son avant-dernière épouse. Ils se sont mariés en Côte d'Ivoire, en 1975. Le père, Martin, y était comptable chez IBM où Suzanne, bien plus jeune, suivait une formation d'opératrice. Quittant leur pays, Martin et Suzanne se sont installés à Paris, où la future Grande Gueule est née, en 1978.

La France ne leur était pas étrangère. Ils avaient été français dans leur jeunesse. Comme tous les enfants des pays colonisés, ils avaient récité « Nos ancêtres les Gaulois ». Les liens étaient tels qu'après l'indépendance, il fallait encore venir dans l'Hexagone pour obtenir certains diplômes. Ainsi le père de Joëlle dut passer le probatoire, un diplôme de comptabilité, avant l'expertise.

« À leur arrivée en région parisienne, mes parents ont été hébergés chez le frère de mon père. Ensuite, comme ils étaient membres d'une église protestante à Aulnay-sous-Bois, ils ont bénéficié de la générosité d'une paroissienne qui leur a prêté gratuitement un pavillon, dont elle était propriétaire. Deux ans après, ils ont obtenu un logement social. » Le père de Joëlle, devenu expert-comptable, et sa mère, opératrice de saisie informatique, ont élevé leurs enfants dans le respect de la France, sans renier leurs origines – malgré un lien plus ténu avec l'Afrique, où ils ne les ont emmenés que trois fois en vingt ans. « J'ai des neveux et nièces en Côte d'Ivoire, mais seulement un frère. Quand je vois le village natal de mes parents, électrifié depuis cinq ans seulement, je mesure le chemin parcouru. Cela me permet d'être une Française heureuse et optimiste qui apprécie, plus que d'autres, toutes les facilités offertes par notre pays. »

Une enfant de la dalle

Binationale française et ivoirienne, Joëlle Dago-Serry se revendique à sa manière de cette double culture, honnie par Éric Zemmour. L'essayiste réac, qui n'avait pas encore plongé dans le grand bain de la politique, le lui a dit, les yeux dans les yeux, lors de son passage aux « Grandes Gueules », le 21 novembre 2016 : « Le modèle français et républicain fondé sur l'assimilation [...] est mort. Nous sommes d'ores et déjà dans un système multiculturel, avec des communautés qui s'organisent. Il y a des tas de quartiers, de banlieues où on n'est pas en France.

— Vous ne pouvez pas dire ça, lui répond Joëlle. J'ai grandi dans l'un de ces quartiers dont vous dites qu'il n'est plus en France, et je suis allée à la même école que les autres. J'ai eu les mêmes programmes scolaires, le même collège unique. En quoi ce n'est plus la France? [...] Vous ne pouvez pas me dire que, dans toutes les classes de banlieue, les élèves s'insurgent quand on enseigne Voltaire. C'est une minorité!» La cité, elle connaît.

Joëlle Dago-Serry est une enfant du 9.3. Elle y a habité pendant plus de quarante ans avant de déménager à Paris il y a seulement deux ans. Elle a grandi à Aulnay-sous-Bois, puis à Saint-Ouen, ville qui fut jusqu'en 2014 un des derniers bastions de la banlieue rouge.

«Les communistes avaient fait de la ville un petit paradis avec sa patinoire, sa piscine, son conservatoire, les vacances à bon marché, les cadeaux distribués en fin d'année dans les écoles primaires. La municipalité était un vrai père Noël!» Pourtant, Joëlle n'a jamais été tentée par l'adhésion au PCF, ni même au PS, dont son père était membre: «En grandissant, j'ai compris que la ville vivait à crédit avec une dette publique qui obligeait sans cesse à augmenter les impôts.»

De gauche et favorable à l'économie de marché, Joëlle s'était reconnue en 2017 dans la promesse d'un social-libéralisme incarné alors par Emmanuel Macron. Un an après la première élection de celui-ci, Joëlle encensait encore sa politique sur l'antenne des «Grandes Gueules» le 25 juin 2018. Réagissant alors aux propos de François Pinault – septième fortune de France, qui avait déploré dans le magazine *M* du *Monde* que « Macron ne comprenne pas les petites gens » –, Joëlle s'emportait : « Je ne comprends pas cette expression. [...] Je regarde du côté des gens qui sont malades et je constate que l'allocation aux adultes handicapés va être à nouveau revalorisée en fin d'année... L'année prochaine, elle passerait donc de huit cent treize à neuf cents euros, ce qui n'est pas énorme, mais cela montre quand même que ces personnes sont prises en compte. »

Joëlle veut réserver les aides sociales à ceux qui en ont vraiment besoin : « Moi et mes parents, quand on vivait dans un hôtel, on n'était pas des petites gens, parce que mes parents avaient des capacités et la santé. [...] Qu'est-ce qu'il cherche, Macron ? Il veut donner aux gens les moyens de s'émanciper ! »

Quelques années plus tard, Joëlle avait déchanté. En avril 2022, à trois semaines de l'élection présidentielle, elle réagissait vivement à la remise de dix-huit centimes sur le carburant annoncée par le gouvernement : « Toutes ces petites aides qu'on nous donne comme ça, moi, j'appelle ça des bonbons, excusez-moi des petits bonbons à sucer avant l'élection [...]. Moi, je ne trouve pas que cela m'aide. Je me demande si un jour on vivra tranquillement de notre salaire et de notre travail. C'est un vrai débat parce que c'est la crise. Alors aujourd'hui on dit : "Moins dix-huit centimes moins cinq centimes, cent euros versés au mois de février." D'accord, mais une fois que tout ça va passer, le Covid, le quoi qu'il en coûte, la guerre en Ukraine, il restera la France et à la fin, est-ce que la France m'offre les moyens de vivre de mon travail et de mon salaire ? Ma réponse, aujourd'hui : non. » En fait, Joëlle trouve Macron pas assez libéral. « Je me suis un peu plus droitisée depuis 2017 en ce sens où le sujet de la dette publique, des dépenses publiques me tient un peu plus à cœur. Je crois que seule la liberté d'entreprendre, une plus grande liberté accordée au chef d'établissement mais aussi aux familles, de choisir l'établissement dans lequel elles souhaitent inscrire leurs enfants, permettra d'aider les enfants des quartiers défavorisés dont je suis issue. Le bilan d'Emmanuel Macron est assez bon sur le plan du chômage mais je lui reproche une façon de gouverner ultra-verticale, et une boussole politique qui est passée d'"en même temps" à nulle part. Et ce qui m'agace le plus, c'est qu'il était censé être libéral et qu'il est très interventionniste. L'épisode des mesures subventionnant la réparation des chaussures a entériné mon divorce avec le macronisme. » Joëlle, la désenchantée, s'est hissée à la force du poignet parmi les « premiers de cordée ».

Après un deug de droit à la fac d'Assas, elle a d'abord travaillé comme téléconseillère et occupé plusieurs postes dans des services de recouvrement et de contentieux de sociétés privées, puis chez un bailleur des HLM. En 2019, elle était chargée de clientèle dans un organisme gérant l'attribution de logements sociaux. Elle a quitté cet emploi fin 2019 pour créer une entreprise avec sa sœur et une amie, afin de commercialiser leurs créations en mode féminine. Elles utilisent le wax, un tissu africain qui leur permet de maintenir le lien avec leur culture d'origine. Joëlle est désormais entrepreneure dans le coaching de vie. « J'ai été une adolescente et une jeune femme très timide et cela m'a longtemps porté préjudice dans l'évolution de ma carrière. Aujourd'hui, j'aide les personnes timides à vaincre leur timidité, à prendre la parole en public et acquérir les habiletés relationnelles qui leur manquent pour faire évoluer leur carrière correctement. J'aime ce métier, il contribue pour moi à améliorer le quotidien des gens. Lorsqu'une personne réussit à faire évoluer sa carrière, elle améliore son bien-être mais aussi ses revenus et donc le confort de sa famille. Il n'y a pas que la politique pour améliorer notre pouvoir d'achat, il y a aussi notre capacité à comprendre comment le système fonctionne et quelles compétences nous devons développer pour avancer dans ce système. »

Joëlle a toujours eu la réputation d'être une personne qui aime donner son avis, qui dénonce les dysfonctionnements et les injustices. Un jour de 2010, son chef de service lui dit : « Tu devrais écouter "Les Grandes Gueules" sur RMC, cette émission te correspond tout à fait. » Joëlle est devenue accro aux « Grandes Gueules » tantôt au bureau, en fond sonore, tantôt le soir ou le week-end à la maison.

De l'autre côté du poste

Évidemment, elle n'avait jamais envisagé passer de l'autre côté du poste. Ce privilège lui semblait réservé à des personnalités inaccessibles à ses yeux, tels Karim Zéribi ou Jacques Maillot. Pourtant, fin 2015, les Grandes Gueules annoncent une nouveauté : ils vont lancer un grand casting, afin de recruter un nouvel intervenant parmi les auditeurs. Quinze jours pour s'inscrire. Les candidatures sont ouvertes. Il y en aura mille. Et Joëlle déposera la sienne l'avant-dernier jour, accompagnée d'une vidéo de trois minutes. Notre chargée de clientèle a choisi, parmi trois thèmes proposés, le vote obligatoire : « J'ai enregistré mon intervention sans aucune préparation, sur un coup de tête, un soir à minuit, seule chez moi, à l'aide d'une perche à selfie. »

Chaque jour, les Grandes Gueules diffusaient l'extrait d'une des vidéos reçues. « J'ai envoyé la mienne un jeudi et le vendredi, terrifiée, j'entends ma voix à la radio alors que je ne m'y attendais pas du tout. Me trouvant très mauvaise, j'étais convaincue qu'ils ne me prendraient pas. » Pourtant, le lundi suivant, Joëlle reçoit un appel de Paul Larroque, le producteur des « Grandes Gueules ». Tutoiement de rigueur : « Tu fais partie des cinq candidats retenus. Chacun passera à l'antenne pour un test, chaque jour de la semaine. Pour toi, ce sera vendredi. »

Plouf ! Le grand saut ! Et sans gilet de sauvetage. Pendant les quatre jours précédant l'émission test, Joëlle peine à trouver le sommeil, puis à le garder longtemps. Comme c'est l'usage, on l'informe des thèmes la veille. Elle travaille tard pour chercher des infos sur Internet, comme s'il s'agissait d'un examen. Patatras : arrivée au studio, elle apprend qu'on ne parlera pas des sujets prévus. L'adrénaline monte en flèche : « J'ai eu l'impression de sortir de mon corps et de me regarder parler. »

Ce 5 février 2016, Joëlle fait preuve d'un grand naturel. Dans le conflit opposant les taxis aux voitures de transport avec chauffeur (VTC), sujet brûlant de l'actualité, elle choisit son camp : « Je suis une cliente régulière des VTC, Uber en particulier… C'est moins cher. C'est jeune et pratique, grâce au smartphone. Et le service n'a rien à voir ! Avant, je commandais un taxi quand j'avais le couteau sous la gorge, qu'il n'y avait pas de métro. Quand je demandais au chauffeur : "Est-ce que vous allez à Aubervilliers ?", j'avais honte, j'avais peur, il fronçait les sourcils et donnait l'impression de me faire une fleur… Je le payais quand même ! Vous vous rendez compte ! Mais où on est ? [...] Avec Uber, des jeunes issus des banlieues, qui n'avaient plus aucun espoir, aujourd'hui ils ont leur travail, ils sont indépendants. Ils troquent le jogging et la capuche contre un beau costume. Moi, je préfère cela que de les voir traîner en bas de la cage d'escalier ! » Pour un coup d'essai, c'est un coup de maître. Dring ! Le téléphone sonne dans le taxi qui la ramène à Aubervilliers. C'est Alain Marschall : « Pourrais-tu te libérer une fois par semaine ? » Joëlle appelle son directeur sur-le-champ. Il accepte. Ouf. Il est à peine 15 heures. Un appel, cette fois d'Olivier Truchot :

« Tu es assise ?

— Non, debout, répond Joëlle.

— On compte sur toi chaque lundi, à partir de la semaine prochaine. »

La rançon de la gloire

« Les Grandes Gueules » ont changé la vie de Joëlle. Pour assumer sa participation hebdomadaire, elle est passée à temps partiel : 80 %. « Au boulot je ne parlais quasiment jamais des "Grandes Gueules". Je cloisonnais totalement. » Il n'en va pas de même dans la vie quotidienne. Son père la conseillait : « Je l'appelais pendant l'émission à la pause de midi et il me donnait son avis : "Attention, tu as parlé de Sarkozy ; tu sais, tu pourrais avoir des ennuis." » Un peu trop inquiet, mais tellement fier. « Il m'a dit un jour : "Ta participation aux 'GG', c'est la justification a posteriori de notre venue en France." » Sa mère n'en pensait pas moins. Elle avait ainsi soigneusement découpé le premier article concernant Joëlle, paru dans *Le Parisien*, et l'avait envoyé à la famille, en Côte d'Ivoire.

La médaille a cependant son revers. « Avant les "GG", je n'avais jamais souffert personnellement du racisme. Contrairement à certains, je n'ai jamais subi le moindre contrôle au faciès. À partir de la diffusion des "Grandes Gueules" par la chaîne numéro 23, en septembre 2016, des auditeurs ont vu évidemment la couleur de ma peau. Des femmes surtout ont commencé à faire des réflexions sur mes tenues vestimentaires qu'elles jugeaient "étrangères" ou "exotiques". » Mais les messages ouvertement racistes provenaient essentiellement des hommes. Soudain, Joëlle a découvert la haine sur sa page Facebook : « Rentre dans ton pays ! » « Sale immigrée ! » « Retourne dans ton arbre, espèce de singe ! » « Tu devrais avoir honte de toucher les allocs ! » Bouleversée, Joëlle a failli tout plaquer. « Heureusement, la majorité des messages n'avaient pas cette tonalité. Et surtout les autres GG m'ont réconfortée. Avec le temps, je me suis endurcie. »

Le 9 octobre 2017, au micro des « Grandes Gueules », Joëlle Dago-Serry a raconté une très récente et terrible expérience personnelle : « Ma petite fille jouait avec une copine de son âge ; une troisième fillette arrive et dit : "Je ne joue pas avec les Noirs parce qu'ils puent. C'est mon père qui me l'a dit." Vous vous rendez compte ! Une enfant de cinq, six, sept ans n'invente pas cela ! Je ne lui en veux pas. Elle l'entend dans sa famille. »

Quelques jours après cette émission, Joëlle a rencontré les parents de l'autre fillette. Ils se sont excusés et elle a choisi de passer l'éponge. Mais elle a appris à sa fille à répondre et surtout à être fière de ce qu'elle est. En neuf ans, Joëlle est devenue un des piliers des « Grandes Gueules ». « Cela exige un vrai boulot de préparation, non seulement la veille de l'émission, mais toute la semaine. Entre deux réunions de travail, j'écoute les podcasts des

“Grandes Gueules”. Mes centres d’intérêt sont surtout les questions internationales, les rapports entre l’Occident et l’Afrique, et les questions de société. J’aime aussi découvrir de nouveaux sujets. Par exemple, la vie des rois et des reines. J’ai même lu un livre sur la Louisiane, car je suis fascinée par tout ce qui touche à l’influence de la France dans le monde. Les discussions avec d’autres GG ont fait bouger mes lignes. En écoutant l’économiste Pascal Perri, longtemps membre des “GG”, j’ai découvert que je pouvais avoir des idées de droite en économie. Cela m’a traumatisée au début, car je m’étais construite dans une opposition à la droite que je croyais irréconciliable dans ce domaine. » Pour l’avenir, Joëlle rêve d’écrire un livre et d’animer sa propre émission. Avec elle, les rêves se réalisent souvent…

En même temps française et africaine, de droite et de gauche, successivement recouvreuse de loyers impayés, créatrice de mode et coach de vie, Joëlle est en mutation permanente. À l’image des GG et de la société. Joëlle incarne une figure féminine moderne au sein des GG. Elle n’est pas la seule. Parmi les piliers de l’émission, depuis près d’une décennie, on trouve aussi Zohra Bitan. Issue d’une famille musulmane originaire d’Algérie, ses engagements, en rupture avec son milieu d’origine, lui ont valu de prendre beaucoup de coups.

ZOHRA BITAN

LIBRE ET COURAGEUSE

Ce 22 juin 2023, les Grandes Gueules écoutent la représentante d'un collectif féministe qui appelle à boycotter l'acteur Gérard Depardieu, accusé de viols et agressions sexuelles. Zohra Bitan se met en colère : « Votre féminisme, c'est un féminisme de nanas biberonnées à la liberté qui vont à la plage en string et en bikini, c'est ça votre féminisme ? Moi, je vais vous emmener voir le féminisme, vous allez voir ce que c'est le vrai féminisme, le féminisme de combat où on mouille la chemise, le féminisme où on prend des risques, où on se fait insulter, le féminisme de combat. Vous, c'est le féminisme en carton 2.0 où je fais trois tweets et j'ai l'impression d'avoir fait la guerre, voilà c'est ça votre féminisme ! »

Née dans une famille d'immigrés algériens, Zohra, à huit ans, a pris conscience des différences sociales. Malgré les efforts de son père, la maison est insalubre. On se chauffe tantôt au poêle à bois, tantôt à la chaudière à mazout, voire pas du tout lorsque ces appareils tombent en panne. Zohra, qui fait ses devoirs dans la salle à manger, parmi ses frères et sœurs, envie ses copines qui ont leur stylo-plume et surtout leur propre chambre. Mais elle aime les histoires de « La Bibliothèque rose » et se dit que, du moins, même sans un sou, elle ne sera jamais pauvre dans sa tête. Petite fille chétive, curieuse, joyeuse et bavarde, désireuse de s'extraire de sa condition, Zohra commence son émancipation à cette époque.

Thiais est sa ville, le Val-de-Marne son département, et la France sa seule et unique patrie. Jamais elle ne s'est senti une fibre algérienne, trop soucieuse de se faire une place dans le pays où elle vit et qu'elle aime… même si elle sait que la France se mérite. « J'ai séjourné en Algérie pour la première fois en 1972 et j'y suis retournée plusieurs fois jusqu'à mes vingt ans. Je n'ai jamais aimé le fonctionnement communautaire, tribal, où le contrôle social des uns par les autres est de règle. En Algérie, tout le mode de vie était contraire à l'ambition que je cultivais : être libre, au sens littéral du terme ! »

Zohra est retournée en Algérie pour la dernière fois en 2009, afin d'accompagner sa mère vers sa dernière demeure dans son douar natal, auprès de son père. L'amour filial de Zohra est plus fort que la mort : « Maman était merveilleuse, affectueuse et courageuse. Tout comme papa, elle était d'une intelligence extraordinaire. Mes parents géraient leur vie avec des mots simples mais profonds, ma mère adorait régler chaque problème à l'aide de proverbes ! »

M'hamed a transmis à sa fille l'amour immodéré de la France. « Pour lui, c'était une chance de grandir dans ce pays. Il a traversé la Méditerranée, persuadé que nous aurions une vie merveilleuse ici. "Les Français, ils ont tout de bien", répétait-il ; avant d'ajouter avec humour : "Ils ne sont juste pas musulmans !" » M'hamed était très pieux. L'islam représentait pour lui une référence spirituelle, une paix intérieure et un combat contre soi-même pour veiller à être juste, bienveillant, tolérant et généreux.

« Évidemment, on ne mangeait pas de porc à la maison et on respectait le jeûne du ramadan. Mais notre éducation religieuse reposait plus sur des principes éthiques que sur les prières et les rites. » La maman de Zohra, croyante par tradition, couvrait sa tête de discrets foulards, telles les femmes de la campagne. « Mais, quand elle sortait, mon père lui demandait de s'habiller à la française. »

Les parents de Zohra acceptaient le modèle d'assimilation à la française. « Ils m'ont transmis le meilleur de l'islam, c'est-à-dire la foi en Dieu et en l'homme, la spiritualité, la distance à l'égard du matérialisme, la solidarité. Mais l'islam d'aujourd'hui ne peut pas être celui du VIIe siècle, un islam politique, guerrier, un islam de conquête. Je ne supporte pas les traficotages pour dominer les autres, et cela, quelle que soit la religion. »

Tolérant et ouvert, M'hamed avait retrouvé à Thiais un prêtre catholique, frère Jérôme, qu'il avait connu jadis en Algérie. « Le dimanche, après la messe, frère Jérôme venait à la maison et nous apportait *La Vie* et *Le Pèlerin*. En lisant ces magazines, j'ai appris beaucoup de choses sur le christianisme. Comme pour la majorité des Français, l'Église catholique a compté dans ma vie, avec ses valeurs et ses fêtes – surtout Noël, que j'aime beaucoup. Mes parents ne dressaient pas de sapin et notre seul cadeau était le programme télé qui nous régalait de comédies ou de westerns que nous adorions regarder, assis dans la salle à manger et même sous la table, à même le sol, serrés les uns contre les autres, allongés sur des coussins. »

Zohra était bonne élève, plutôt littéraire. À dix-huit ans, dans un poème intitulé « Soumission », elle dénonce le sort des filles promises au mariage contre leur volonté ; elle ne songe pas alors à elle-même, mais à certaines de ses cousines. Elle ne le supporte pas.

Depuis l'enfance, Zohra rêve de devenir avocate. Son père ne tarit pas d'éloges sur son sens de la repartie. Mais l'Éducation nationale en décide autrement et l'oriente vers un lycée professionnel. Après la cinquième, elle prépare un CAP et un BEP de secrétariat, qu'elle obtient facilement. À dix-huit ans, elle débute comme secrétaire, payée au SMIC, dans une petite entreprise de bâtiment.

Mais le travail ne suffit pas à remplir sa vie. Pendant son temps libre, elle anime sur Radio Beur (future Beur FM) l'émission « Parloir 107 », qui donne des nouvelles de leur famille à des détenus. Elle reçoit un grand nombre de courriers qu'elle a précieusement gardés. Elle milite aussi dans des associations de jeunes « beurs » contre la délinquance. À la cité Balzac, à Vitry-sur-Seine, elle tâche de persuader les garçons qu'il faut se remplir la tête avant de se remplir les poches. Elle est convaincue que s'ils s'intègrent et adoptent un mode d'éducation à la française, les filles souffriront moins et les mères également.

Une femme engagée

Partie pour une belle carrière dans le privé, Zohra s'ennuie. À vingt-cinq ans, elle choisit un travail moins rémunéré, mais plus intéressant, et décide de tenter l'aventure dans la fonction publique territoriale. Embauchée à la mairie de L'Haÿ-les-Roses en 1989, elle y restera jusqu'en décembre 2008. Huit ans durant, elle y occupe un poste dans l'insertion professionnelle, puis la jeunesse, la prévention, la communication et enfin la politique de la ville.

Dès 1991, Zohra a adhéré au Parti socialiste, incitée par son père à rejoindre cette gauche qu'il vénérait, considérant qu'elle seule défendait les pauvres. Durant vingt ans, Zohra va mener un combat interne au PS contre « une forme de paternalisme et de misérabilisme ayant pour effet d'enfoncer les gens dans leur condition sociale ». Elle s'indigne de ces mesures paradoxales et contre-productives, y compris dans son travail, où la municipalité socialiste n'hésite pas à acheter la paix sociale.

Entre-temps, Zohra a construit un foyer. Le 20 février 1984 – date inoubliable –, à vingt ans, elle rencontre chez un ami celui qui sera l'homme de sa vie : « Bibi », comme tout le monde appelle Yves Bitan. Un jeune homme charmant, passionné d'art et d'antiquités. À la fin du repas, les deux jeunes gens échangent leur premier baiser. Ce ne sera pas le dernier ! Quelques jours plus tard, Bibi présente la jeune fille à ses parents : une famille très modeste, qui vit dans une cité à Ivry. La maman d'Yves est bretonne et son père est juif, issu d'une famille algérienne, venue d'Oran en 1952. Les oncles sont pratiquants, mais Yves n'a pas reçu d'éducation religieuse. Circoncis par un rabbin et baptisé dans une église catholique, il est le fruit d'une mixité où chaque famille accepte de composer avec toutes ses identités.

« En fait, je n'avais pas l'impression de faire un mariage mixte, car Yves avait les mêmes codes de la cité que les jeunes issus de l'immigration. » Zohra et Yves se marient le 10 juillet 1984 dans la plus pure tradition algérienne et musulmane. Une grande partie de la famille est présente et certains ne cachent pas leur désapprobation. Mais, passé le moment de surprise, les parents de Zohra se prennent d'une grande affection pour leur gendre. Les deux fils de Zohra et Yves seront élevés dans une version de l'islam « hyper soft ». Comment en serait-il autrement, avec une mère engagée dans le combat contre l'islam intolérant ? Zohra ne supporte pas la banalisation du voile islamique. David Dickens l'ayant comparé à la croix chrétienne, elle pique une colère mémorable dans « Les Grandes Gueules » du 15 juin 2017 : « Arrêtez de banaliser et de dire que ce n'est pas grave, parce que dans ces pays, en Algérie, en Tunisie, au Maroc et au Moyen-Orient, les femmes souffrent. Et moi, cela me fait chier, alors que je suis née musulmane, que des gens qui n'ont rien à voir avec ma religion me donnent des leçons en disant : "Attention, le voile est un signe religieux comme les autres !" Ce n'est pas vrai, rien à voir avec la croix ni avec une kippa que tu portes sur ta tête en signe d'humilité. Or, quand tu mets un voile, c'est parce que le mec est incapable de se tenir quand tu as une jupe. Eh bien, ce mec, il va se faire foutre. Ou il se tient, ou il dégage ! Ça commence à bien faire de tout mettre au même niveau. J'ai vu l'islam politique progresser. Vous allez le laisser entrer, avec votre culture de bobos ! »

Lors des élections municipales de 2008, Zohra dirige la liste Union de la gauche PS, PCF et Verts dans sa ville de Thiais. C'est sa première candidature. Sans surprise, l'inamovible maire sortant Richard Dell'Agnolla est réélu au premier tour. Zohra devient pour six ans la chef de l'opposition municipale. Entre-temps, elle s'investit dans la fédération socialiste du Val-de-Marne, où elle est chargée de la communication. Se situant dans la mouvance strauss-kahnienne, elle est catastrophée par l'affaire du Sofitel de New York qui, en mai 2011, écarte de la vie politique le favori des sondages. Manuel Valls, qui apparaît comme l'héritier naturel du directeur général du FMI désormais déchu, décide de se présenter aux primaires du PS qui doivent avoir lieu en octobre 2011. Par l'intermédiaire de Luc Carvounas, maire d'Alfortville, Zohra rencontre Manuel Valls un jour de juin 2011 à la brasserie Le Bourbon, en face de l'Assemblée nationale. Issue de l'immigration, femme laïque et intransigeante, elle a le profil idéal aux yeux du maire d'Évry, alors isolé au sein du PS. Au bout d'une demi-heure, il lui propose de devenir sa porte-parole. « J'étais très contente. Je l'estimais beaucoup et il me faisait confiance en m'accordant cette responsabilité. »

Les premières semaines de la campagne sont idylliques. Coincé entre les poids lourds que sont Martine Aubry et François Hollande, le candidat « rénovateur » défend ses convictions, refusant toute démagogie, dans la lignée du parler vrai de Michel Rocard. Zohra est fière de l'accompagner dans ses déplacements, notamment au Festival d'Avignon. Trois mois plus tard, au soir du premier tour de la primaire, leurs chemins se séparent. Manuel Valls disparaît de la vie de Zohra, selon elle, comme il y était entré, sans un mot, sans un merci, sans un au revoir…

Zohra repense à ce que lui disait son père : « Quand tu as espéré quelque chose et qu'il ne se produit pas, c'est que quelque chose de mieux va t'arriver. » Elle choisit de quitter le PS. Son expérience militante lui inspire un livre. Dans *Cette gauche qui nous désintègre*, elle raconte comment son ancien parti a concouru à faire échouer l'intégration de plusieurs générations d'enfants d'immigrés. Dans la foulée, Zohra se fait connaître par ses articles du *Huffington Post* et ses prises de parole, dénonçant l'islamisme et l'antisémitisme, dans la presse écrite ou à la télévision.

« C'était en novembre ou décembre 2016, se souvient Paul Larroque, alors producteur des “GG”. Sur le plateau de LCI, dans l'émission de Valérie Expert, Zohra avait flingué à peu près tous les cadres du PS et mêlé ça à un coup de gueule sur l'islam et le “laisser faire” des politiques et des associations dans les quartiers. Elle avait vraiment été grande gueule ! On avait repéré ça sur Twitter, notamment, où elle avait fait énormément réagir. On s'est dit : “Une fille qui parle franc, sans filtre, et qui possède une expérience en politique ? On fonce, elle est pour nous !” Zohra, elle parle concret. Et ça, c'est essentiel dans les “GG” ! »

Seul hic : la principale intéressée ne partage pas l'enthousiasme de Paul Larroque. « Je faisais déjà quelques émissions d'actualité et mes prises de parole m'avaient causé beaucoup de problèmes. Vous n'imaginez pas les insultes et même les menaces sur les réseaux sociaux où l'on me traite de “collabeurette”, de “vendue”, d'“Arabe de service” et même d'“islamophobe” – voire, comble de l'horreur, de “sioniste”. Et puis, j'ai quatre petits-enfants avec qui je passe beaucoup de temps. En fait, j'aime vivre en paix, à l'abri des regards ; mais j'aime aussi dire ce que je pense. Alors… Je ne connaissais pas vraiment “Les Grandes Gueules”, mais Paul Larroque m'a convaincue et j'ai accepté son invitation. » Le tout premier test se déroule le 19 décembre 2016.

Zohra se retrouve en tablée avec Pascal Perri et Françoise Degois. Après un second essai, le 5 janvier 2017, par hasard date de l'anniversaire de Zohra, Paul Larroque lui demande de revenir chaque semaine. « Ça semble si loin et, en même temps, c'est passé si vite », sourit le jeune producteur. Zohra, de son côté, n'imagine plus la vie sans les GG : « C'est comme ma famille ! » Ils l'ont soutenue et entourée ces dernières années dans l'épreuve qu'elle a traversée : un double cancer qui l'a tenue à l'écart de l'émission pendant plusieurs mois. Dès qu'elle l'a pu, Zohra est intervenue à nouveau par téléphone puis elle a progressivement retrouvé le chemin du studio. Les auditeurs lui ont manifesté un soutien chaleureux. Zohra en a parlé à l'antenne l'an dernier : « Oui, moi, je connais la chimio, malheureusement, les protocoles, être amaigrie comme ça, ce n'est pas évident psychologiquement au départ de le dire. Franchement, [...] ça fait du bien d'avoir levé le tabou, ça fait du bien de le dire, de parler, d'échanger. Les gens ne se rendent pas compte, mais ça donne de la force, du courage, les gens vous donnent des petites combines [...]. Moi, je suis descendue à 38 kilos, j'étais alitée complètement, j'avais un protocole extrêmement violent, fallait attaquer à l'artillerie lourde dès le départ, le pancréas, cela ne rigole pas [...]. Il faut raconter tous les aspects positifs et se dire que la violence des traitements, il faut l'encaisser, parce que finalement, c'est pour son bien, c'est ce qu'on n'accepte pas au départ. » Zohra connaît encore parfois des accès de fatigue. Mais elle a retrouvé toute sa verve et sa combativité au micro des « GG ». Elle l'a démontré depuis le 7 octobre 2023 en prenant souvent la défense d'Israël. Un engagement cohérent avec ses prises de position contre l'islamisme et renforcé par son lien intime avec les juifs, via son mariage : « Moi, j'ai une passion pour le peuple juif comme n'importe qui peut avoir une passion pour un peuple d'ailleurs, j'ai toujours été fascinée par la résilience et c'est cela qui m'a toujours frappée et émue et j'ai vu des tas de films, de documentaires où quelle que soit la situation, on fait, on croit ; on espère, on rebâtit et on dit rien. Et c'est l'antithèse de l'environnement où j'ai vécu et de la culture d'où je viens, une culture où on est très dans “si Dieu veut”, le mektoub, on se plaint...

alors que la culture juive n'est pas du tout comme ça, elle me correspondait plus. Donc je n'ai pas été une amie d'Israël par rejet, j'ai embrassé ce peuple par admiration de la façon dont il vit et dont il conçoit la vie et qui correspondait à ma conception de la vie. » C'est peu dire que beaucoup de choses rapprochent Zohra Bitan d'une autre Grande Gueule dont les origines se trouvent aussi, en partie, de l'autre côté de la Méditerranée : Barbara Lefebvre.

BARBARA LEFEBVRE

TOUJOURS DROITE !

« Barbara ? Faut pas se fier aux apparences, explique un de ses collègues des “Grandes Gueules”. Elle a l’air très dure. Impitoyable. Quand il s’agit de défendre ses idées, elle ne lâche pas le morceau. Ses formules à l’antenne sont des flèches empoisonnées ! Mais derrière cette apparence, on trouve beaucoup de gentillesse. » Barbara Lefebvre n’est pas commode. Mais elle est droite. Pas toujours adroite lorsqu’elle explique son refus d’une loi sur l’euthanasie : « Quand on vous annonce une maladie incurable, si vous n’êtes pas encore en état végétatif, eh bien, vous sautez d’un pont. » Droite, pas toujours adroite mais pas seulement de droite. Sur le social, elle pourfend le capitalisme financiarisé et défendait au printemps dernier le principe des grèves pendant les Jeux olympiques ! Écolo à sa manière, elle est végétarienne s’appliquant à devenir 100 % vegan, elle se réclame de l’antispécisme, un sujet découvert il y a une dizaine d’années et sur lequel elle a beaucoup lu et tenté une reconversion professionnelle. La prof de banlieue est bien loin de l’image filloniste qui lui a collé à la peau à la suite de la campagne présidentielle de 2017 où elle avait soutenu l'ancien Premier ministre de Nicolas Sarkozy, héraut d'une droite conservatrice au plan des mœurs et très libéral en économie, au point de prôner la suppression de trois cent mille postes de fonctionnaires. « Je n'ai jamais été vraiment filloniste, déclare-t-elle aujourd'hui. Il y avait un point dans son programme et un seul qui justifiait mon soutien : sa dénonciation sans ambiguïté de l'islamisme. » Fillon avait, c'est vrai, juste avant la campagne, publié un livre intitulé *Vaincre le totalitarisme islamique*. S'il existe une constante dans la vie de Barbara Lefebvre, elle est bien là : la dénonciation de tous ceux, pouvoirs publics et intellectuels, qui à ses yeux pèchent par mollesse au mieux, complicité au pire, à l'égard de ce fléau. Il suffit de l'écouter s'indigner dans « Les Grandes Gueules » comme ce matin de mars 2024 : « Quand on voit que la ministre de l'Éducation nationale ne sait pas quoi faire des élèves radicalisés [...]. Ah ! non mais il n'y a pas de problème... nous les profs et les chefs d'établissement, on sait quoi en faire ! On ne les veut plus parmi nos élèves parce qu'ils mettent en danger les autres élèves, ils mettent en danger l'institution. Je suis désolée, à un moment donné, il y a des gens, ils n'ont pas leur place, ils ne partagent pas les valeurs, leur objectif de vie n'est absolument pas de recevoir des enseignements scientifiques dans lesquels on essaie de penser par soi-même et d'apprendre le libre arbitre. Je suis désolée, ils n'ont pas leur place là, il faut créer des institutions où on va leur mettre les idées en place et si on ne peut pas, eh bien, au revoir ! » Ouille, ouille, ouille ! Sur les réseaux sociaux dont elle se tient éloignée, on la traite de « facho », de « réac », de « raciste ». Le personnage est plus complexe.

Française, juive et souverainiste

Barbara Lefebvre est tombée toute petite dans la marmite où mijotent la France, la République et la laïcité tout en étant issue d'une famille aux sangs mêlés. Son père, parisien et orphelin de père, a grandi dans une certaine précarité, élevé par une mère femme de ménage. Déscolarisé, il a commencé à travailler dès quatorze ans comme apprenti boulanger puis manutentionnaire, avant de gravir un à un les échelons pour devenir, à la quarantaine, cadre dans l'informatique. « Il s'est élevé à la force du poignet », commente Barbara avec fierté. Sa mère est née à Sfax en Tunisie de l'union d'une juive italo-libyenne et d'un Corse qu'elle avait connu sous l'uniforme des Forces françaises libres présentes en Tunisie pour y combattre les forces de l'Axe. Ils se marient en cachette en 1944 ; après les premières réticences liées à ce mariage mixte (rarissime à l'époque), le grand-père de Barbara sera facilement intégré dans sa belle-famille dont il deviendra un pilier. Les juifs tunisiens adoraient la France dont le Protectorat instauré en 1881 leur avait apporté la langue de Molière, la liberté de Voltaire et l'école laïque de Jules Ferry. Cette France est pourtant un pays froid et peu accueillant que la famille de Barbara rejoint en 1956, lorsque la Tunisie devient indépendante. « Les premières émeutes anti-françaises et anti-juives ont terrifié ma grand-mère, dit Barbara, qui a voulu quitter son pays natal au plus vite. » Loin du soleil de Sfax, ils s'installent porte de la Villette dans un petit appartement où se maintiennent les traditions familiales. Barbara, enfant, a baigné dans cette ambiance. « Mes grands-parents n'étaient pas religieux mais, à l'occasion des fêtes juives, ils organisaient de grandes réunions familiales autour d'un couscous. Mon attachement au judaïsme vient de là : cette chaleur familiale partagée où je me sentais en sécurité. » Sa famille conciliait sans problème l'amour de la France et la fidélité à ses origines.

Un modèle parfait d'assimilation aux yeux de Barbara. Pleinement française et pleinement juive, la petite fille, contrairement à ses parents, est croyante. À quatorze ans, elle décide de manger cacher. « Mes parents, avec raison, m'interdisaient tout signe ostentatoire, ce qui m'agaçait car m'appelant Lefebvre, je n'avais aucun moyen de faire connaître cette part de mon identité quand j'étais ado, un moment où on s'affirme dans le regard des autres. » Refusant une identité juive uniquement culturelle, voire folklorique, elle étudie la tradition juive et le Talmud au Centre communautaire juif de Paris. Mais surtout, au cœur de son identité se trouve l'État d'Israël. La mère de Barbara y rendait visite chaque année à son amie d'enfance qui avait fait son « alyah » en 1965. Dès la petite enfance, la future GG passe ses vacances d'été dans un petit village en construction en Galilée où la famille dort dans un mobile-home. « Ma famille éprouvait une sympathie naturelle pour Israël mais personne n'envisageait d'aller s'y installer. » Comme beaucoup de juifs des années 1970-1980, les parents de Barbara n'étaient pas de droite, sans pour autant militer à gauche. Barbara avait neuf ans en 1981 et se souvient de la joie familiale lors de la victoire de François Mitterrand, premier président français à se rendre en visite officielle en Israël. Un grand ami des juifs qui, après avoir renoncé à la « rupture avec le capitalisme », pour laquelle il avait été élu, allait orienter la gauche sur la voie du rejet de toutes les discriminations symbolisée par SOS Racisme. Un mouvement lancé en 1985 par un concert géant, place de la Concorde, auquel Barbara, âgée de treize ans, assista avec ses parents affichant fièrement sur sa veste la petite main jaune: «Touche pas à mon pote!» «C'était un mouvement antiraciste, universaliste et républicain», déclare-t-elle aujourd'hui. Barbara ne renie pas son adolescence au sein de la «génération Mitterrand» qui vibrait en écoutant Jean-Jacques Goldman et Patrick Bruel exalter la fraternité, et le groupe Carte de séjour chanter la «Douce France» de Charles Trenet «cher pays de mon enfance», devenue hymne à l'intégration des «beurs», comme on désignait alors les jeunes issus de l'immigration maghrébine qui ne se définissaient pas encore comme musulmans.

Anti-islamiste et antiraciste

Barbara a dix-sept ans quand survient l'affaire du voile islamique à Creil: trois collégiennes exclues pour avoir porté le hijab en classe. L'affaire divise la société française et singulièrement les socialistes alors au pouvoir, entre les partisans de la laïcité et ceux de la tolérance. Le ministre de l'Éducation nationale, Lionel Jospin, refusant de trancher, renvoie la décision à chaque proviseur. En cette année du bicentenaire de la Révolution française, on apprend en Occident le mot *fatwa*, pour évoquer la condamnation à mort lancée par l'ayatollah Khomeini contre l'écrivain Salman Rushdie à la suite de son roman *Les Versets sataniques* alors que Véronique Sanson reçoit aussi des menaces pour sa chanson «Allah». L'islamisme fait irruption sur la scène publique française. Pour longtemps. Mais l'indulgence domine à son égard, par peur de stigmatiser l'islam et les musulmans en général. C'est un tournant décisif dans la vie de Barbara Lefebvre.

« Pour moi, lâche-t-elle, la gauche a trahi l'antiracisme. » Barbara Lefebvre n'est pas une inconditionnelle de la droite, car sa fibre sociale la conduit à rejeter le libéralisme économique, mais elle ne pardonnera jamais à la gauche d'avoir ouvert la porte au « communautarisme qui nous divise et aux islamistes qui en ont profité pour commencer leur entrisme ». L'anti-islamisme est sa boussole en politique. Mais elle s'indigne qu'on puisse la soupçonner de racisme. Et pour cause ! Barbara Lefebvre est passionnée par l'Afrique. Juste après le bac en 1990, elle s'oriente vers l'histoire africaine, soutenant un mémoire et un DEA sur l'histoire du Soudan occidental, appelé aujourd'hui Mali. Mais, hésitant entre une carrière de professeur ou de chercheur, elle décide de passer un an à l'université de Jérusalem.

Israël

« Je vivais en cité universitaire sur le mont Scopus. Je m'y sentais chez moi au point d'envisager de rester en Israël. » C'est l'époque des accords d'Oslo et le monde entier est enthousiasmé par la « paix des braves » et les poignées de mains échangées par Shimon Peres, Yitzhak Rabin et Yasser Arafat sur la pelouse de la Maison-Blanche. Tout le monde sauf… notre future Grande Gueule que son tempérament incline au scepticisme. Elle s'est toujours méfiée d'Arafat qu'elle voit, dit-elle, comme un « maître du double jeu ». Le 4 novembre 1995, elle se trouve dans la foule qui assiste au grand rassemblement à l'issue duquel Rabin est assassiné. « Atterrée qu'il ait été tué par un extrémiste juif, je comprends qu'Arafat a gagné. Par son intransigeance, ses discours contradictoires, pacifiques en anglais, belliqueux en arabe, il a exaspéré une partie des juifs et porte une responsabilité dans ce meurtre. Je sentais la naïveté de Clinton, Rabin et Peres, comme la gauche en France avec l'islamisme. On a oublié qu'Arafat était dans sa jeunesse proche des Frères musulmans ! » Le terrorisme, Barbara l'a vu en face en Israël quelques mois avant l'assassinat de Rabin. C'était en août 1995, sur une route : l'un des premiers attentats-suicides du Hamas et du Jihad islamique a lieu dans le bus rempli d'étudiants qui précède celui dans lequel elle voyage. « On entend un bruit épouvantable. Une de nos copines en restera sourde, une autre est blessée par des clous présents dans la ceinture d'explosifs du terroriste. » Est-ce le climat politique, lourd, en Israël qui l'incite à rentrer en France ? Malgré les cours d'hébreu qu'elle suit avec assiduité, Barbara Lefebvre s'est rendu compte de la difficulté à s'intégrer : « C'est une société de l'adversité, dure, il faut y faire sa place avec acharnement. » Elle regrette qu'Ariel Sharon, leader de la droite de l'époque, ait été brutalement écarté par la maladie : « Lui seul aurait pu faire la paix avec les Palestiniens ; il a évacué Gaza unilatéralement en résistant à l'opposition de son propre camp. En Israël, c'est toujours la droite qui réussit à négocier la paix. » Mais elle ne cache pas son hostilité à Netanyahou, « un corrompu de la pire espèce », surtout depuis qu'il s'est allié aux extrémistes racistes et aux ultra-orthodoxes : « Ces gens-là sont le contraire du sionisme de Ben Gourion, Begin ou Sharon. » Pour Barbara, décidément, la laïcité ne se discute pas plus là-bas qu'ici.

De retour en France, elle passe le CAPES et commence sa carrière de prof d'histoire par un stage dans une classe de 5ᵉ à Sarcelles, ville du Val-d'Oise qui compte une forte communauté maghrébine. Notre hussarde de la République, version fin XXᵉ siècle, affiche la couleur quand elle doit aborder l'histoire de l'islam : elle apporte un exemplaire du Coran en classe. « Madame, vous n'avez pas le droit de le toucher », lui dit un élève, sous-entendant qu'elle est une « infidèle ».

Les territoires perdus

Barbara répond à sa manière en feuilletant le livre, les mains pleines de craie. Provocation ? « Pas du tout, répond-elle, j'ai rempli mon rôle de prof. Dans un pays laïc, aucun livre n'est sacré, pas plus le Coran que la Bible. C'est juste un objet d'étude. » Le jeune élève choqué ne réagit pas violemment. « Aujourd'hui, déplore Barbara, aucun prof ne pourrait faire cela sans mettre sa vie en péril. » Après Sarcelles, la jeune prof sera nommée à Pierrefitte-sur-Seine dans le 9.3. Elle y est témoin des répercussions tragiques de la deuxième Intifada qui a éclaté en Israël. « On assiste à une vague d'antisémitisme jamais vue depuis la fin de la Seconde Guerre mondiale. Des graffitis, des attaques contre des synagogues, des insultes et des agressions physiques contre des personnes. » Certains de ses élèves expriment ouvertement leur haine d'Israël. Barbara se heurte alors au déni de la plupart de ses collègues, enseignants de gauche pour qui l'antisémitisme ne peut venir que de l'extrême droite, ils en parlent en salle de profs, elle explique la réalité d'Israël : « Lefebvre, c'est juif ? » lui lance un collègue. La nouvelle circule jusqu'aux élèves, et quelques jours plus tard, elle trouve un graffiti à son attention dans le cahier de textes d'une élève de 5e : « Sale juif ! » Elle ne lâchera rien, obligeant la classe à dénoncer le coupable. Des insultes antijuives mais aussi sexistes qui se répéteront au gré des années scolaires. La période est très douloureuse pour Barbara qui se sent rejetée dans son propre pays, mais « plus on m'attaque, plus je contre-attaque » !

Elle témoignera de son expérience en 2002 dans un ouvrage collectif où avec d'autres enseignants elle raconte le sexisme, l'antisémitisme et le racisme sévissant dans les écoles des banlieues françaises. L'ouvrage est dirigé par l'historien Georges Bensoussan – qui signe sous le pseudonyme d'Emmanuel Brenner – auquel Barbara voue une grande admiration. Si l'ouvrage fait peu de bruit à sa sortie, son titre alimentera pendant longtemps le débat public car il décrit une réalité qui va s'imposer largement : les territoires perdus de la République. Barbara Lefebvre vient défendre le livre dans les médias où elle fait face à un puissant déni : « Les deux journalistes qui ont vraiment compris le sujet à l'époque étaient Arlette Chabot et Nathalie Saint-Cricq. » Barbara va devenir une figure de la lutte contre l'entrisme islamiste et pour la laïcité, deux combats indissociables à ses yeux. En 2003, Georges Bensoussan et Iannis Roder, autre prof d'histoire, rencontrent le président Chirac qui a lancé la commission Stasi chargée de préparer la loi sur les signes religieux dans les écoles publiques qui sera votée en mars 2004. Cette année-là, Barbara entre à la Licra[1] où elle coprésidera jusqu'en 2010, avec Alain Seksig, la commission éducation.

En 2005, dans l'ouvrage *Élèves sous influence*, coécrit avec la journaliste Ève Bonnivard, elle analyse les a priori idéologiques anti-américains et la complaisance envers l'islamisme dans les manuels scolaires français. De 2008 à 2011, elle est chargée de mission sur la laïcité au sein du Haut Conseil à l'intégration. Multipliant les articles dans

1. Ligue internationale contre le racisme et l'antisémitisme.

la presse de droite, la seule qui lui ouvre ses colonnes, Barbara Lefebvre devient au fil du temps une essayiste reconnue. On la voit beaucoup à la télévision pour parler de ses livres. Dans *Génération «j'ai le droit»*, paru en 2018, elle dénonce l'individualisme forcené de la jeunesse contemporaine. Dans *C'est ça la France...*, en 2019, elle réhabilite l'idée de nation. Venue présenter cet ouvrage dans «Les Grandes Gueules», elle tape dans l'œil d'Anaïs Sainz, la rédactrice en chef adjointe. «C'était vraiment une bonne cliente. Alain et Olivier étaient d'accord. On l'a recrutée pour les "GG".» Barbara Lefebvre ne les a pas déçus. Dans une émission où le président Macron est rarement félicité, elle remporte, de loin, la palme de l'anti-macronisme. On a beau chercher parmi ses multiples interventions aux «GG», environ deux cents en cinq ans, difficile d'y trouver le moindre compliment envers le président.

Le 1er juillet au matin, au lendemain du premier tour des législatives, Barbara s'est prise à rêver: «M. Macron, je crois, voulait la clarification, je pense que les Français ont clarifié la situation, en ce qui me concerne, j'estime que la deuxième étape de la clarification, c'est sa démission.» Le second tour a beaucoup déçu Barbara. En privé, elle confesse une certaine sympathie pour Marine Le Pen: «C'est quelqu'un d'abordable, un peu comme Chirac, naturellement proche des gens.» Mais Barbara ne se berce pas d'illusions: «Parce que je suis profondément féministe, j'avais apprécié qu'elle veuille interdire le hijab dans l'espace public, symbole de l'islam politique patriarcal. Mais je sais bien qu'arrivée au pouvoir, elle ne le ferait pas, d'ailleurs, c'est sans doute trop tard! Pour moi, le danger immédiat pour les musulmans autant que pour tout le monde, c'est l'islamisme et son alliance avec la frange gauchiste wokiste. » Barbara ne s'en cache pas : elle est TSM, Tout Sauf Macron. Un seul homme politique aurait pu la pousser à voter Macron s'il l'avait affronté au second tour de la présidentielle : Éric Zemmour. « Il a complètement dévoyé la lutte contre l'islamisme en lutte contre l'islam. » Et cela, elle ne le supporte pas : « Le racisme, pour moi, est la pire des choses. Je suis d'abord et avant tout antiraciste. » Depuis le 7 octobre, elle est TSM 2 : Tout Sauf Macron et Mélenchon. « J'attends un nouveau Philippe Séguin, sans illusion ! »

FRÉDÉRIC FARAH

LE COSMOPOLITE HUMANISTE

Dans la bande des GG, Frédéric Farah incarne une espèce qu'on avait décrétée disparue au lendemain du triomphe du « nouveau monde » macronien en 2016 : le socialiste. « Je ne veux pas que ce beau mot disparaisse parce qu'il a été sali par des régimes dictatoriaux. » Frédéric Farah le préfère à celui de « social-démocrate » car il reste attaché à l'idée d'une transformation en profondeur du système économique, notamment par l'appropriation collective des moyens de production. Certains secteurs stratégiques, selon lui, comme les transports et l'énergie, nécessaires à tous, doivent faire l'objet de nationalisations, car ils sont indispensables pour préparer les transformations sociales et écologiques.

S'il n'est pas hostile à l'économie de marché, Frédéric Farah souhaite ardemment sa régulation : meilleure redistribution, égalité, justice sociale et fiscale, économie encadrée par le souci de la démocratie, préférence pour la notion d'usagers plutôt que celle de clients. Son modèle d'ordre mondial s'inspire de la « Déclaration de Philadelphie » rappelant les principes de l'Organisation internationale du travail née en 1919 destinée à faire respecter à l'échelle internationale la dignité et les droits des travailleurs. Dans son panthéon personnel, on trouve Jean Jaurès, celui qui se dresse contre la guerre et veut faire l'unité du socialisme, le philosophe et l'auteur du formidable discours sur le courage qu'il offre à la jeunesse en 1903 à Albi ; mais surtout Léon Blum, un personnage aux multiples facettes : critique littéraire et homme politique, fidèle aux mêmes principes dans l'opposition et au gouvernement. Dans un genre différent, il aime aussi François Mitterrand comme « l'incarnation du dernier chef d'État français digne de ce nom » et comme personnage romanesque. Il est allé écouter au théâtre Dejazet la lecture des mille lettres d'amour de l'ancien président à Anne Pingeot. Mais il est critique de certains choix économiques et sociaux comme le tournant de la rigueur de mars 1983 et regrette que ses deux septennats aient vu les socialistes virer vers un certain arrivisme et que les ambitions de 1981 aient été abandonnées.

« Mitterrand représente la vie dans tous ses excès. J'aime ces ogres, les gens pas lisses. Pas les technocrates comme Macron et les politiciens d'aujourd'hui. Parmi les ogres que j'aime en littérature, il y a Gary, l'homme qui obtient deux fois le prix Goncourt, qui vit plusieurs vies, qui en invente même. Claude Roy, un ogre plus paisible mais un vrai touche-à-tout, dévorant des kilomètres, des voyages et des idées ; Vinicius de Moraes, le poète, musicien, diplomate brésilien dévorant la vie par tous les bouts est aussi un exemple de ces personnages qui débordent de vitalité, d'inventivité, de désirs. Camus lui aussi dévorait la vie, le théâtre, l'amour, les combats en politique. J'aime ces gens entiers qui ont la passion de vivre chevillée au corps et au cœur. »

Sa critique n'épargne pas la gauche. Il ne s'en est pas caché dans les « GG » du 24 juillet 2024 à propos de Lucie Castets, énarque et candidate du Nouveau Front populaire à Matignon : « Aujourd'hui, la technocratie a pris une place encore plus importante et nos hommes politiques sont de moins en moins des politiques et de plus en plus des gestionnaires. Et de mauvais gestionnaires souvent. [...] On a assisté à partir du milieu des années 1980 à la montée en puissance du ministère de l'Économie et des Finances, de Bercy et autres ; ce n'est pas étonnant que de plus en plus de gens viennent de ce monde. » Lucie Castets est une techno, mais il reconnaît sa légitimité pour le poste de Premier ministre puisque sa coalition l'a choisie.

Frédéric Farah s'inscrit dans une tradition réformiste, clairement distincte des rebelles et des Insoumis. « Les artificiers de la guerre civile, je leur dis : Moi, je connais ça, ce n'est pas de la rigolade, mais du sang et des larmes. »

La lumière perdue du Liban

La guerre civile libanaise, une des plus cruelles et des plus longues du XXe siècle, a déterminé sa vie. « Je me souviens du ciel, de l'intensité de sa lumière après laquelle je cours depuis 1976... jusqu'à la fin, je chercherai cette lumière. » Quand il a quitté son pays natal, Frédéric Farah avait six ans. Quels autres souvenirs garde-t-il du Liban ? Les promenades dans la montagne avec son père. Et surtout, le départ de Beyrouth en guerre avec les sacs de sable devant l'immeuble familial où le concierge tient un revolver à la main.

« Avant tout le monde ou presque, ma mère, en 1975, a senti que cela tournerait mal au Liban et qu'il fallait partir. »

La fuite vers l'aéroport de Beyrouth à bord d'une Peugeot blanche avec sa grand-mère, sa mère, sa nourrice, son frère, plus âgé d'un an, puis un milicien chrétien armé d'une kalachnikov monté lors d'un barrage pour les accompagner.

À cinquante-quatre ans, Frédéric Farah demeure le témoin d'un monde enseveli sous les décombres des conflits inter-ethniques et inter-religieux : celui d'un Liban où il faisait bon vivre. Un carrefour pluriel et cosmopolite. Son grand-père maternel, né à Damas en Syrie, était avocat d'affaires pour le compte d'une société britannique. Sa grand-mère était grecque, née à Alexandrie d'un père venant de Volos en Grèce. Sa mère était née à Alexandrie en 1932, deux ans avant le chanteur Georges Moustaki dont elle fréquentait la famille qui tenait une librairie. Ils avaient tous quitté l'Égypte en 1956 après la prise du pouvoir par Nasser. Mais le personnage essentiel dans la vie de Frédéric Farah, c'est sa nourrice arménienne. « Elle a vécu soixante-huit ans dans ma famille et auprès de ma mère de 1935 à 2003 dont onze ans à Boulogne, de 1976 à 1987, puis seize ans au Canada. » Cette nourrice s'appelait Virginia Mesropian. Née en Anatolie et rescapée du génocide arménien, elle avait grandi au Liban et aussi dans un orphelinat pour jeunes Arméniens à Alexandrie. Elle avait été au service d'un diplomate allemand, marié à une juive roumaine – c'était avant le nazisme – travaillant au consulat de son pays en Égypte. « Ma nourrice avait suivi le diplomate et son épouse en Allemagne. Elle s'y trouvait en 1933, je n'oublie pas le récit de son voyage en 1934 et tout ce qu'elle avait observé de ce pays pris dans les filets du nazisme. Il a marqué mon enfance. » Virginia Mesropian, qui parlait turc, arménien et français, avait aussi raconté à Frédéric les horreurs du génocide arménien. « Son témoignage était glaçant, sa résilience hors du commun, elle m'a transmis les plus belles leçons d'humanité. Elle m'a appris à ne pas juger trop vite, à être dans l'écoute, tolérant ; sans parler de sa générosité et de son humour, présents à chaque instant. »

L'histoire de la famille de Frédéric Farah ? Une succession de guerres, de déchirements, d'exils... Loin du père qui, lui, ne les a pas suivis.

Immigration réussie

Dès le début des années 1970, le père de Frédéric vivait en partie aux Émirats arabes unis où il participa à la construction de Dubaï. Il partagea ensuite sa vie entre Dubaï, Beyrouth et Chicago et venait régulièrement en France pour voir ses enfants. « Mon père était peu bavard sur ses activités, je crois qu'il avait monté une entreprise là-bas, mais je ne sais si elle a prospéré. » Tout en parlant le français, il maîtrisait beaucoup mieux l'arabe et l'anglais. La mère de Frédéric parlait aussi l'arabe, mais la langue dominante à la maison était le français. « La maison était une tour de Babel linguistique. Nous parlions le français avec ma mère, ma nourrice et ma grand-mère. Ma mère, elle, parlait l'anglais avec mon père qui, lui, nous parlait en français, mais aussi en anglais. L'arabe pouvait se glisser dans des phrases et était présent surtout en référence avec les mets que nous consommions. Comme beaucoup de chrétiens libanais, nous parlions ce que l'on nomme le franbanais, ce mélange étrange d'arabe et de français.

Arrivés en France, nous avons gardé les mêmes pratiques linguistiques et je pense que si j'avais vécu au

Liban, j'aurais parlé franbanais avec ma famille et davantage l'arabe libanais avec mes amis. Le Liban demeurait en nous de manière diffuse par la préoccupation de ma mère au sujet de la situation dans le pays, par la famille qui s'y trouvait ou encore par des références culinaires. »

Le petit Frédéric a connu le sort des immigrés. « Les premières années en France, nous étions fauchés comme les blés. » Après un bref passage à Champigny-sur-Marne, il a vécu pendant onze ans à Boulogne-Billancourt dans un appartement de trente-huit mètres carrés avec son frère, sa nourrice et sa mère qui faisait bouillir la marmite grâce à un modeste salaire de secrétaire. Sa grand-mère et son second mari qu'il considérait comme son second grand-père vivaient dans le même immeuble. La famille restait ainsi proche. « Une fois arrivée en France avec nous, ma grand-mère a réorganisé sa petite société d'Alexandrie à travers des parties de cartes auxquelles participaient la mère de Moustaki et autres amies connues en Égypte. »

Le choix familial est celui de l'assimilation totale. Pas question de se prévaloir d'une quelconque culture d'origine. « Nous sommes invités ici, nous ne sommes pas chez nous », répétait sa mère. Pendant les dix premières années, Frédéric ne côtoie aucun Libanais. Il grandit comme un Français. Mais il n'est pas français. Il ne le deviendra qu'en 2005, à trente-cinq ans, au terme d'interminables et éprouvantes démarches, ce qu'il appelle « l'enfer des préfectures ». « Les durées des procédures d'acquisition de la nationalité sont trop longues et les procédures trop tatillonnes. Je suggère d'améliorer l'accueil dans les préfectures pour accorder des titres de séjour. »

Entre-temps, le jeune Frédéric résidera trois ans au Canada où sa mère est partie à la recherche d'un meilleur avenir économique pour la famille. De la sorte, toute la famille l'a suivie, la grand-mère comme la nourrice, toutes deux décédées là-bas, la première en 1995 et la deuxième en 2003 à quatre-vingt-quatorze ans.

Il passera le bac au lycée français de Montréal. « C'est là-bas, à dix-sept ans, que j'ai commencé à renouer avec mes origines. Il y avait une forte communauté libanaise au Québec dans la ville de Saint-Laurent où nous vivions, à tel point qu'on l'appelait Saint-Liban. C'est là que j'ai rencontré pour la première fois des Libanais, autres que mes parents. » Rentré en France à vingt ans, le 10 juillet 1990, Frédéric va se doter d'un bagage universitaire solide et varié : licence de droit à Assas, maîtrise de sciences politiques dans la même université, diplôme d'études approfondies de sociologie politique de l'université Paris 1, puis diplôme à Sciences-Po, CAPES de sciences économiques et sociales.

Pendant ses études, il a exercé de nombreux petits boulots : serveur chez McDo, hôte d'accueil dans des salons, chargé de communication à la Caisse d'épargne. Il a aussi travaillé bénévolement pour la Cimade avec Hélène Rubak qui dirigeait l'antenne de cette organisation protestante d'aide aux migrants aux Batignolles. Elle l'avait aidé à retrouver en premier lieu sa carte de résident. « Je suis un cosmopolite dont la passion est de multiplier les expériences. »

Économiste de gauche

À la trentaine, qui coïncide avec le changement de siècle, Frédéric commence sa carrière d'enseignant comme professeur de sciences économiques dans un lycée à Étampes. Il sera ensuite vacataire dans de nombreuses facs puis dans les classes préparatoires aux concours d'entrée des écoles de commerce (Intégrale, Ipesup). Ayant acquis une certaine notoriété d'économiste de gauche, il publie plusieurs ouvrages : *Europe, la grande liquidation démocratique*, aux éditions Bréal en 2017, *No Frexit, ce que les jeunes pensent de l'Europe* (Fayard, 2024), *Fake State, l'impuissance organisée de l'État en France*, avec Olivier Delorme en 2020 ; *Tafta : l'accord du plus fort*, avec Thomas Porcher en 2014, et *Introduction inquiète à la Macron-économie, le projet du président* en 2017, toujours avec Thomas Porcher, le très médiatique économiste de gauche. Thomas Porcher est sans conteste l'ami le plus proche de Frédéric. « C'est avec lui que j'aime débattre de la vie, de la politique, du temps qui passe. C'est grâce à lui que l'aventure des livres a commencé. Il m'a donné le goût de m'impliquer dans le débat public, de prendre plus de place encore. Quant à Olivier Delorme, c'est un ami de cœur aussi qui m'a fait découvrir avec passion l'histoire contemporaine de la Grèce. D'une générosité incroyable, il est fascinant à écouter lorsqu'il parle de la Grèce, de ses défis. Il est l'exemple du bon vivant que j'aime. »

Le plus jeune président de l'histoire de France n'a jamais bénéficié de la moindre minute d'état de grâce de la part de Frédéric Farah : « Emmanuel Macron incarne la fraction arrogante de l'élite française sûre d'elle-même et peu apte à se remettre en cause. Plus encore, Emmanuel Macron, malgré sa jeunesse, se fait le défenseur d'idées anciennes en matière économique et sociale. Il se situe dans la continuité d'un certain néolibéralisme, flexibilisation du marché du travail, l'État pensé comme une entreprise, stigmatisation des chômeurs. »

Le premier engagement politique de Frédéric Farah date du référendum de 1992 sur le traité de Maastricht.

Frédéric est alors acquis au « non » de gauche prôné par Jean-Pierre Chevènement. « Ma critique ne visait pas du tout la nécessité d'une Union européenne, elle était orientée vers la faiblesse de la dimension sociale du projet européen. » Il adhéra alors au Mouvement des citoyens de Jean-Pierre Chevènement. « Je n'avais jamais entendu chez mes parents une discussion politique construite. » Son rapport à la gauche, à l'économie, au socialisme, lui est venu progressivement en s'émancipant de ses origines sur deux questions essentielles : la politique « assimilée par mes parents à la guerre » et la laïcité « qui ne signifiait rien pour eux ».

Fidèle à Jean-Pierre Chevènement, Frédéric Farah est actuellement membre du conseil scientifique de la fondation Res Publica dont la présidence d'honneur est assurée par l'ancien ministre. Il persiste dans sa critique de la construction européenne, réaffirmée dans « Les Grandes Gueules » du 2 février 2024 à propos de la crise agricole : « Mettre des normes ou demander plus de bio, il faut faire attention, cela a un coût supplémentaire pour la production… C'est moins les normes le problème que la question du revenu parce que si cela coûte de plus en plus cher et que les agriculteurs ne rentrent pas dans leurs sous, cela devient difficile. J'aurais voulu voir un perdant plus net, l'Union européenne, car dans cette affaire, il y a une manière de faire l'Union européenne qui pose un problème : on veut aller très vite, on veut faire les choses rapidement sans tenir compte d'un environnement qui n'est pas favorable. Le reste du monde ne fonctionne pas comme l'Union européenne ou ne cherche pas à fonctionner comme elle, donc ça crée des distorsions de concurrence terribles. J'aurais voulu aussi voir reculer l'ardeur de l'Union européenne en termes de libre-échange […] À la fin, je dirais qu'il n'y a vraiment ni perdant ni gagnant, et on développe des frustrations et du ressentiment. »

Retour aux sources

À la quarantaine, solidement ancré dans son identité d'intellectuel de gauche français, Frédéric Farah a renoué avec ses racines libanaises. Le déclic fut sa rencontre avec un prof de philosophie et de théologie franco-libanais, Antoine Fleyfel, qui fondera à Paris l'Institut chrétien d'Orient. Par son intermédiaire, Frédéric a commencé à prendre des cours d'arabe libanais en recourant à une méthode qui fait appel à la phonétique. Ses premières bases en arabe littéral ont été acquises au début des années 2000 dans les cours dispensés par la Ville de Paris et à l'Institut du monde arabe. La méthode d'Antoine était ludique, originale et rigoureuse. Tous les thèmes étaient abordés, aussi bien ceux du quotidien que la politique ou encore l'économie. Pendant deux heures de cours, il était nécessaire d'utiliser le moins possible le français et de faire usage des mots et expression acquis.

Depuis quatorze ans, Frédéric Farah pratique l'arabe au moins vingt minutes chaque jour en lisant quelques lignes ou en parlant quelques mots. Il continue ses cours, une heure et demie par semaine voire plus, avec une des collaboratrices d'Antoine Fleyfel, Pascale Aoudé, une femme à la pédagogie remarquable.

« Ce sont mes tendresses. » Il s'est imprégné de la culture libanaise, notamment à travers les œuvres du grand écrivain Amin Maalouf. Il écrit des articles sur la dette libanaise et participe à des ouvrages collectifs ou à des articles sur le Liban avec son ami Jérôme Maucourant.

Il prend aussi depuis vingt ans des cours d'italien à la suite d'une sorte de révélation lors d'un voyage à Rome où il crut percevoir la même lumière qu'au Liban, le jour de son départ en 1976. « Dans la même journée, je me parle successivement en français, en italien et en arabe. J'ai besoin pour vivre de la pluralité des langues, des cultures, etc. Derrière chaque livre de ma bibliothèque se trouve un visage. »

Frédéric Farah cite à l'appui un « très beau texte de Claude Roy » datant de 1969 et intitulé *Éloge des métèques*. « J'aimais cet écrivain, surnommé *serial writer*. J'aime aussi Hannah Arendt, Emmanuel Levinas, le penseur de l'amour, de la responsabilité à l'égard d'autrui. C'est une pensée aussi difficile qu'exigeante et poétique. »

Un « ogre » aux « Grandes Gueules »

C'est par l'économie que Frédéric Farah a fait son entrée dans l'univers médiatique. Il a commencé par intervenir sur BFM Business à partir de 2017. « Mes premiers pas à la télévision m'ont plu avec les émissions de Fabrice Lundy "Le Duel de l'éco", ou encore les experts avec Nicolas Doze ou les experts du soir avec Guillaume Paul. Thomas Porcher m'a fait venir aux "GG" ; il m'a dit "c'est génial, l'occasion pour toi de découvrir autre chose", je lui voue une reconnaissance éternelle. J'ai vraiment du bonheur à y aller. Thomas, je le connais depuis 2006 et il m'a proposé de le remplacer. Pendant l'été 2023, j'ai fait mes débuts aux "GG". »

Ses participations aux « Grandes Gueules » le contraignent à s'exprimer sur d'autres sujets que la politique ou l'économie, telle l'affaire Alain Delon au début de l'année 2024: « Ils [les enfants] veulent sauver leur père. Mais est-ce qu'on peut le sauver davantage en étalant dans tous les journaux et sur toutes les chaînes de télévision possibles les turpitudes du père et les règlements de compte de famille? Si, à la fin, il y a un effet, si cela améliore la santé, s'il est dans un meilleur état, s'il est mieux soigné, si à la fin de ce déballage, un grand acteur – peu importe ce qu'on peut penser d'Alain Delon comme homme – va mieux, parfait. Si on n'a pas les éléments, pas accès à Alain Delon – chacun nous rapporte ce qu'il vit, son rapport avec son père, on est sommé de choisir un camp. Le plus malheureux dans l'affaire, c'est Alain Delon, quoi! Il est la victime de tout ça et c'est très triste de voir un des plus grands acteurs du cinéma français finir sa vie de cette manière [...]. »

À l'instar de Mitterrand et des « ogres » de son panthéon politique et littéraire, Frédéric Farah est un boulimique de la vie. « "Les Grandes Gueules" représentent pour moi une belle occasion de faire face à un autre type de débats qui m'oblige à m'impliquer de manière plus directe en gardant le calme nécessaire et le respect de celles et ceux qui débattent avec moi. Il y a une forme d'agressivité que je ne trouve pas nécessaire pour donner de la justesse à nos propos. J'aime cette phrase de Saint-Exupéry: "Lorsque je diffère de toi, loin de te léser, je t'augmente." Par moments, on est bousculé tant les sujets sont divers. Le sens de la repartie brève et percutante doit être au rendez-vous. C'est une belle expérience qui oblige à s'adapter, à être tout-terrain. Cela développe le sens de l'humour et permet de tenir à distance un trop grand esprit de sérieux qui devient pesant. Vraiment, c'est un bonheur de venir, de sentir que l'on progresse, que l'on s'intègre aussi plus facilement parmi les autres.» Son meilleur souvenir des «GG»? «Le jour où Alain Marshall, sachant ma passion pour Elvis Presley, a diffusé des morceaux du King comme cadeau de bienvenue lors des différentes émissions, et mieux encore, m'a offert un magnifique livre de sa bibliothèque consacré au chanteur.» Et le plus mauvais? «Pour certaines émissions, je me suis dit en partant que, sur certains sujets de société, j'aurais pu mieux rebondir, être plus direct, plus concis, plus vif. Mais tout cela relève du bel apprentissage.» Frédéric dévore la vie à pleines dents. «À trente-huit ans, j'ai découvert la boxe anglaise et en 2011 le krav-maga. Je suis un ogre!»

Toutefois, ce personnage complexe n'est pas totalement dévoré par ses activités multiples. Il aime le calme et la méditation. Et n'hésite pas parfois à se rendre injoignable en éteignant son portable. «Du temps des téléphones fixes, on pouvait s'évader. Je suis présent sur les réseaux sociaux, mais de loin et peu actif. J'ai besoin de méditer, de rêver et de lire au moins un poème par jour. La poésie m'est vitale.»

Parmi les rencontres faites par Frédéric à la table des «GG», figure Bruno Poncet qui représente une autre manière d'être de gauche… et surtout une vie riche en expériences. «Un type incroyable, dit à son propos Étienne Liebig. Si fort face au malheur qu'il a affronté.»

BRUNO PONCET

LA VOIX DES PROLOS

Bruno Poncet tient sur la scène des « Grandes Gueules » le rôle du syndicaliste cheminot d'extrême gauche. Il est aux « GG » la voix des « prolos ». « Je suis anticapitaliste, plutôt proche de Besancenot et de Poutou. Leur ligne politique me convient bien. Mais je n'ai jamais voté pour eux ni pour personne d'ailleurs, je ne suis pas inscrit sur les listes électorales. » Il est aujourd'hui une des deux Grandes Gueules clairement identifiées à la gauche radicale avec Étienne Liebig. « C'est Étienne dont je suis le plus proche au niveau des idées. Même si nous n'appartenons pas à la même génération. Soixante-huitard, il est plus idéaliste que moi, plus calme que moi, il a un côté *peace and love.* » Dès qu'on parle d'immigration, Bruno Poncet est intraitable. Dans « Les Grandes Gueules » du 24 octobre 2022, il réagissait aux propos d'Olivier Véran, alors porte-parole du gouvernement, qui annonçait l'objectif de l'exécution de 100 % des OQTF (obligation de quitter le territoire français).

« Si la France avait une certaine grandeur, Macron ne serrerait pas la main du président iranien – quand il tire sur sa jeunesse et qu'il tue des femmes –, tout ça pour avoir du gaz et du pétrole, on n'irait pas en Algérie avec seize ministres pour récupérer du gaz et du pétrole. Parce que lui, le président algérien, ses ressortissants il ne veut pas les récupérer [...]. Véran, quand il dit 100 % d'OQTF, tu sais bien que c'est impossible et en plus, cela me rappelle beaucoup de choses, cela me rappelle aussi l'époque où Sarkozy disait qu'il voulait se battre contre le travail clandestin alors que dans le restaurant où il allait tout le temps à Neuilly, les trois cuisiniers étaient des clandestins. Donc, cela me fait penser à cela, je me dis que les mecs, faut qu'ils regardent un peu comment fonctionne aujourd'hui notre pays où il faut comprendre que... dès lors que t'as pas de papiers, souvent, la façon de survivre, c'est le vol, la délinquance, tu tombes dans un monde de violence, donc malheureusement, qu'à partir du moment où tu donnes pas de papiers à des gens que tu as fait venir sur ton territoire que tu es allé chercher pour x ou y raison derrière, tu entraînes cela aussi. Donc il y a la cause, il y a la conséquence, c'est pas si simple : derrière, il y a un vrai sujet. Pourquoi tu régularises pas ceux qui travaillent ? » Bruno Poncet refuse de toutes ses forces tout amalgame entre délinquance et immigration, islam et islamisme. Mais s'il se situe clairement à la gauche de la gauche de la gauche, il a été choqué par la réaction de Jean-Luc Mélenchon après les massacres perpétrés par le Hamas le 7 octobre 2023. « J'ai nettement préféré Ruffin qui n'a pas hésité à employer le mot "terroriste". Pour moi, il n'y a pas de différence entre le Hamas et les nazis ! Quand j'ai vu les images du massacre de la rave-party en Israël, j'ai tout de suite pensé au Bataclan. » Le Bataclan ? Bruno Poncet est un rescapé d'une tragédie qui a bouleversé sa vie.

Bataclan

« Pendant des années, je n'en dormais plus la nuit. » Du sang, des cris, des larmes. Il reste hanté par ces véritables scènes de guerre que personne ne pensait voir à Paris au XXIe siècle. « Maintenant encore, cela me réveille parfois. » C'était le 13 novembre 2015. Cent trente-trois morts (dont trois suicides après le drame) et quatre cent treize blessés. Le plus grand attentat commis en France depuis la guerre d'Algérie. Fan de rock, Bruno Poncet, alors quadragénaire à l'allure juvénile et massive – il pesait 125 kilos –, était un habitué du Bataclan et d'autres scènes parisiennes où il assistait souvent à des concerts. Ce 13 novembre 2015, il était venu avec un ami et son fils de dix ans pour applaudir le groupe Eagles of Death Metal. Neuf ans après, il peut raconter seconde par seconde les deux heures d'enfer vécues ce soir-là. À jamais gravées dans sa mémoire.

« Pendant que mon ami se rend aux toilettes, on cherche des places assises, le placement est libre, on en trouve à l'étage. Nous voici tous les trois installés au balcon. » Le spectacle commence. Soudain, se mêlent à la musique comme des bruits de pétards. En un instant, on bascule dans l'épouvante. Qui pouvait imaginer un attentat ? « On pense spontanément à un jeu pyrotechnique. Mais en deux minutes, on comprend. Il s'agit de détonations de kalachnikov. En rafales. Cela n'en finit pas. Mon ami se jette sur son fils pour le protéger, tous les autres se recroquevillent sur leurs sièges ou s'allongent s'ils le peuvent. Je suis le seul à rester debout. Immobile, figé par la sidération. Dans cette salle fermée, on a l'impression d'être pris au piège. Comme des rats. C'est insupportable.» Bruno voit des gens s'effondrer dans des mares de sang. Une jeune femme fonce vers lui en hurlant. Elle se réfugie entre son ami et lui en position fœtale. Un terroriste pénètre sur le balcon, il passe devant Bruno et les autres, une kalachnikov à l'épaule. Étrangement impassible. Tranquille. Il s'appuie sur un siège avec ses coudes et se met à tirer dans la foule. Hurlements d'effroi et gémissements de douleur. L'ami de Bruno et son fils ont réussi à se cacher dans les toilettes de l'étage. Bruno, qui est un colosse, protège la jeune femme de tout son poids. Ses 125 kilos pourtant ne l'empêchent pas quelques instants plus tard de ressentir le souffle d'une bombe déclenchée par un terroriste qui s'est fait exploser au moment où un policier l'abattait sur la scène. «Nous sommes à quelques mètres de deux terroristes qui continuent de tirer sur les spectateurs en bas puis prennent une dizaine de personnes en otage sur la scène. La jeune fille à mes côtés est complètement tétanisée. "Je ne peux pas bouger ni parler", murmure-t-elle. Cela dure plus de quatre-vingt-dix minutes durant lesquelles je pense surtout à veiller sur elle. Édith a aujourd'hui quarante-cinq ans. Ces quatre-vingt-dix minutes où nous pensions mourir ont créé entre nous un lien indéfectible.»

En quoi cette expérience a-t-elle changé Bruno Poncet? «Je suis devenu terriblement intransigeant envers toute parole raciste, antisémite ou homophobe. Avant la nuit du Bataclan, je pouvais être un peu compréhensif non envers les actes des terroristes mais envers leurs motivations. Maintenant, c'est terminé. Je ne leur trouve pas la moindre justification.» D'un mal peut surgir un bien. La tragédie du Bataclan transformera Bruno Poncet en personnage médiatique et entraînera à terme sa participation aux «Grandes Gueules».

Une Grande Gueule

Il témoignera du massacre du Bataclan lors de sa première invitation dans « Les Grandes Gueules » en 2016. Mais le terrorisme n'occupera qu'une partie de son propos. On l'interroge surtout en tant que syndicaliste cheminot à propos d'une grève à la SNCF. Premier contact avec Élina Dumont, Charles Consigny et celui qu'il nomme avec respect « Monsieur Maillot ». Chahuté par Charles Consigny et Jacques Maillot, il trouve cependant l'émission très intéressante. « On pouvait vraiment parler librement. » Il y sera invité à plusieurs reprises durant les années suivantes, le plus souvent comme syndicaliste à propos des grèves à la SNCF. Le 6 octobre 2021, il interviendra comme témoin et partie civile à la barre du procès des terroristes du Bataclan et de leurs complices qui s'étira sur plusieurs mois. « Je voulais comprendre pourquoi et comment des gamins nés en France avaient pu commettre de telles atrocités. Après les avoir entendus, j'avoue ne pas avoir obtenu de vraies réponses à mes questions. » À l'issue de ce procès, Bruno Poncet est passé du statut d'invité de l'émission à celui d'intervenant régulier. Comment s'est faite la transition ? Anaïs Sainz l'appelle en juillet 2022 pour participer à un test dans une émission des GG le jour de la fête nationale. Alain étant en vacances, c'est Olivier qui tient les manettes. Bruno côtoie en plateau les GG du jour – Bruno Pomart, Marie-Anne Soubré et Étienne Liebig –, l'invitée est une actrice porno, Nikita Belluci, qui se bat pour réguler la violence dans le genre cinématographique dont elle est une vedette. Bruno Poncet donne immédiatement un sens politique au témoignage de l'actrice : « On a un vrai problème en France avec les travailleurs et les travailleuses du sexe. Il n'y a pas de reconnaissance et malheureusement, elles peinent à faire appliquer leurs droits. [...] Je vois votre combat depuis des années, c'est courageux, car effectivement, dans ce milieu-là, c'est clair que c'est l'omerta, c'est une oppression. Le capitalisme malheureusement est partout mais chez vous, c'est quand même le pire, c'est vraiment l'expression du pire, il y a même de l'esclavagisme. J'ai lu des articles sur ce qui se passe chez vous, c'est une horreur. » Après ce test réussi, Bruno Poncet a intégré l'équipe des « Grandes Gueules ». Et depuis deux ans, il participe à l'émission environ une fois par semaine. « Je suis amené à donner mon avis sur un tas de sujets que je découvre. Un vrai travail qui impose d'être toujours connecté à l'info. Anaïs m'envoie le programme la veille vers 19 heures, et je travaille tard le soir pour préparer l'émission. Je dois rester en permanence connecté à l'info. C'est devenu une passion ! » Bruno a obtenu la réduction à 80 % de son temps de travail à la SNCF, il compense cette perte de salaire par les cinq cents euros que lui verse RMC pour chaque émission. « Je le ferais gratos. J'adore le débat d'idées ! Et puis, cela me change du syndicalisme où souvent on prêche des convaincus, j'apprends beaucoup avec des gens qui ne pensent pas comme moi. » Son intégration à l'équipe a été grandement facilitée par les deux animateurs qu'il adore : « Ils mettent tout le monde à l'aise. Ils sont différents et complémentaires. Olivier donne beaucoup son avis, il est un peu la quatrième Grande Gueule. Alain est plus réservé mais avec lui, je partage une complicité sur la musique. » Ce qui lui plaît surtout, c'est la possibilité d'aborder les sujets les plus graves dans la bonne humeur. « Pour moi, une bonne émission, c'est une émission dans laquelle on s'amuse ! »

Avant sa première invitation en 2016, Bruno Poncet ignorait jusqu'à l'existence des « Grandes Gueules » et éprouvait une méfiance de principe à l'égard de tous les médias. L'émission a complètement changé sa vie. Depuis qu'il y participe, on le reconnaît dans la rue. « On m'encourage en me criant : "Super, continue !" » « Les Grandes Gueules » lui ont ouvert les portes d'une expérience inimaginable : rencontrer les yeux dans les yeux des personnalités de différents domaines. Bruno a trouvé « très intéressant » le personnage de Mathieu Kassovitz. « Son parcours original, acteur, réalisateur, mais aussi ses combats sociétaux, ses outrances sur les réseaux. Tout cela fait de lui un personnage clivant mais très entier. »

Il a aussi été très marqué par un invité auquel a priori tout l'oppose : le général de Villiers. « Avant l'émission, je me suis un peu forcé pour lire son livre *Paroles d'honneur*, qu'il venait nous présenter, mais pendant l'interview, j'ai été frappé par sa liberté de parole. Il m'a dit que j'étais la première victime d'attentat non blessée physiquement qu'il rencontrait. On s'est fasciné mutuellement. » Son pire souvenir ? La rencontre avec Éric Zemmour. « Il régnait une ambiance malsaine. C'est vraiment spécifique à sa personnalité, je n'ai pas ressenti la même tension avec le dirigeant du Rassemblement national Sébastien Chenu. » En les voyant de près, Bruno n'a pas été du tout séduit par les hommes politiques. « Le pouvoir leur a tourné la tête. » Il n'arrive pas à leur faire confiance.

La conscience de classe

« Ma différence avec Darmanin ? Lui, il a oublié d'où il vient. Pas moi », affirme Bruno Poncet. Notre Grande Gueule est née à Vierzon, une ville moyenne au centre de la France, une ville ouvrière, une des dernières communes de plus de vingt mille habitants dirigées par un maire communiste. Son père y était facteur, il est mort des suites d'une sclérose en plaques quand Bruno avait huit ans. Sa mère travaillait comme comptable dans une usine. « Je défends Vierzon, une ville très critiquée et moquée par des gens qui sont incapables de la situer sur une carte. C'est là où sont enterrés mon père et mes grands-parents. » Son grand-père était un militant communiste de l'époque stalinienne, ancien résistant dans le maquis Jean-Pierre autour de Rodez. Il est mort quand Bruno avait dix-sept ans. « Il m'a transmis son héritage révolutionnaire. » Bruno Poncet s'inscrit dans une tradition en voie de disparition. « Il reste des ouvriers, bien sûr. Mais il n'existe plus de classe ouvrière en tant que force collective. La conscience de classe s'est dissoute dans l'individualisme et la société des loisirs. »

Bruno Poncet n'a jamais adhéré au Parti communiste qu'il considère comme embourgeoisé. Quant aux socialistes, ils sont pour lui des « social-traîtres. » Le président Macron ne trouve évidemment pas grâce à ses yeux : « S'il fait du socialisme, alors Léon Blum avalera trois fois sa moustache. » Faire barrage à l'extrême droite dans les urnes ? Très peu pour lui. Il se souvient d'avoir vu pleurer en 2002 un camarade de son grand-père qui avait dû voter Chirac au second tour. Un dilemme qui lui est étranger. Et pour cause ! Bruno ne s'est jamais inscrit sur les listes électorales. Il n'appartient pas aux générations des certitudes partisanes mais à celle des actions concrètes, d'Attac et de l'altermondialisme. S'il prétend « refuser tous les dogmes », il est cependant « très attaché au collectif ». Mais il est venu assez tard au syndicalisme, à l'approche de la quarantaine.

Après avoir travaillé plusieurs années dans le transport routier, il a obtenu son premier CDI en entrant à la SNCF peu avant la trentaine, en 2001. « Ils embauchaient beaucoup à cette époque, à la suite de la loi instaurant les 35 heures hebdomadaires. » Il débute alors comme aiguilleur, c'est-à-dire qu'il trace les itinéraires des trains entre deux points géographiques. En 2006, il monte à Paris où il travaille au siège du fret, alors situé à Clichy. En 2007, il participe aux grèves contre la réforme des régimes spéciaux des retraites. Il n'est toujours pas syndiqué. Deux ou trois ans plus tard, avec un collègue, il va contacter les syndicats pour protester contre une restructuration dans son service. Avec une vingtaine de cheminots, ils adhèrent à Sud-Rail en 2009-2010. « Les personnes que j'y ai rencontrées m'apportent les réponses dont j'ai besoin. Je me suis tout de suite reconnu dans les valeurs défendues par ce syndicat. Et aussi, j'apprécie l'autonomie dans le militantisme, l'absence de dogmatisme. »

Bruno Poncet a été élu secrétaire fédéral de SUD-Rail en 2016. « Je n'étais pas le patron du syndicat, d'ailleurs à SUD-Rail, il n'y a pas de patron. J'étais un secrétaire fédéral parmi d'autres. » Réélu en 2020, il n'a pas achevé son second mandat. « J'ai démissionné en 2022 après avoir été recruté par les "GG". Je ne voulais aucun conflit d'intérêts entre les "GG" et mon activité syndicale. Quand on est élu, on doit porter la parole des autres, on est mandaté pour défendre des positions avec lesquelles parfois on n'est pas d'accord. C'est normal mais contradictoire avec les "GG" où doit prévaloir une parole totalement libre. »

Depuis quinze ans, Bruno Poncet s'est retrouvé à la pointe des nombreuses grèves de la SNCF, notamment contre la réforme de 2018, puis contre celle des retraites en 2020 et 2023. Il assume qu'une minorité de grévistes puisse bloquer le pays. « On a le pouvoir qu'on prend ! 30 à 35 % de grévistes peuvent bloquer le pays parce que l'encadrement est trop gigantesque. Dans tous les services publics, l'État et les directions multiplient les encadrants afin de réduire le poids de ceux qui font le travail, pour faire passer des réformes ou des restructurations. Mais aucune entreprise ne peut fonctionner s'il y a plus de chefs que de travailleurs. Quand quelqu'un est mécontent de son travail, je lui dis de lutter. Au-delà de nos intérêts propres de salariés, nous défendons un service public ferroviaire qui relève de l'intérêt général. Quand je m'adresse aux usagers, je leur dis : "Vos conditions de circulation dépendent de nos conditions de travail." » Les mouvements sont plus minoritaires que jadis mais aussi plus radicaux. Bruno Poncet l'explique par « l'absence d'écoute en face ». Lui, le rescapé du Bataclan, plus que tout autre, est opposé à la violence. Il a regretté qu'elle ternisse le mouvement des Gilets jaunes qu'il avait soutenu au début. Mais il considère que les torts sont partagés. « La violence s'est déchaînée des deux côtés. Pour préserver le capitalisme, la police recourt à la violence. Si vous voulez qu'une manif dégénère, il suffit de la "nasser" en l'empêchant d'avancer, et en empêchant les gens d'en sortir. »

Une invitée qui l'a marqué dans les « GG » ? Anne-Sophie Joly, porte-parole d'une association contre l'obésité. « En discutant avec elle, je me suis rendu compte que nous avions beaucoup de choses en commun. » Bruno Poncet fut longtemps très gros, ayant subi un dérèglement hormonal à la suite d'un accident de moto à l'âge de vingt ans. « J'étais monté à 160 kilos ! » Il garda ce poids jusqu'à trente-huit ans. Souffrant alors d'hypertension, il fut contraint de subir une opération de réduction de l'estomac qui lui fit perdre environ 50 kilos. Il a encore maigri après le procès des attentats en 2015. Bruno Poncet n'est plus obèse. Mais cette période de sa vie ne lui laisse pas que des mauvais souvenirs. « Des gens dans la rue me traitaient de gros, pour leur répondre, j'ai travaillé mes reparties et acquis ainsi une aisance verbale. Finalement, mon obésité m'a aidé à devenir une Grande Gueule. »

FLORA GHEBALI

LA TRANSVERSALITÉ VERTE

« Je ne t'autorise pas à user de cet argument paternaliste et de boomer comme tu le fais ! C'est arrogant et c'est déplacé. T'es déplacé et t'es arrogant ! » répondit la jeune femme à Mourad Boudjellal qui venait de lui opposer son expérience de chef d'entreprise. Cet échange s'est déroulé dans « Les Grandes Gueules » du 15 décembre 2023 à propos de l'adoption du congé menstruel par la municipalité d'Arras.

« Cela va être un frein de plus à l'égalité dans l'embauche, venait de déclarer Mourad Boudjellal. Et je pense que c'est contre-productif pour les femmes, ce frein à l'égalité dans l'embauche. Déjà que le congé maternité est un frein à l'embauche pour les femmes. [...] Quand tu auras embauché autant de femmes que moi, tu pourras me tenir la repartie. J'en ai embauché des centaines...

— Tu ne me parles pas sur ce ton ! répondit son interlocutrice, avec dans le regard toute l'assurance de ses convictions [...]. Je suis chef d'entreprise et je recrute également des gens tous les ans, je sais très bien de quoi je parle. Je suis pour l'égalité des hommes et des femmes ! »

La jeune femme s'appelle Flora Ghebali. Un visage où voisinent la gravité des propos et les yeux brillants de malice, le sourire charmeur, de longs cheveux blonds ondulant sur les épaules, Flora a beaucoup d'allure. On l'imagine aisément dans le débat d'entre-deux-tours de l'élection présidentielle 2032 ou 2037, elle dont le premier livre s'intitule *Ma génération va changer le monde*. La jeune autrice y évoquait l'écart culturel séparant les jeunes d'aujourd'hui du monde du travail, de la politique ainsi que la crise de sens traversée par sa génération.

« L'idée du livre m'est venue d'une question apparemment évidente et pourtant sans réponse : pourquoi, alors que nous connaissons le danger de la crise écologique, n'agissons-nous pas ?

Mon livre s'intéresse aux contours de l'inaction écologique : qu'est-ce que l'écologie évoque dans l'opinion ? Quel est le coût politique des mesures écolos, etc. ? Le travail de rédaction de ce livre m'a convaincue de la nécessité d'un nouveau discours sur l'écologie pour prouver aux Français qu'ils seront, eux, les gagnants de la transition et qu'ils ont, eux, le plus intérêt au changement, notamment ceux des classes moyennes et populaires. C'est un combat à mener dans l'opinion, sûrement le combat de ma vie pour concilier durablement écologie et démocratie. » À vingt-huit ans, Flora est devenue en août 2023 la benjamine des Grandes Gueules. Tapez son nom sur Google et vous trouverez : « entrepreneure écolo », deux termes qui constituent un oxymore pour tous ceux qui ont raté quelques épisodes depuis Mai 68.

À leurs yeux, Flora Ghebali incarne la boboïtude – ou le boboïsme ? –, terme péjoratif pour désigner les peuplades des métropoles modernes : féministe, écolo, vélo et maintenant JO. « J'espère avoir réussi à prouver à tous les GG que ce que je représente est plus compliqué que ma caricature. Les préjugés ont la vie dure. Et quelqu'un comme l'éleveur Didier Giraud pourrait apparaître comme mon contraire sociologiquement. Pourtant, nous arrivons maintenant à nous comprendre. » La confrontation a débuté par un échange musclé en septembre 2023. « La hausse de la consommation de viande, commentait Flora, c'est évidemment une mauvaise nouvelle pour limiter le réchauffement climatique.

— Moi, répondait Didier, je crois que mes cent vaches, elles polluent moins que les mails que tu balances en une année. »

Flora Ghebali s'impose de « penser contre soi-même ». Elle est consciente des clichés de sa génération à l'égard des boomers : « Les jeunes sont jeunistes, ils ignorent souvent ce que nous devons à la génération précédente. J'ai appris à respecter le monde rural. Mais il faut aussi cesser de caricaturer les douze millions de Franciliens dont la diversité est à l'image de la France. » Flora Ghebali représente la génération #MeToo, une figure inédite au sein du club des GG où les femmes restent minoritaires. « Trouver une femme Grande Gueule, c'est assez difficile quand même ! Pour un casting, ma grand-mère serait parfaite. »

Le combat des femmes

Flora Ghebali cite souvent sa grand-mère comme modèle. « À quatre-vingt-sept ans, elle est très avant-gardiste et d'une curiosité sans limite. Cette semaine, par exemple, elle s'est mise à étudier Mozart. Elle fait partie des gens qui ne prennent rien pour acquis. » Cette grand-mère maternelle est née en 1937 à Tunis, dans un milieu modeste de juifs originaires d'Italie. Son père avait à charge, outre son propre foyer, d'autres membres de sa famille dépourvus de revenus. Le protectorat français instauré en 1881 avait ouvert aux juifs de Tunisie les voies de la modernité. « Ma grand-mère, comme toutes les jeunes filles de son époque, était destinée à fonder un foyer et à élever ses enfants. Le mariage restait la seule possibilité d'échapper à l'emprise familiale. Je ne sais pas si elle était amoureuse de mon grand-père mais elle a finalement passé sa vie avec lui. Elle s'est émancipée par les études. Elle avait choisi, comme son futur mari, l'économie, une discipline peu pratiquée par les jeunes filles de son temps, surtout en Tunisie. » En 1969, le couple est parti travailler en Côte d'Ivoire dans le cadre de la coopération. Puis ils se sont installés en France.

« Ma mère, mes deux sœurs et moi, nous devons tout à ma grand-mère : en se battant pour aller à l'école, elle a fait dévier le destin de notre famille. C'est incroyable, la révolution des consciences qu'on a vécue en trois générations ! » La mère de Flora en fut la première bénéficiaire. Elle n'est autre que Daniela Lumbroso : reporter, présentatrice de journaux télévisés, animatrice d'émissions de variétés ou de jeux, elle a exercé depuis quarante ans quasiment toutes les fonctions sur différentes chaînes de télévision… Mais le combat féministe est loin d'être achevé comme le rappelle Flora : « On compte seulement 11 % de femmes parmi les maires des grandes villes de France. »

« Première, deuxième, troisième génération »

Côté paternel, Flora est issue d'une famille juive égyptienne. Ses grands-parents Ghebali ont quitté leur pays après l'arrivée au pouvoir de Nasser en 1956. Ils se sont installés à Strasbourg où son grand-père était commercial dans une compagnie d'assurances alors que sa grand-mère était ce qu'on nommait à l'époque « femme au foyer ». « Curieusement, c'est en entendant Sarkozy dire qu'il était un homme de "sangs mêlés" que j'ai compris que j'étais issue de quatre grands-parents immigrés. J'étais adolescente et je n'y avais jamais pensé avant. » « Première, deuxième, troisième génération, nous sommes tous des enfants d'immigrés ! » Ce slogan des manifs anti-Le Pen, Flora l'entendit dès le berceau. Et pour cause ! Son père Éric Ghebali fut l'un des fondateurs du mouvement SOS Racisme au milieu des années 1980. Il était alors le président de l'UEJF, l'Union des étudiants juifs de France. Le pays, sous François Mitterrand, faisait face à l'émergence du Front national qui, aux élections européennes de 1984, avait réalisé le score – faramineux pour l'époque – de 11 %. Et des jeunes « beurs » étaient victimes de meurtres racistes. Avec son copain Julien Dray et quelques autres anciens militants de la Ligue communiste, passés au Parti socialiste, ils décidèrent d'unir des jeunes, juifs et arabes, autour d'une petite main verte. Il embrassa ensuite une carrière journalistique, participant à la fondation des hebdomadaires *Globe* et *Courrier international*. Après avoir milité au sein du Parti socialiste et publié la première biographie du président Vincent Auriol, il s'est lancé dans les affaires. Flora est très fière de son père. Plus qu'il ne l'est lui-même selon elle. « Cela lui fait quelque chose quand il entend : "Touche pas à mon pote !" Il m'a transmis des valeurs, des repères qui sont aussi ceux de ma mère. » À treize ans, pour embêter son père, Flora avait collé dans sa chambre un poster du candidat à la présidentielle Nicolas Sarkozy. Mais, passée cette éphémère provocation, elle s'inscrivit dans les traces de ses parents. « J'ai le cœur à gauche, je serais de gauche même si la vérité était de droite. » Flora s'est construite en faisant la synthèse des héritages paternel – la politique et les affaires – et maternel – les médias.

De l'Élysée à la start-up

C'est à Assas, une fac réputée à droite, que la jeune Flora commence ses études de droit en 2011. Dans un environnement pas très favorable, elle y fonde une association nommée l'Apostrophe destinée à faire entendre la voix des jeunes auprès des politiques à travers différents formats de conférences ou de rencontres. L'année suivante, elle entre au Celsa, la grande école de communication et de journalisme. À peine diplômée, elle intégrera en 2016 le service de communication de la présidence de la République, où elle occupera plusieurs postes sous la direction de Gaspard Gantzer. « Je m'y suis beaucoup épanouie, car c'était le début de la présence présidentielle sur les réseaux sociaux, tout était à construire. Quand, à vingt et un ans, on parle avec le chef de l'État, on n'a plus peur de grand-chose ! » Une expérience extraordinaire dans le cadre de l'Élysée. « C'était incroyable… La qualité des personnes m'a tellement impressionnée. À tous les niveaux, les gens étaient compétents, dévoués au service de l'État et très sympas, comme ces secrétaires formidables avec qui je travaillais et ces chauffeurs racontant les clopes cachées jadis à l'attention de Jacques Chirac qui, à l'insu de son épouse, descendait fumer avec eux à 23 heures. » La jeune Flora a vécu de l'intérieur les derniers mois de la présidence Hollande. « Quand il a annoncé qu'il ne se représenterait pas, certains collègues ont démissionné pour rejoindre des campagnes électorales, notamment celle d'Emmanuel Macron. Il représentait la modernité et le seul espoir de victoire. Pour ma part, j'ai préféré rester jusqu'au bout, tant l'expérience à l'Élysée était enrichissante. » Contrairement à d'autres, Flora n'était pas acquise à 100 % aux idées d'Emmanuel Macron. « Je pressentais qu'il allait poursuivre sur la pente du néolibéralisme empruntée par François Hollande. J'avais évolué dans mes convictions écolos et arrêté de croire à la croissance verte, préférant un programme de rupture permettant de bâtir une économie autour de la sobriété. »

À cette époque, Flora était proche du PS. Elle en est revenue très vite. « J'ai trouvé le climat interne très malsain. Un pied dans ce parti, c'est comme le doigt dans une prise, vous êtes aussitôt électrocutée. » Démarche inimaginable en d'autres temps, c'est par l'entreprise qu'elle va mettre en œuvre ses idées de gauche. Après un détour comme chargée de com de la fondation La France s'engage, elle crée en 2022, le cabinet de conseil Coalitions, qui oriente les entreprises vers des investissements dans la transition environnementale et sociale, ce qu'on appelle les « soft profits ». Cette start-up « d'innovation sociale » compte aujourd'hui une vingtaine de clients dont quelques grandes entreprises. Une conception de gauche qui ne considère plus l'entreprise comme ennemie mais comme levier du changement social et écologique. Son engagement a été reconnu par le magazine *Forbes* qui l'a nommée en mai 2021 parmi les trente personnalités de moins de trente ans les plus influentes en France. Une influence démontrée en 2023, à travers une pétition initiée par Flora Ghebali et signée par plus de cent vingt-cinq mille personnes qui poussa le gouvernement à organiser sa propre formation ainsi que celle de vingt-cinq mille fonctionnaires aux enjeux écologiques. «*PEOPLE HAVE THE POWER.*»

Cette même année 2023, elle signe un deuxième ouvrage: *Le Syndrome de la fourmi*. Dans la foulée, elle fonde alors une association nommée Les Fourmis. «On m'écrivait beaucoup sur les réseaux sociaux, notamment des jeunes qui ne se retrouvaient pas dans les partis politiques traditionnels et avaient pourtant envie de s'engager. Ils voulaient faire évoluer le récit autour de l'écologie et même, plus globalement, de l'engagement politique. Ils en ont marre des vieux systèmes où, pour obtenir un mandat, il faut suivre le circuit des partis, renoncer à sa liberté d'expression et parfois devoir accepter l'inacceptable (comme l'alliance avec LFI en ce moment). La politique est devenue un repoussoir total et c'est très problématique, car on crée des élites composées de ceux qui arrivent à s'adapter à un système super toxique, donc des personnes qui se nourrissent des conflits et acceptent une forme de violence. C'est d'ailleurs ce sujet que je vais essayer de théoriser pour mon troisième livre, prévu pour le printemps 2025, sur la colère en politique.»

Transversalité

Les affaires et la politique… la transversalité de Flora Ghebali serait incomplète sans une exposition médiatique régulière. Elle l'a obtenue sur BFMTV depuis septembre 2022. «J'ai été appelée par un chasseur de têtes.» Elle commente désormais l'actualité pendant une heure chaque dimanche soir aux côtés de l'ancienne ministre Roselyne Bachelot, de l'économiste Olivier Babeau ou du directeur de la rédaction de *Valeurs actuelles* Tugdual Denis. Flora s'est vite fait remarquer par sa spontanéité qui l'amène à citer… sa grand-mère à propos de Julien Bayou, l'ancien secrétaire national des Verts mis en cause à l'intérieur de son parti pour son comportement avec d'ex-compagnes, « des femmes séduites puis abandonnées, comme dirait ma grand-mère ». Flora surprend aussi quand elle se prononce en faveur du retour de l'uniforme à l'école à la suite d'une proposition en ce sens déposée en janvier 2024 par le Rassemblement national. Au nom de l'écologie : « La société de consommation a un impact terrible sur la planète et la mode en particulier puisqu'elle représente 10 % des émissions de gaz à effet de serre mondial et ce qu'on appelle la *fast fashion*, donc la mode ultra-rapide, tout ce qu'on peut acheter très vite. C'est un drame écologique. Dans une année scolaire de cent quatre-vingts jours, il y a potentiellement cent quatre-vingts tenues vestimentaires… En tout cas, on pourrait réduire drastiquement les achats vestimentaires des adolescents. Cela, c'est pour l'impact carbone matériel. Mais sur l'impact immatériel, si on veut défendre une société de la sobriété écologique, de la sobriété heureuse […] ; alors ce n'est peut-être pas mal de dire qu'on ne se différencie pas par des vêtements mais par sa personnalité, par autre chose. »

Les engagements de Flora lui ont valu d'être sollicitée par Europe Écologie les Verts au titre de la société civile pour figurer sur la liste des dernières européennes. « Je voulais soutenir cette liste – dont la campagne se heurtait à des vents défavorables – afin de défendre l'écologie politique, qui est le seul projet auquel je crois, même si le parti – comme tous les partis – a énormément de défauts et que je reste incapable de m'encarter, c'est eux qui avaient le meilleur projet. La campagne a été difficile mais riche d'enseignements. » En 11e position, ses chances d'être élue paraissaient nulles dès le début d'une campagne mal partie sur une liste qui n'obtint finalement que six députés en franchissant de justesse la barre des 5 %. Une première candidature. Et sans doute pas la dernière.

« Je trouve trop facile de rester dans le commentaire. On a sa place dans une émission de télé, on a une liberté de parole totale et on se fait plaisir, mais moi, je défends un projet de société concret, donc aucune raison de pas mettre les mains dans le cambouis quand des échéances aussi importantes se présentent. » Après cet échec aux européennes, Flora est retournée aux « Grandes Gueules » dont elle s'était absentée deux mois, le temps de la campagne électorale.

Une mission

L'aventure a commencé en août 2023 à la suite d'un appel d'Anaïs qui l'avait repérée sur BFMTV. « Ta place est aux "GG" ! »

Parmi les grands moments de Flora dans l'émission : le choc avec Éric Zemmour début 2024. Sous le signe de l'agressivité. En regardant Flora, l'homme politique s'en prend aux bobos auxquels il impute, entre autres, la crise de l'agriculture et l'abandon du nucléaire. La jeune femme ne cède pas d'un pouce allant jusqu'à l'interrompre souvent.

« Pour l'écologie, chère Madame, explique le président de Reconquête, les Européens représentent 8 % des gaz à effet de serre, les Chinois représentent 30 %, les États-Unis…

— Ce n'est pas vrai ! l'interrompt Flora.

— Si, c'est vrai !

— Cela dépend de ce qu'on compte.

— Excusez-moi...

— Est-ce que vous comptez l'import ?

— Non, je ne compte pas l'import.

— Et mon smartphone, il est sur mon impact carbone ou celui du Chinois qui l'a fabriqué ?

— Du Chinois qui l'a fabriqué.

— Ben oui, ben non.

— Ben ouuuuiiii, ben ouuuuiiii, ben ouuuuiiii.

— C'est pas la bonne manière de compter, monsieur Zemmour.

— Excusez-moi, c'est comme ça qu'on calcule en tout cas.

— Ben non, c'est pas comme ça qu'on calcule ! »

Éric Zemmour travailla jadis comme journaliste dans l'hebdomadaire de gauche *Globe*, dirigé par Éric Ghebali. Après l'émission, il voulut avoir quelques mots aimables envers Flora Ghebali : « Vous saluerez votre père de ma part, je le connais depuis trente ans.

— C'est pour cela que vous l'insultez dans vos livres ? » répondit sèchement la jeune femme.

« Zemmour, dit-elle, est l'antithèse de tout ce en quoi je crois. Mais je ne remercierai jamais assez les "GG" de m'avoir permis de débattre avec lui. » Parmi les expériences fortes vécues grâce aux « GG » : l'émission réalisée en janvier dernier en direct d'un barrage d'agriculteurs sur l'autoroute A15. « C'est Olivier qui animait l'émission sur place. Il était génial, il m'a vraiment impressionnée. » Elle aussi a impressionné l'assistance par sa capacité d'adaptation. Devant les agriculteurs, elle s'est lancée dans une tirade pleine d'empathie commençant par une citation du fondateur de la psychologie analytique : « Jung, c'était un grand psychiatre qui disait que, sans émotion, il est impossible de transformer l'apathie en mouvement. Et vous, les agriculteurs, ce que vous avez déjà réussi à faire, c'est transformer l'apathie en mouvement. » Flora Ghebali revendique le droit à l'émotion comme fondement de toute prise de position politique. Elle s'étonne… qu'on s'étonne de la voir à l'aise dans tous les milieux. « C'est vrai, j'ai grandi à Paris et je fais partie d'une élite que certains détestent. Je les comprends parfaitement, car il existe en France une discrimination territoriale dont pâtissent beaucoup de gens hors Paris. Et moi aussi, je déteste des membres de la soi-disant élite que j'ai pu connaître, prétentieux et méprisants. Pourtant, je n'aime pas qu'on jette en pâture toute l'élite. Badinter, Beauvoir et d'autres, il faut les remercier. » Il arrive parfois à Flora de douter. « Suis-je légitime pour parler de tous les sujets ? Parfois, je ne suis pas trop sûre de moi. » Elle se reprend aussitôt pour justifier sa présence dans les « GG » comme une véritable mission : « Pendant la campagne des législatives, quand Bardella a parlé d'un "big bang de l'éducation" – en réalité des mesurettes insignifiantes ou déjà mises en œuvre –, j'ai proposé un vrai "big bang", passant par une gestion partagée avec les élèves de la cantine scolaire : les enfants pourraient aller rendre visite aux agriculteurs afin d'apprendre la saisonnalité des produits et passer des commandes en circuit court, ils suivraient à l'école des cours de cuisine (ce qui permettra dans leur vie future de lutter contre les produits préparés qui cartonnent en grande distribution alors qu'ils sont souvent cancérigènes et globalement mauvais pour la santé). J'étais super fière de moi ce matin-là, car j'avais réussi à susciter l'enthousiasme de tout le plateau sans que le mot "écologie" soit prononcé. Ce n'est qu'après vingt minutes de conversation qu'Olivier a dit : "Bravo, Flora, tu as réussi à faire adhérer toutes les GG à une mesure écolo !" » Décidée à défier toutes les caricatures, Flora Ghebali est persuadée d'être à sa place dans les « GG » :

« Les auditeurs de l'émission appartiennent aux classes populaires et moyennes dotées d'un faible pouvoir d'achat, ceux qui ont le plus intérêt à la transition écologique. »

BRUNO POMART

LE LINO VENTURA DES GG

« Aux "GG", on aime les gens, on partage le vivre-ensemble, c'est un peu le café du commerce… J'adore les bistrots, chaque matin, je commence la journée dans un bistrot. » Bruno Pomart n'est pas né sur le zinc d'un comptoir. Mais presque… Ses parents ont tenu successivement le Café de la gare à Perpignan puis un restaurant à Corbère-les-Cabanes, village situé lui aussi dans les Pyrénées-Orientales. Sa mère, Suzanne, était du Gers voisin. Son père, Daniel, venait du Pas-de-Calais ; à vingt-cinq ans, son action dans la Résistance l'avait conduit dans un camp d'internement du sud de la France, région où il a finalement fait sa vie et élevé ses deux fils : Gérard, né en 1955, et Bruno, né en 1959.

Bruno Pomart a grandi dans la France du général de Gaulle, imprégné de valeurs qui ne sont plus en vogue aujourd'hui : le travail, la discipline, la rigueur et l'amour d'un pays encore très rural et heureux de vivre en paix après deux guerres mondiales, suivies de celles d'Indochine et d'Algérie. Une France parsemée de monuments aux morts dont les noms évoquaient encore des visages pour les survivants. Une France où la télévision n'avait qu'une chaîne, en noir et blanc, sur laquelle le petit Bruno regardait chaque soir « Bonne nuit, les petits » et, le mercredi, « La Piste aux étoiles » de Gilles Margaritis, présentée par Roger Lanzac. Une France sans députés écolos comme Sandrine Rousseau prônant le « droit à la paresse ». De quoi mettre en rogne notre Grande Gueule : « Ce n'est pas un débat, s'exclame-t-il dans l'émission du 22 septembre 2022. Qu'elle nous parle des problématiques dans les facultés, elle connaît ça, elle a été prof d'économie en fac, qu'elle nous parle d'économie, ce serait beaucoup plus intelligent de sa part.

— Elle parle d'économie, interrompt Olivier Truchot, elle dit qu'il faut partager le travail…

— Elle dit en gros : "Faut rien glander"… On a touché le fond, on est en train de ramer, de creuser avec des Rousseau, des Caron et compagnie, des gens qui n'ont jamais travaillé de leur vie, ils n'ont fait que vivre dans la bobosphère parisienne… Moi, de ma place de petit élu rural, je me dis qu'on a une classe politique… pathétique. »

Pour équilibrer le débat, Alain Marshall explique le point de vue de la députée écolo, ce qui a le don d'énerver Bruno Pomart : « Le droit à la paresse, t'es partisan de ça, toi ? Y a des boîtes qui déposent le bilan parce qu'il n'y a plus d'employés et Sandrine Rousseau incite les gens à ne plus travailler… »

Bruno Pomart est maire de Belflou, en Occitanie. Un village d'environ cent vingt habitants où il s'est installé en 2010. Il en est devenu maire en 2017 et fut réélu en 2020, pendant l'épidémie de Covid. Un mandat ingrat, pour lequel on ne se dispute pas même en temps normal, mais auquel il se réfère parfois quand les GG parlent de politique nationale, comme ce 28 mars 2022, après les révélations sur le recours par l'État au cabinet privé McKinsey.

« Je vais vous donner un exemple. Moi, je suis maire d'un village… Un jour, j'ai des inondations dans le bas de mon village, je fais appel au département, les ingénieurs se déplacent pour regarder ce qui se passe, les flux d'eau, etc., la cause de cette inondation. Mon premier adjoint, qui est agriculteur, m'a dit en deux mots ce qu'il fallait faire en termes de travaux. Les ingénieurs du département se déplacent, regardent ça, un mois ou deux se passent et là, arrive un cabinet d'études qui vient avec un super ordinateur. Grande réunion avec la communauté de communes, le département et ce cabinet de conseil. Et là je dis : je ne comprends pas… on a des ingénieurs, des spécialistes du département dans ce domaine-là et vous faites la même chose, en gros […], le cabinet a évalué les charges à près de cinq cent mille euros dans un petit village… on a plus de trois cents villages dans mon secteur, donc c'est un peu difficile de foutre cinq cent mille euros dans mon village… Le cabinet a proposé de faire venir des entreprises pour faire des travaux pharaoniques. J'ai sollicité une de mes adjointes, qui est dans une école d'ingénieurs à Toulouse, des jeunes ingénieurs sont venus réfléchir sur le problème, ils me l'ont fait gratuitement, ils ont trouvé un système qui coûte mille sept cents euros par an, pour pouvoir ralentir les vagues d'eau si elles arrivent. » Comme la plupart des maires des quinze mille petites et moyennes communes de France, Bruno Pomart se dit apolitique. Dans « Les Grandes Gueules » du 20 janvier 2022, il a expliqué son refus de parrainage d'un candidat quelconque en vue de l'élection présidentielle du mois d'avril suivant : « Je suis sans étiquette, ce qui me permet de continuer à faire les médias sans que cela soit décompté dans le temps de parole des élus [...]; évidemment, j'ai reçu des courriers de Mélenchon, de Zemmour, de Marine Le Pen, enfin comme tous les maires... mais je ne donne pas ma signature, effectivement, je suis un petit peu coincé. Ce n'est pas un manque de courage personnel, évidemment, personne ne me fait peur, mais vis-à-vis de ma commune. J'ai des subventions qui tombent de ma région et du département, comme d'autres maires ailleurs, mais je n'ai pas envie de me retrouver tricard. Je le dis très franchement. Peut-être cela ne me porterait pas préjudice, mais le fait d'avoir enlevé l'anonymat – ce qu'a fait le président socialiste, j'ai oublié son nom... François Hollande... –, cela n'a pas aidé. Si c'était resté anonyme, je l'aurais fait sûrement. Vous allez dire que je ne suis pas courageux, je n'agis pas à titre personnel mais dans l'intérêt de ma commune. »

Si on transposait au cinéma la vie de Bruno Pomart, on pourrait choisir Lino Ventura pour interpréter son personnage. Et pour cause !

De Perpignan à Mitterrand

À Perpignan, aurait pu chanter en ce temps-là Claude Nougaro, « même les mémés aiment la castagne ». Le jeune Bruno était un bagarreur, comme tout petit garçon qui se respecte à cette époque où la virilité était encore une valeur positive. La différence entre un voyou et un policier ? C'est l'éducation. Et la sienne fut stricte et rigoureuse, chez les frères maristes, comme naguère un certain François Mitterrand.

« J'étais chez les frères maristes à côté de Perpignan. L'école privée, c'était bon pour mon caractère, j'avais besoin d'être cadré. Ils m'ont transmis les valeurs humanistes, le respect de l'autre, le partage, la justice. »

Son goût pour la castagne, le jeune Bruno devenu adolescent va l'exercer dans la classe sport-études de lutte à Font-Romeu puis à l'ASPTT Limoges. « On était en 1980, j'avais vingt et un ans, Limoges était la capitale du basket-ball, elle gagnerait bientôt la coupe d'Europe avec sa star Apollo Faye. Avec mes copains, on allait dans les bals populaires le samedi soir, cela se terminait souvent en bagarre. On n'arrivait pas toujours à se tenir à l'écart. » Ayant obtenu ses brevets d'État sportifs, Bruno décide cependant d'entrer dans la police. « Je voulais concilier ma passion du sport et la volonté d'être utile aux autres, de les protéger. »

En cette année 1981 où l'ancien élève des maristes, François Mitterrand, signe un contrat de sept ans renouvelables à la tête de l'État, le jeune Bruno, rentré du service militaire à Libourne, devient CRS à Quincy-sous-Sénart.

Après deux années consacrées au maintien de l'ordre, le jeune Pomart a passé avec succès le concours d'entrée au service des voyages officiels. On est en 1983, Bruno n'a que vingt-quatre ans et il va se retrouver aux premières loges de la gauche au pouvoir. Il commence en effet comme garde du corps de Joseph Franceschi, maire d'Alfortville et secrétaire d'État à la Sécurité, une fonction très sensible placée sous l'autorité du ministre de l'Intérieur Gaston Deferre. Franceschi, un sexagénaire bourru, a tout pour impressionner le jeune garde du corps. Entré aux Jeunesses socialistes avant-guerre, il s'est engagé dans les Forces françaises libres à dix-neuf ans, et fut décoré de la croix de guerre et de la médaille militaire pendant la campagne d'Italie. Homme de confiance de François

Mitterrand, il était chargé de sa sécurité personnelle avant que la gauche accède au pouvoir. « J'ai découvert le monde de la sécurité rapprochée. C'était très intéressant pour moi ! J'accompagnais Franceschi partout, vingt-quatre heures sur vingt-quatre, y compris à des dîners avec des célébrités en tout genre : la chanteuse Mireille Matthieu ou l'actrice Clio Goldsmith, et bien sûr Roger Hanin, le beau-frère de Mitterrand. Il était plutôt sympa et m'offrait des invitations pour les avant-premières de ses films. Le président, lui, était assez froid mais il me disait bonjour quand j'accompagnais mon ministre au domicile parisien de Mitterrand, rue de Bièvre, et à sa bergerie de Latché, dans les Landes. Comme beaucoup de gens, je savais qu'il était atteint d'un cancer et je connaissais l'existence de Mazarine, sa fille cachée. Mais l'omerta était très forte. Personne n'en aurait parlé. J'ai vu des choses énormes sous la gauche qu'on ne se permettrait pas aujourd'hui ! » Songe-t-il à écrire ses mémoires à l'instar de Pierre Tourlier, l'ancien chauffeur de François Mitterrand ? « Je ne déballerai jamais tous les petits secrets dont je suis le détenteur. J'ai un devoir de réserve à respecter. » Bruno Pomart garde un bon souvenir de son année au service du ministre socialiste. Il le décrit comme un homme caractériel mais humain qui savait, naturellement, imposer son autorité : « Un jour où je conduisais la voiture blindée du ministre vers Alfortville, j'ai emprunté par mégarde un sens interdit. Comme il était mal luné, il m'a sérieusement engueulé. J'étais vexé, j'ai ouvert la porte, je suis descendu. Il me dit alors d'aller récupérer sa mallette dans la voiture blindée. Vexé, je lui ai répondu : "Faites-le vous-même !" Pour me faire céder, le ministre m'a menacé d'une sanction qui fut d'ailleurs appliquée : une semaine en tenue devant le ministère de l'Intérieur. »

Après la protection de Joseph Franceschi, le jeune Pomart fut affecté à celle d'autres personnalités, tel Jacques Maison-Rouge, le président d'IBM, qui comme d'autres grands patrons était alors ciblé par Action directe.

L'aventure du RAID

En mai 1985, un événement va changer la vie de Bruno Pomart et lui permettre de vivre enfin ses rêves d'aventure : la création du RAID (recherche, assistance, intervention, dissuasion), unité d'élite de la police nationale destinée à intervenir dans les situations de crise (terrorisme ou grand banditisme). Placé sous l'autorité du ministre de l'Intérieur, Pierre Joxe, le RAID est l'équivalent dans la police du GIGN dans la gendarmerie. Mais, contrairement au GIGN, le RAID est un melting-pot de spécialistes. Dès qu'il apprend la création du RAID, Bruno s'inscrit au concours d'admission. Ils sont mille deux cents candidats. Il fera partie des quatre-vingts reçus. Outre son expérience aux voyages officiels, il possède un profil adéquat : spécialiste des sports de combat, de tir et d'escalade, il sera instructeur opérationnel du RAID. Pendant treize ans, il vivra comme Lino Ventura. Parmi les coups d'éclat auxquels il participe : l'arrestation, le 21 février 1987, des chefs du groupe terroriste d'Action directe, Jean-Marc Rouillan, Nathalie Ménigon, Joëlle Aubron et Georges Cipriani. Ces criminels se revendiquant du communisme n'avaient pas seulement perpétré des attaques à main armée contre diverses institutions, ils avaient aussi les mains pleines de sang, leur dernier assassinat étant celui de Georges Besse, patron de la régie Renault. « L'opération avait été préparée dans le plus grand secret. Nous n'en avons été informés que deux heures auparavant par Ange Mancini, patron du RAID, avec cette formule : “On va serrer les quatre chefs d’Action directe.” Direction Vitry-aux-Loges, dans le Loiret. Les quatre terroristes y vivaient dans une ferme, ils se présentaient comme des néoruraux, baba cool retournés à la terre. Ils étaient si bien insérés que des gendarmes buvaient des coups avec eux. L’opération avait été remarquablement préparée. Peu avant 21 heures, la ferme est encerclée. Les quatre terroristes sont arrêtés. Leur chef, Rouillan, le plus virulent en paroles, était aussi le plus lâche. Il pissait sur lui. »

Autre coup d’éclat du RAID : en 1988, ses hommes interviennent au golf de Sperone en Corse contre un commando indépendantiste du FLNC engagé dans la destruction d’une villa. Échanges de coups de feu, heureusement sans blessés. Bruno Pomart participa également avec le RAID aux premières interventions contre le terrorisme islamique, bien plus meurtrier qu’Action directe. En 1995, vingt ans avant le Bataclan, Paris fut endeuillé par l’attentat de la station Saint-Michel, qui causa huit morts et cent cinquante blessés. Il fut revendiqué par le GIA, Groupe armé islamique, créé pendant la guerre civile algérienne. L’année suivante, notre future Grande Gueule participe à une opération audacieuse et dangereuse du RAID visant à mettre hors d’état de nuire le « gang de Roubaix », un groupe islamiste fondé par d’anciens combattants français en Bosnie et spécialisé dans les attaques violentes destinées à récolter des fonds afin de financer le djihad. Ce 29 mars 1996, les policiers du RAID encerclent l’appartement dans lequel sont retranchés huit terroristes. Une véritable scène de guerre : les terroristes utilisent des mitrailleuses et des grenades offensives, l’appartement est en flammes, quatre d’entre eux sont tués, un policier, Alain M., ami de Bruno, est gravement blessé. « Notre mission : attraper les terroristes vivants afin qu'ils soient jugés. Dans ce but, nous sommes formés à la négociation. Mais c'est très difficile face à des gens très dangereux, tel Merah, qui s'était retranché après avoir tué sept personnes dont trois enfants d'une école juive. Et, quant aux assassins du Bataclan, lorsque la police a tenté de les arrêter à Saint-Denis, deux d'entre eux se sont fait sauter avec leurs ceintures bourrées d'explosifs. » Le fait d'armes le plus notoire à l'actif de Bruno Pomart, pour lequel il sera décoré, s'est déroulé en 1991 : la libération de la sous-directrice de la prison de Fresnes, prise en otage avec deux surveillants par des détenus qui tentaient de s'échapper. « Déguisé en maton et accompagné de Pierrot Degand, ex-officier de l'antigang de Broussard, j'ai neutralisé le preneur d'otage qui menaçait de la tuer avec un couteau et une (fausse) grenade. »

… et le RAID Aventure

Après treize années passées au sein du RAID, Bruno Pomart est détaché par Jean-Louis Debré, à l'époque ministre de l'Intérieur, afin de mener des actions dans les quartiers. Il se retrouve mis à disposition de la commune de Corbeil-Essonnes administrée alors par Serge Dassault. Pendant quinze ans, il mène un travail associatif avec trois cent cinquante policiers bénévoles. « Si ce travail associatif n'existait pas, ce serait pire. » Bruno Pomart est un inconditionnel des actions police-population : « On a besoin de resserrer les liens entre la police et la jeunesse des milieux populaires. » Dans ce but, il a créé en 1992 l'association Raid Aventure reconnue d'intérêt public et forte aujourd'hui de quatorze salariés et de quatre cents policiers bénévoles de tous les services. L'objectif : travailler sur les relations police-population. Elle compte en 2024 plus de cent soixante villes partenaires et son action est reconnue par le gouvernement depuis plus de dix ans. Raid Aventure possède deux sites : un à Dreux, l'autre dans l'Aude à Belflou, qui accueillent des milliers de jeunes tous les ans pour des « Prox », journées sportives et citoyennes encadrées par des policiers bénévoles et des éducateurs. Il propose aussi des séjours en France ou à l'étranger. Objectifs : améliorer les relations entre les jeunes et les forces de sécurité tout en créant du lien social entre la population et les policiers locaux. « Dans les QRR, quartiers de reconquête républicaine, les familles nous disent : "Merci d'être ici." Notre but, c'est d'amortir les maux de la société. Les violences urbaines ont toujours existé. Dans les années 1960, on avait les blousons noirs. La nouveauté réside dans le sentiment d'abandon des quartiers populaires et surtout dans l'ultraviolence, attisée par les jeux vidéo et les réseaux sociaux. L'importance donnée aux faits divers par les médias accentue le sentiment d'insécurité qui s'ajoute à l'insécurité réelle. La prévention est indispensable, mais elle doit s'accompagner d'une action répressive sur le fond : le démantèlement des réseaux de stupéfiants. Cela ne relève pas seulement de la police nationale mais aussi de la politique étrangère, car la drogue fait vivre des millions de gens en Colombie ou au Maroc. » Quelle que soit son empathie pour les jeunes, Bruno Pomart sera toujours du côté de la loi, comme il l'expliquera dans une de ses interventions dans les « GG » le 3 septembre 2023 à propos du refus d'obtempérer :

« Il y a une loi qui existe, la 233.1, qui détermine le refus d'obtempérer. C'est quoi ? C'est tout simplement quand on t'intime l'ordre de t'arrêter, si tu fonces sur le policier qui est là pour faire barrage… c'est un crime, c'est criminel de faire ça […]. Le refus d'obtempérer est très encadré : la légitime défense du policier, c'est quoi ? Des sommations. On ne sort pas son arme comme un cow-boy qui tire dans tous les sens. Il y a des sommations : "halte, police !" ; "halte, police ou je tire", le gars il comprend, sauf s'il a du rap dans la bagnole plein pot. Les douze coups de calibre tirés l'ont été en majeure partie sur des voyous, sur des mecs qui ont des casiers comme ça !

— Ça ne justifie pas qu'on leur mette une balle dans la tête, s'insurge Bruno Poncet.

— Ils n'ont pas le droit de mourir, tu as raison, mais moi, en attendant, je pense aux policiers et surtout aux gens comme nous qui nous baladons dans la rue […]. Il y a une société de plus en plus violente, c'est constaté tous les jours par les policiers, l'ultraviolence a augmenté dans notre pays […]. Et si on a vingt-cinq mille refus d'obtempérer… moi, quand je suis entré dans la police, j'ai fait du contrôle de police comme CRS… j'ai jamais entendu parler de refus d'obtempérer… entre 80 et 85… jamais on n'a vu ce qu'on voit depuis une dizaine d'années. »

Défenseur d'un « ordre juste », Bruno Pomart a organisé une collecte nationale pour soutenir les policiers blessés pendant le mouvement des Gilets jaunes. « Aucune revendication, si nécessaire soit-elle, ne peut justifier le recours à la violence. » L'actualité, attentats terroristes et violences dans les quartiers, a propulsé Bruno dans les médias depuis une quinzaine d'années : Calvi, Hanouna, LCI, BFMTV… Son visage et sa voix sont célèbres. Il est entré aux « GG » le 15 décembre 2021. Et c'est ici qu'il se sent le mieux.

ANTOINE DIERS

LE FLAMAND... PAS ROSE

« Je suis horrifié... » Ce matin d'avril 2024, Antoine Diers ne mâche pas ses mots sur le plateau des « Grandes Gueules » où on commente une annonce d'Emmanuel Macron à trois mois des Jeux olympiques de Paris. Antoine poursuit, avec une ironie amère : « L'idée même que sur une cérémonie d'ouverture des Jeux olympiques, qui va être regardée par deux milliards de personnes, on puisse seulement imaginer qu'Aya Nakamura avec son français parfaitement beau, sa musique parfaitement mélodique, puisse représenter la France, moi cela me tue ! [...] On doit réussir à montrer au monde l'esprit français et qu'Aya Nakamura, qui a été condamnée pour violences conjugales le 23 février 2023, puisse être considérée comme une digne représentante de notre pays, je trouve cela très inquiétant. » La réaction de Flora Ghebali est sans surprise mais tranchante :

« Je ne vois pas [...] à quel moment il n'y a pas du racisme dans les propos d'Antoine !

— On ne peut pas me diffamer comme ça ! » s'indigne l'intéressé.

Jouant son rôle d'arbitre, Olivier Truchot intervient aussitôt pour réfuter l'accusation de « racisme », un délit, rappelle-t-il : « On a le droit d'aimer une chanteuse, qu'elle soit blanche ou noire, on a le droit de ne pas aimer non plus. »

Flora Ghebali reprend sa démonstration : « Connaissant Antoine, il est trop modeste pour se décréter le roi des goûts et des couleurs [...] ; si on parlait d'un chanteur blanc, il aurait dit : "Ce n'est pas mon goût", il n'aurait pas dit : "je suis hor-ri-fié", il n'aurait pas dit : "c'est hor-rible" [...]. Antoine n'est pas assez prétentieux pour s'octroyer le monopole de dicter les goûts et les couleurs de la France [...] ; moi, je vais te dire, Antoine : Aya Nakamura, elle est connue dans le monde entier [...]. Aya Nakamura, c'est une grande artiste, peut-être la plus grande artiste française aujourd'hui. » Antoine, lui, aurait préféré le chanteur palois Vianney, bien qu'il soit inconnu sur le plan international : « Ce n'est pas l'enjeu de la popularité qui est important, c'est ce qu'on veut montrer au monde, est-ce qu'on veut dire que la France, c'est Aya Nakamura ? »

C'est clair : Antoine Diers se fait, comme écrivait Charles de Gaulle, « une certaine idée de la France ». Ce jeune intello à lunettes, introverti et timide, ne pense pas que l'immigration soit une chance pour le pays. Il veut au contraire la stopper afin de nous permettre de « renouer avec nos racines ». Les siennes se trouvent dans le Nord. Il y a vu le jour à Lille en 1988 et a grandi à Lambersart dans la banlieue lilloise, non loin de Dunkerque, ville natale de ses parents mais aussi de ses grands-parents et arrière-grands-parents. « Dunkerque, c'est mon bled ! » proclame Antoine. Un homme vraiment enraciné. Il ne s'imaginerait pas vivre durablement ailleurs. « Les gens du Nord, chantés par Enrico Macias, sont travailleurs, agréables. Mes potes marseillais sont très différents. Les ch'tis souffrent d'un dédain et d'une sympathie condescendante de la part des autres. » Antoine Diers se définit comme un Flamand, « attaché à cette terre de bons vivants où on ne meurt pas de chaud l'été. Sans en parler la langue, je ressemble à un Flamand, je me sens chez moi à Amsterdam. J'ai un tempérament calme, tempéré, nordique. » Mais il n'est surtout pas un flamand rose sur cette terre des corons qui fut longtemps socialiste. L'autre pilier de son identité, c'est la politique. À droite, bien sûr. Il est tombé dedans tout petit, recevant une éducation catholique dans une école privée de Lille où, selon son aveu, il « s'ennuyait un peu », car on ne répondait pas suffisamment à sa « soif d'apprendre ». « Je ne suis pas croyant, mais le catholicisme fait partie de mon identité. Si on devait abattre une église dans un village, je la défendrais. On peut être de culture catholique sans pratiquer la religion. »

Souverainiste

L'année suivant sa naissance fut marquée par le bicentenaire de la Révolution et la prise de Dunkerque aux municipales par un baron du mitterrandisme, Michel Delebarre, qui allait diriger cette ville pendant vingt-cinq ans, dans une région dominée par Pierre Mauroy, maire de Lille, qui surnommait la droite « les gens du château ».

Lui, pourtant, n'est pas né avec une cuillère en argent dans la bouche. Son père est journaliste à *La Voix du Nord* et sa mère assistante dentaire. C'est la classe moyenne. Ils se reconnaissent dans la droite modérée : Bayrou, Chirac, Giscard, que leur fils surnomme « le

Macron des années 1970». Une époque qu'Antoine n'a pas connue. Et pourtant, il l'idéalise comme il fait du passé, de manière générale. C'était toujours mieux avant. «Dans les années 1960, 1970, 1980, explique-t-il dans "Les Grandes Gueules" au printemps 2024, on avait un job, on allait bosser et puis tout était possible… On trouvait facilement un appart, une bagnole… Aujourd'hui, on se dit ça va être hyper compliqué, "pourquoi vais-je aller me crever la peau?" » Ce n'est pourtant pas en faveur du retour au giscardisme qu'il s'engage en politique à quinze ans fasciné par un ancien giscardien, fier de ses racines vendéennes, qui défend en 2005 le non au référendum sur la Constitution européenne: Philippe de Villiers sera son premier référent politique. Antoine adhère alors au MPF, Mouvement pour la France. Ses parents s'en étonnent, mais signent néanmoins le chèque d'adhésion. Leur fils devient responsable des jeunes du mouvement dans la région. La droite souverainiste et libérale, Antoine lui est toujours fidèle. «Je refuse l'attitude d'une pseudo-droite qui a vendu le pays à l'Union européenne. J'en veux à ses dirigeants pour leurs tergiversations. Sur le plan économique, je suis plus libéral que Marine Le Pen qui marche sur les plates-bandes de la gauche. Elle représente cependant pour moi, et de loin, le meilleur choix actuel. Si elle accède au pouvoir, elle mettra un terme à l'immigration, prendra en main la justice et en économie, elle fera mieux que Macron, vrai étatiste et faux "ultra-libéral".»

Profession: politique

Comme d'autres hommes politiques, surtout dans les générations précédentes, le jeune Antoine a sacrifié ses études sur l'autel d'un militantisme qui lui permettra de vaincre sa timidité. Ainsi fut-il recalé à trois reprises au concours d'entrée à Sciences-Po Paris. « Je ne prenais pas le temps de le préparer. » Inscrit en droit à la fac de Lille, il milite à l'UNI, Union nationale interuniversitaire, syndicat étudiant de droite longtemps maltraité par les gauchistes sur les campus. « On me traitait de facho ! Les gauchistes régnaient par la terreur. Un jour, je fus le seul à traverser leur barrage destiné à bloquer la fac. Si les autres avaient osé, on entrait tous, mais ils étaient trop intimidés par les gauchistes. » Devenu délégué national de l'UNI, il subit une violente agression dans le hall de la fac de Tolbiac en 2012 : « Une trentaine d'excités d'extrême gauche ont sauté sur moi pour me tabasser, je m'en suis sorti avec une blessure à l'œil qui m'a valu une dizaine de jours d'ITT, j'ai été reconnu victime et mon agresseur m'a indemnisé près de dix ans après les faits. » Le militant étudiant est aussi devenu à dix-neuf ans l'un des plus jeunes conseillers municipaux de France, à la suite des élections anticipées de 2008, à Lambersart, ville moyenne dans la banlieue lilloise où il a grandi. Il y siège dans les rangs de la majorité conduite par le maire et ancien ministre chiraquien, Marc-Philippe Daubresse. Tout en restant acquis au souverainisme de Philippe de Villiers, Antoine a choisi l'efficacité en adhérant à l'UMP, le parti de Nicolas Sarkozy qui vient d'être élu président de la République.

Effectuant des allers-retours entre Paris, où il étudie, et Lambersart, le jeune élu local apprend la gestion municipale. « On a fait beaucoup de choses : une allocation spéciale pour les familles, un abattement fiscal forfaitaire sur la taxe d'habitation en fonction de la part fiscale, des mesures pour les jeunes. » Mais son cœur bat toujours pour Dunkerque, son « bled » et son objectif politique. En septembre 2013, il se réinstalle dans la ville de sa famille avec l'intention de se présenter aux élections du printemps suivant comme tête de liste de l'UMP. Ses parents l'aident à y acheter un appartement qui prouvera son ancrage dans la ville. Antoine n'a pas vingt-cinq ans. Et, malgré son inexpérience, il croit en ses chances face à la citadelle Delebarre, usée par vingt-cinq ans de gestion municipale. « On me surnommait “le gamin”, on me promettait une “catastrophe industrielle”, j'affrontais un mélange d'arrogance et de certitude chez les socialistes, persuadés que leur règne dunkerquois durerait toujours. » Finalement, l'ancien ministre socialiste est battu, mais ce n'est pas Antoine Diers qui tire les marrons du feu. « Les bourgeois de Dunkerque m'ont trahi en votant pour un dissident PS qui deviendra ministre aux Transports de Macron. » Il s'agit de Patrice Vergriete, longtemps adjoint au maire de Dunkerque qui a quitté son parti pour se présenter contre Michel Delebarre. Avec 9 % des voix, la liste UMP conduite par Antoine Diers arrivera seulement en quatrième position.

Anti-immigration

Antoine va rebondir à travers une expérience professionnelle déterminante : directeur de cabinet de la maire de Calais Natacha Bouchard. À ce poste, il est confronté pendant trois ans et demi au phénomène migratoire. « La mondialisation a frappé Calais de plein fouet : la ville s'est retrouvée avec dix mille clandestins sur soixante-douze mille habitants ! Érythréens, Soudanais et Syriens. Surtout des hommes célibataires, une catégorie propice à la délinquance. L'action était fondée sur deux principes justes en théorie : "Humanité et fermeté." Mais dans la réalité on ne faisait que loger, nourrir et vêtir sans jamais expulser les clandestins. J'ai beaucoup appris auprès de Natacha Bouchard, j'en ai tiré la détermination à protéger notre Côte d'Opale de ce qui ressemble à une invasion. » Après Calais, Antoine devient directeur de cabinet du maire de Villejuif, Franck Le Bohellec, par l'intermédiaire de Valérie Pécresse, présidente de la région d'Île-de-France. « J'ai découvert alors les difficultés de la vie en région parisienne : un studio de trente mètres carrés, la délinquance sans limite quand la voiture du maire est brûlée, les méfaits d'une immigration de peuplement. » Cette expérience le convainc définitivement des dommages liés à l'immigration, notamment dans la région parisienne, comme il l'expliquera dans les « GG » : « Le port du couteau, aujourd'hui… on est dans une société où désormais une partie de la population a une culture du couteau.

— Qui sont ces gens ? l'interrompt Olivier Truchot.

— Ce sont des gens qui sont issus de l'immigration pour la plupart d'entre eux, qui viennent de pays… je vous le promets, on peut se voiler la face, ce n'est pas Bernard avec son couteau pour couper le saucisson qui pose un problème, c'est plutôt la racaille wesh-wesh qui a un couteau parce qu'elle est engagée dans plein de conflits liés à la drogue, etc. Et vous voyez ces images où un petit jeune à casquette sort et plante avec une espèce de rage des dizaines de fois.

— Un jeune à casquette wesh-wesh, demande Alain, c'est profilé, il a forcément un couteau sur lui ? Je sais pas ce que cela veut dire, un jeune à casquette wesh-wesh.

— Eh bien moi, reprend Antoine, je vois très bien : la plupart des gens le voient, c'est parce que toi tu ne veux pas le voir. En réalité dans notre société, il y a des gens, on le sait très bien, qui ont un potentiel de délinquance plus important que d'autres. Et moi, je le dis, je souhaiterais qu'à Châtelet le samedi un procureur dise : OK, contrôle !

— À Châtelet, reprend Alain, où il y a des jeunes de milieux populaires, de grands centres commerciaux, tu penses que si on contrôle tous les jeunes à casquette, ils auront tous un couteau sur eux ?

— Ben, je suis quasiment certain… je ne dis pas tous, je ne me permettrai pas de généraliser, mais je pense que la pêche sera bonne. »

Après la défaite en 2020 du maire de Villejuif, battu par un communiste, et un bref passage à la mairie LR du Plessis-Robinson, Antoine a rompu avec la droite traditionnelle pour s'engager dans un combat où on n'hésite plus à mettre crûment des mots sur les maux.

L'aventure Zemmour

À l'été 2021, il est contacté par Sarah Knafo, ex-militante de l'UNI devenue le bras droit et la compagne d'Éric Zemmour. « Elle vient me chercher pour intégrer le staff du futur candidat. Comme ils sont tous parisiens, mon profil de provincial les intéresse beaucoup. » Antoine y va. Quand Philippe de Villiers rejoindra la campagne d'Éric Zemmour, il dira à ce dernier sur le ton de la boutade : « Je t'ai envoyé mon meilleur élément ! », pour évoquer le rôle qu'Antoine a pu jouer dans la mise en orbite médiatique de la candidature. Antoine se sent en phase avec l'essayiste, notamment sur le danger que représente l'islam en France, comme il l'expliquera dans les « GG » début 2024 : « La religion musulmane élève ses fidèles dans l'idée que ceux qui ne participent pas de la même religion leur seraient inférieurs et seraient moins respectables qu'eux [...]. Toutes ces idées ont infusé dans notre société et auprès d'une population à un point que vous ne soupçonnez pas ou que vous ne voulez pas voir. »

Lorsqu'il rejoint l'équipe d'Éric Zemmour, Antoine lui conseille, dit-il aujourd'hui, de participer à la primaire des Républicains prévue pour décembre 2021 : « C'est mon parti, je le connais, je passais des coups de fil chaque jour aux militants afin de promouvoir la candidature Zemmour à la primaire. Je ne le voyais pas vainqueur mais je pensais qu'avec ses idées il allait oxygéner la droite. » Antoine affirme qu'Éric Zemmour l'a prévenu seulement au dernier moment qu'il se lançait directement dans la campagne présidentielle, renonçant alors à sa stratégie initiale. Antoine poursuivra néanmoins son rôle de porte-parole. À la veille du duel télévisé Zemmour-Mélenchon, qui lance la campagne le 8 octobre, il qualifie les deux hommes de « derniers intellectuels de la politique » : « Les autres vendent une espèce de soupe assez peu claire, pas très courageuse, etc. Entre Jean-Luc Mélenchon et Éric Zemmour, le point commun, c'est le courage des opinions. Ce sera à peu près le seul puisque tout les différencie ! Jean-Luc Mélenchon est pour la créolisation, la disparition en fait de la France, alors qu'Éric Zemmour est le candidat qui souhaite sauver la France qu'on aime et qu'on connaît depuis des décennies, des centaines d'années même. »

L'idylle avec Zemmour ne survivra pas à la campagne électorale. Les conseils d'Antoine tombent à plat. « Je lui avais dit : "On va vous recentrer par une campagne à la Chirac." Au contraire, il s'est montré de plus en plus radical, ce qui l'a fait chuter dans les sondages. »

Antoine est en désaccord aussi avec la stratégie des grands meetings : « C'est de l'animation de communauté ! Cela pompe beaucoup d'argent et d'énergie mais ne convainc que les convaincus. » Partie sur des chapeaux de roue, avec 17 % dans les sondages, la dynamique Zemmour ne cesse de s'inverser, le candidat finissant à 7 % au soir du premier tour le 10 avril 2022. « En fin de campagne j'étais marginalisé, Sarah Knafo m'ayant remplacé par des activistes d'extrême droite. »

Au lendemain de la défaite, Antoine prévient la directrice de campagne de son souhait de s'éclipser discrètement. Mais Sarah Knafo ne peut s'empêcher d'annoncer son départ avec un commentaire plutôt désobligeant sur une boucle Telegram. « *Pour info, Antoine Diers m'a annoncé quitter l'aventure. Du coup, je vous dis au revoir à sa place !* » Antoine ne garde pas un bon souvenir des mois passés dans ce qu'il nomme « la secte Zemmour » : « Zemmour est un revanchard, le petit qui veut monter très haut, mais il n'a pas l'envergure d'un chef. » Antoine est rentré à Dunkerque sans travail et donc sans revenus, mais avec… vingt kilos en trop, à la suite du stress de la campagne évacué chaque soir par un repas trop copieux. Il les perdra sans médicament, en combinant régime alimentaire et course à pied. Pour gagner sa vie, il a créé une boîte de com' qui forme notamment les élus locaux à la prise de parole. Il a aussi demandé son inscription au barreau de Dunkerque au bénéfice de ses huit années minimum d'activité professionnelle liées à la pratique du droit. On lui a cependant refusé cette passerelle pour devenir avocat. Il a fait appel de cette décision et s'est pourvu en cassation. « J'ai vraiment l'impression d'être persécuté en raison de mes idées politiques. »

La campagne Zemmour a toutefois permis à Antoine de s'acclimater aux médias et sa notoriété lui a ouvert les portes des « GG ». Il y a fait ses débuts en mai 2023. Il est incontestablement le plus clairement à droite de toute l'équipe. « Je vais débattre avec un facho ! » avait tweeté une des GG lors de son arrivée. Il fait désormais partie de la famille. Et il s'y plaît beaucoup. « C'est une occasion en or pour moi de me frotter à des gens de gauche. C'est plus intéressant que de parler entre soi sur CNews. »

JEAN-LOUP BONNAMY

LA GROSSE TÊTE DES « GRANDES GUEULES »

Jean-Loup Bonnamy est-il toujours ponctuel ? C'est indispensable pour ce professeur de philosophie, qui enseigne dans l'est de la France et qui doit venir une fois par semaine dans les studios parisiens de RMC. Mais ce n'est pas surprenant de la part d'un natif de Besançon, la capitale de l'horlogerie, également ville natale de Victor Hugo. S'il n'est pas le plus grand écrivain de son siècle, notre jeune Grande Gueule de trente-cinq ans compte déjà à son actif deux essais : *Quand la psychose fait dérailler le monde*[1] et *L'Occident déboussolé*[2]. Ces essais lui ont ouvert les portes de cette nouvelle génération d'intellectuels, que leurs adversaires qualifient de néoréacs mais qui prétendent, eux, penser le monde hors des schémas idéologiques des XIXe et XXe siècles. Si certaines personnes confondent encore « Les Grosses Têtes » et « Les Grandes Gueules », d'autres ne distinguent pas Bonnamy de Bellamy, le chef de file de la droite française au Parlement

1. Tracts, 2020, avec Renaud Girard.
2. Éditions de l'Observatoire, mars 2024.

européen, que d'aucuns écrivent parfois « Bel-Ami ». Si notre Bonnamy a conquis Paris, comme le héros du livre de Maupassant, ce n'est ni par les faveurs des femmes ni par l'intrigue, mais par son talent intellectuel dont profitent les Grandes Gueules quand, au micro de l'émission, il contextualise l'actualité. Comme ce jour de janvier 2024 en répondant à la question suivante : la moitié des ministres étant millionnaires sont-ils hors-sol ?

« Première remarque, explique Jean-Loup Bonnamy : c'est un phénomène très français, la consanguinité totale entre la haute administration, la politique, le monde des affaires. Voilà déjà le premier problème ! Les mêmes familles au sens familial du terme et les mêmes personnes, qui à un moment passent l'ENA, sont dans la haute administration, au conseil d'État, puis en politique et dans les affaires, etc. Cette confusion des genres est un premier problème.

Le deuxième, c'est qu'avant on avait déjà des phénomènes de ce genre, mais ils étaient moins graves, parce qu'il y a un siècle, l'intérêt des riches et l'intérêt général du pays et de l'économie, c'était la même chose, cela allait dans le même sens – la fameuse formule : "Ce qui est bon pour General Motors est bon pour l'Amérique." Mais, aujourd'hui, ce n'est plus le cas. Avec la mondialisation, l'intérêt des riches et des hyper-riches ne va plus dans le sens de l'intérêt général du pays, dans le sens du bien commun ni même de l'intérêt économique du pays… Aujourd'hui, il y a un écart : ce qui est bon pour les riches n'est plus bon pour le pays… À un moment, il faudra remettre ça à plat… Sinon, on va se retrouver comme un pays d'Amérique latine avec une bourgeoisie complètement vendue aux intérêts étrangers, complètement déconnectée de la population et qui n'a plus le sens du bien commun. C'est le scénario libanais ou latino-américain. »

Hasard ou coïncidence, notre bon ami est venu au monde le 4 novembre 1989, soit quelques jours avant la chute du mur de Berlin. Comme s'il avait choisi de s'extraire du ventre maternel pour ne pas manquer un rendez-vous avec l'histoire. Une histoire écrite tout en haut de son arbre généalogique par un général d'empire, Charles-Auguste Bonnamy de Bellefontaine, héros en 1812 de la bataille de la Moskova, au cours de laquelle il fut grièvement blessé avant d'être prisonnier des Russes pendant dix-huit mois. Nonobstant cette ascendance illustre, Jean-Loup Bonnamy est issu de lignées modestes, ayant toutes bénéficié du fameux ascenseur social qui fonctionnait si bien au XXe siècle. Côté paternel et lorrain, c'est une longue lignée d'enseignants : un arrière-grand-père instituteur, un grand-père professeur au collège et un père professeur de droit à l'université de Franche-Comté à Besançon. Côté maternel et franc-comtois : une grand-mère ouvrière dans l'horlogerie, un grand-père plombier, engagé dans la Résistance, qui servit de chauffeur à de Gaulle quand le Général vint visiter Morteau en décembre 1944, et une mère exerçant exactement le même métier que son mari dans la même université.

L'intello du Doubs

Comme beaucoup d'enfants d'enseignants, il est bon élève. Né en novembre et ayant sauté la classe de CE1, il aura toujours plus d'un an d'avance et sera le brillant lauréat d'un bac L avec mention « très bien » à seize ans et neuf mois en juin 2006. Âgé de six ans en 1995 et de dix-huit en 2007, il est un enfant des années Chirac, un président apprécié de la famille où, depuis le grand-père résistant, on a la fibre gaulliste. « Putain, deux ans... » Cette fameuse formule des « Guignols de l'info » est un des premiers souvenirs politiques du petit Jean-Loup. Il conserve la nostalgie des années 1990 et 2000 qui lui apparaissent un peu comme un âge d'or. « J'ai été très marqué par les médias de mon enfance. Je me souviens très bien de la première d'"On a tout essayé", l'émission de Laurent Ruquier, en 2001, ainsi que des "Guignols de l'info" avec Chirac en "super menteur" et Sarko voulant devenir "calife à la place du calife". J'aimais aussi les "Minikeums", le "Club Dorothée", Thierry Ardisson, Frédéric Taddéï, "Caméra café" de Bruno Solo et "Kaamelott" d'Alexandre Astier. Toutes ces émissions m'ont formé à un mélange entre actualité, culture et humour, préfigurant "Les Grandes Gueules", que j'ai découvertes bien plus tard mais pour lesquelles j'étais prédestiné. »

L'intello du Doubs a su s'adapter au style des GG : dire simplement des choses parfois complexes, avec des formules directes, comme ce jour de juillet 2024, entre les deux tours des législatives, où il établit un lien entre la question du pouvoir d'achat et le nouveau logo à cent quatre-vingt-cinq mille euros du CHU de Nantes : « D'un côté, tu as un vrai problème de pouvoir d'achat, un vrai problème de fond sur le pouvoir d'achat, qui est que le travail ne paie plus et qu'on est dans un système perdant-perdant, parce que le coût du travail est très élevé pour l'employeur – si tu prends le salaire brut et super brut[1] –, alors que le salaire net qui arrive sur le compte

1. Le brut prend en compte les cotisations sociales du salarié. Le super-brut inclut aussi les cotisations patronales de l'employeur : c'est la totalité de ce que coûte l'employé au patron.

en banque du travailleur est trop faible. Donc les patrons paient trop et ça nuit à leur compétitivité. Les travailleurs, eux, ne reçoivent pas assez parce qu'en fait, entre les deux, il y a un delta qui est constitué d'énormément de charges sociales qui passent on ne sait trop où. »

Olivier Truchot l'interrompt alors pour lui dire qu'il exagère vu les prestations sociales dont bénéficient les Français. Mais, nullement déstabilisé, notre professeur de philosophie poursuit avec aplomb : « On sait un peu où c'est passé. Par exemple, dans les cent quatre-vingt-cinq mille euros pour le nouveau logo du CHU de Nantes. Pas toujours dans des choses très utiles. » Précocement intéressé par la chose publique, notre Jean-Loup a siégé au conseil municipal des jeunes, à Besançon en 2000-2001. Collégien, il a vécu sa première manif à douze ans et demi en avril 2002, avec ses amis Paul et Yanis, pour hurler sa colère face à la présence de Jean-Marie Le Pen au second tour de la présidentielle. Lycéen, il a connu sa période gauchiste. Sans être un militant très actif, il a fréquenté la Fédération anarchiste et les groupes trotskistes, Lutte ouvrière et le Parti des travailleurs, ancienne pépinière de dirigeants socialistes, ayant naguère abrité Lionel Jospin et Jean-Luc Mélenchon. « Dès l'âge de quatre ans, ma mère me lisait des livres d'histoire, cette passion qu'elle m'a transmise m'attira naturellement vers ces mouvements, totalement ancrés dans l'histoire du mouvement ouvrier ou de la révolution russe. On vibrait aux souvenirs de Proudhon ou de Makhno ou aux débats entre Lénine, Kautsky et Rosa Luxemburg[1]. » C'est ainsi

1. Joseph Proudhon fut en France, au milieu du XIXe siècle, le « père » de la pensée anarchiste. Nestor Makhno, révolutionnaire anarchiste ukrainien, dirigea l'insurrection nationale de son

qu'une partie de la culture historique de la grosse tête des « Grandes Gueules » a été acquise : non sur les bancs de l'université, mais dans les arrière-salles de bistrots enfumés des soirs de manifs, ce qui lui permet de faire spontanément référence à la charte d'Amiens – dont on ne parle jamais dans les médias. Signée au IXe congrès de la CGT tenu dans cette ville en 1906, cette charte édictait le principe d'indépendance du syndicalisme à l'égard de tous les partis politiques : « Et la charte d'Amiens ! [...] La CGT sort de son rôle ! ironise-t-il, le 19 juin 2024 en réaction à un appel lancé par Sophie Binet[1] à onze jours du premier tour des législatives. Les syndicats ne sont pas des partis politiques et ne doivent pas donner de consignes de vote. »

Dans l'arène médiatique

Un esprit sain dans un corps sain... En plus de lire beaucoup (notamment des livres d'histoire et de géopolitique) et d'aller souvent au cinéma, notre jeune intello pratique aussi le sport, surtout la boxe (qui l'eût cru à son air débonnaire ?) et d'autres arts martiaux. Son goût pour les joutes non oratoires, il le tient du mari de sa

---

peuple pendant la guerre civile de 1917 à 1921, combattant à la fois le pouvoir bolchévik de Lénine et Trotski et les armées blanches tsaristes. Kautsky, dirigeant historique de la social-démocratie allemande, surnommé le « pape du marxisme », dénonça dès le premier jour comme antidémocratique la prise du pouvoir par les bolchéviks en Russie. Rosa Luxemburg, révolutionnaire polonaise fut l'héroïne malheureuse de la tentative de révolution spartakiste en Allemagne qui s'acheva par son assassinat en janvier 1919.

1. Secrétaire générale de la CGT.

nounou chez qui il passa une part importante de son enfance, comme tous ceux dont les parents travaillent beaucoup. « C'était un champion de karaté, je lui dois énormément. Je suis d'ailleurs toujours très ami avec son fils. » Le crépuscule du chiraquisme coïncide avec la fin de l'adolescence pour le jeune Bonnamy. En juillet 2006, alors que le président vieillissant, victime d'un AVC, renonce à solliciter un troisième mandat, notre future Grande Gueule monte à Paris pour intégrer hypokhâgne, première année des classes préparatoires littéraires, au lycée Louis-le-Grand. « Je n'ai pas ressenti le complexe du provincial. Pourtant, les six premiers mois furent difficiles, j'étais loin de ma famille, je devais me faire de nouveaux amis, je dormais à l'Institut Bossuet, un foyer catholique pour étudiants étrangers et provinciaux. Mes résultats scolaires étaient très mauvais. Mais, au bout de quatre mois, j'ai commencé à me plaire dans la capitale et j'ai entamé une "remontada" scolaire qui m'a permis, après deux années de prépa, d'entrer à Normale Sup en 2008, puis d'obtenir mon agrégation de philo en 2012, marchant ainsi sur les traces de Régis Debray, que j'ai toujours admiré. »

L'année précédente, le jeune étudiant avait trouvé un job comme « plume » dans l'équipe de l'ancien Premier ministre Dominique de Villepin qui envisageait alors un retour en politique. Le jeune Bonnamy planche sur des tribunes pour la presse, des ébauches de programme politique… « J'y suis entré par le biais d'un de ses assistants que je connaissais. J'ai croisé Villepin de temps en temps. J'en garde le souvenir d'un homme égal à son personnage, flamboyant, animé d'un souffle épique et historique, comme dans la BD *Quai d'Orsay*. Cette expérience fut intéressante mais brève et sans lendemain pour moi. »

En 2013-2014, Jean-Loup Bonnamy participe également à la web radio de l'École normale supérieure, signant des éditos dans « Vois l'actu », une émission montée par des normaliens.

Titulaire d'un doctorat de philosophie obtenu fin 2022 avec une thèse sur « La technique chez Bergson et Canguilhem », il n'a toujours pas trouvé de poste dans l'enseignement supérieur, car le nombre de places disponibles est dérisoire. Toutefois, ce n'est nullement un problème pour lui, car depuis septembre 2013 il enseigne la philosophie dans un lycée. Après différents établissements, il atterrit en 2017 dans un bahut de l'est de la France, qu'il n'a pas quitté depuis. « J'adore enseigner. J'aime transmettre, expliquer. J'adore le contact avec les élèves et je crois pouvoir dire qu'ils m'apprécient. Je reçois souvent des messages très positifs d'anciens élèves. » Mais ses cours au lycée ne suffisaient pas à étancher sa soif de communiquer. Le jeune Bonnamy, à vingt-cinq ans, a le désir de s'exprimer sur l'actualité. Il fait alors une rencontre décisive, celle de Renaud Girard, normalien, saint-cyrien, énarque, célèbre grand reporter et éditorialiste au *Figaro*, considéré comme l'un des meilleurs experts en relations internationales. Cet homme est son aîné de trente-trois ans et a couvert toutes les guerres des quarante dernières années. Jean-Loup décide de contacter Girard après avoir dévoré son livre *Le Monde en marche* et ses chroniques dans *Le Figaro*. Leur premier rendez-vous a lieu dans la cour de l'ENS. Partageant avec Jean-Loup des racines familiales dans le Doubs, des études en prépa et à l'ENS, la passion pour l'histoire et la géopolitique, il ouvre au jeune professeur les portes du FigaroVox qui accueille sur Internet des articles d'opinion n'émanant pas uniquement de journalistes professionnels. Jean-Loup s'y fait remarquer par des articles longs et documentés, qui s'apparentent parfois à de véritables cours d'histoire, tel celui du 25 février 2022 intitulé : « Pourquoi la révolution de 1848 est-elle aussi peu célébrée ? » « Ce qui surprend, écrit Jean-Loup, c'est la facilité et la rapidité avec laquelle le dernier roi de l'histoire de France est tombé. Comme l'analyse bien l'historien Fabrice Bouthillon, la France a vécu une période d'instabilité entre 1789 et 1914, avec une succession rapide et chaotique de régimes incapables de trouver un ancrage solide ou une légitimité comparable à celle de la monarchie de l'Ancien Régime. Déjà, en 1830, trois jours d'émeutes parisiennes renversent Charles X. Et en 1848, quatre jours d'une émeute tout aussi strictement parisienne balaient Louis-Philippe et la royauté. Il faudra attendre l'apocalyptique guerre de 1914-1918, l'Union sacrée et la victoire remportée par la République pour que la République devienne un régime stable et pleinement légitime. » Depuis quelques années déjà, Jean-Loup signe aussi des articles sur les sites des *Échos*, du *Point*, de *Marianne* et de *Causeur*.

Grâce à Renaud Girard, Jean-Loup Bonnamy a écrit son premier livre qu'ils ont signé ensemble à l'automne 2020. Une occasion formidable pour un auteur inconnu qui, sur son seul nom, aurait difficilement trouvé un éditeur. Le livre est court, quarante-huit pages, selon la formule de la collection « Tracts » de Gallimard, mais percutant comme un uppercut envoyé à la face de l'opinion et des pouvoirs publics. Il porte sur « le » sujet au centre de l'attention planétaire en 2020 : le Covid. Les deux auteurs y dénoncent les excès du principe de précaution ayant entraîné une suspension des libertés individuelles qui n'aurait été acceptée dans aucune autre circonstance. Les ventes de l'ouvrage démarrent en boulet de canon

– atteignant finalement les vingt-sept mille exemplaires vendus – et permettent au tout juste trentenaire d'être invité pour la première fois à la radio et à la télévision. Son premier direct se déroule au micro d'Éric Brunet sur RTL à la Toussaint 2020. Viendra ensuite « L'heure des Pros » sur CNews. Jean-Loup tape dans l'œil du tonitruant Pascal Praud, qui l'a entendu au micro de Brunet. L'animateur choisit de le faire entrer comme chroniqueur régulier sur cette chaîne. Après ce premier passage, Praud dit à Bonnamy : « On dirait que vous avez fait de la télé toute votre vie. » Pendant deux ans, Jean-Loup interviendra régulièrement sur CNews, deux ou trois fois par semaine, non seulement dans l'émission de Pascal Praud mais aussi dans celles de Julien Pasquet (le soir) et de Sonia Mabrouk (à midi). « J'ai particulièrement apprécié de travailler avec Sonia. C'est une professionnelle de haut niveau et une personne humainement et intellectuellement extraordinaire. » En novembre 2021, Jean-Loup obtient la consécration : sa propre émission hebdomadaire de géopolitique, « Infos du monde », qu'il coanime avec son ami Guillaume Bigot (tout en poursuivant son travail de professeur). Aucune zone ne leur échappe : Asie, Russie, États-Unis, monde musulman, Afrique… Pendant un an, ils y recevront les plus prestigieux invités : Renaud Girard, bien sûr, le général Palomeros (ancienchef d'état-major de l'armée de l'air), Bernard-Henri Lévy (pour un débat musclé), Gérard Araud (ancien ambassadeur à l'ONU puis aux États-Unis), Maurice Gourdaut-Montagne (l'un des piliers du Quai d'Orsay), Hubert Védrine, Jean-Pierre Chevènement, l'historienne et secrétaire perpétuelle de l'Académie française Hélène Carrère d'Encausse, Alain Minc…

L'aventure s'arrête brutalement à l'automne 2022. Jean-Loup en est sidéré : « Tout allait pour le mieux, on avait de bonnes audiences, mais on m'a coupé les ailes du jour au lendemain sans explication. J'ai payé, je crois, ma liberté de ton et mes mauvaises relations avec la direction. » Suivra une traversée du désert d'un an – mais un tel joueur ne reste pas longtemps sur le banc de touche. On le voit régulièrement sur les écrans d'Arte dans l'émission « 28 minutes ». Et bientôt, Anaïs Sainz, la productrice des « GG », qui a l'œil sur toutes les émissions de débat, organise le transfert de l'attaquant Bonnamy vers le club des GG. Il y fait ses débuts en décembre 2023, alors que, dans le débat sur la loi immigration, on évoque la régularisation des travailleurs sans-papiers dans les métiers en tension : « Voilà trente ans au moins qu'en France, il n'y a pas de politique migratoire, ce n'est pas l'État qui décide de l'immigration et de la politique migratoire, mais différents groupes, et notamment le patronat. En fait, ce groupe, le patronat, a il y a un an passé commande au ministre de l'Intérieur, Monsieur Darmanin, en disant : "Voilà, on veut des esclaves."

— Des esclaves ? s'étonne Olivier Truchot.

— Bien sûr, des esclaves pour aller pédaler sous la pluie.

— Ce n'est pas du tout caricatural ?

— Ah, non, ce n'est pas caricatural. On veut des Afghans, des Africains, des Bangladeshis, des Philippins exploités et sous-payés qui vivent dans des squats, qui vont pédaler sous la pluie dans les rues de Paris pour aller livrer des sushis à des bobos. C'est ça que veut le patronat français et c'est la commande qu'il a passée à Monsieur Darmanin. En passant commande, le patronat ne fait que continuer la colonisation par d'autres moyens.

Voilà, on veut des colonisés dans les rues de Paris, de Lyon, de Bordeaux, on veut faire suer le burnous à ces travailleurs. »

À trente-cinq ans, Jean-Loup Bonnamy est déjà un vieux briscard des plateaux télé. Malgré son intense activité médiatique, que d'autres intellectuels pourraient juger comme une perte de temps, Jean-Loup Bonnamy n'a pas abandonné l'écriture. Paru en mars dernier, son deuxième livre, *L'Occident déboussolé*, dédié à la mémoire de deux de ses maîtres et amis, Patrick Buisson et Jean-Michel Quatrepoint, porte cette fois sa seule signature. Cet ouvrage constitue une réflexion approfondie et originale sur la place de l'Occident au XXIe siècle et la volonté de celui-ci de rester à tout prix au centre du monde, non plus en incarnant le bien mais en s'accusant de tous les maux. Jean-Loup n'oppose pas l'oral à l'écrit. Au contraire. Il les juge complémentaires et confie avoir trouvé chez les « GG » un trésor irremplaçable : une liberté totale de parole dénuée de l'agressivité qui règne trop souvent dans les médias.

Jérôme Marty

L'ultra médecin libéral

Ce 7 mai 2024, ça chauffe aux GG. Et pour cause ! On pose aux auditeurs une question qui fâche : « Contrôle de l'immigration : l'avenir de la France en dépend-il ? » L'un d'eux, Thierry, dans le Gard, propose un référendum sur l'immigration pour « changer le système » : « Il faut, dit-il, supprimer l'Aide médicale d'État… Je n'ai pas dit de pas les soigner ! Mais ce seront les bobos de gauche qui les prendront en charge. » Sur le plateau, deux GG, Antoine Diers et Barbara Lefebvre, approuvent l'idée. Pas étonnant. Un troisième s'en indigne : Jérôme Marty. Guère étonnant non plus. C'est le toubib de la famille des Grandes Gueules. L'AME, il connaît. Pour lui, la réserver aux soins d'urgence ne repose sur aucun fondement médical. « Quand un patient a la tuberculose, on va me dire qu'il n'y a pas d'urgence ? C'est vrai, si je le laisse partir, il ne mourra pas dans l'heure, mais… combien de personnes va-t-il contaminer ? » Et pan !

Jérôme, quand il s'indigne, il s'indigne… à faire trembler les murs du studio. « On peut aussi jeter la devise de ce pays, jeter aussi les droits de l'homme qui ont fondé ce pays, on peut jeter liberté, égalité, fraternité, on peut jeter France terre d'accueil. On peut aussi, lance-t-il à l'auditeur, poser des questions pour un référendum comme vous le proposez : Est-ce que vous êtes d'accord pour l'immigration clandestine ? La réponse ne fait pas l'ombre d'un doute ! Et supprimer l'Aide médicale d'État et laisser comme ça courir la tuberculose et les maladies contagieuses. Et comme ça, mettre à bas ce qu'est la médecine, c'est-à-dire soigner n'importe quelle personne quelles que soient ses origines, sa couleur de peau, etc… On peut tout faire et à la fin se retrouver avec une dictature ! On est à deux doigts d'y être… Toutes les semaines des Français viennent me voir au cabinet, ils n'ont pas les moyens de régler la consultation, je les prends en charge parce que je suis médecin. »

Cette colère vient de loin. Elle est inscrite sur son état civil où figurent les prénoms des deux grands-pères de « Jérôme, Robert, Serge Marty ». Il a un peu connu Sergio, le père de sa mère, ébéniste à Montauban venu d'Italie dans l'entre-deux-guerres pour fuir la dictature de Mussolini. Mais, de ce grand-père antifasciste et immigré, il a hérité un sentiment de solidarité avec les immigrés et une hostilité viscérale à toutes les idées d'extrême droite. *Idem* côté paternel, avec son grand-père Robert mort avant sa naissance dans des circonstances héroïques. Robert Marty était un lieutenant-colonel de carrière, originaire de Versailles. Membre d'un réseau de résistance en Creuse, Robert Marty fut arrêté par la milice à Guéret en juin 1944, durant ces jours terribles où la division SS Das Reich du général Lammerding, remontant vers le front de Normandie, pendait 99 civils à Tulle et en massacrait 642 dans le village d'Oradour-sur-Glane. Après avoir cruellement torturé Robert Marty, les miliciens jetèrent son corps dans la forêt, recouvert d'un tissu de parachute, la colonne vertébrale fracturée, les yeux crevés. Il fut promu colonel à titre posthume. « Le martyre de mon grand-père est un élément fondateur de ma personnalité, de ma vie, d'un attachement viscéral à la dignité humaine. »

Son parti ? La médecine

Jérôme Marty ne se reconnaît dans aucun camp politique. « Plus jeune, j'étais plutôt de droite. Avec l'âge et l'expérience, je constate qu'il y a de bonnes idées un peu partout, personne ne détient la vérité absolue, mais personne n'a totalement tort non plus. Je suis à la fois partisan d'une économie libérale et de la protection sociale. Je ne supporte pas l'homophobie ou le racisme qu'on trouve plutôt à l'extrême droite. Mais je reproche à certains chefs de LFI des paroles qui favorisent l'antisémitisme. » Pour résumer son positionnement politique, Jérôme a trouvé une formule : « Je ne suis ni de gauche ni de droite. Je suis du parti de la médecine. » C'est d'abord en médecin qu'il juge la politique : « Ministre de la Santé, c'est un poste qu'on devrait obtenir par vocation, le couronnement d'une vie. Or, il est attribué le plus souvent à quelqu'un qui, la veille, n'y pensait pas. On y met systématiquement des gens incapables de construire quelque chose, un peu comme des drapeaux qu'on agite puis qu'on jette. Le vrai pouvoir se trouve dans les mains de l'administration. » Après de tels propos, on n'imaginerait pas Jérôme Marty intéressé par cette galère. Et pourtant… Le 10 septembre 2024, alors que Michel Barnier semble s'enliser dans d'interminables consultations, les Grandes Gueules s'amusent à former le gouvernement de leur cœur. Chacun y va de sa proposition mi-sérieuse mi-farfelue. Mais personne n'a le culot de… se nommer soi-même. Personne, sauf Jérôme Marty qui propose de répartir les attributions du ministère de la Santé à « une paire » de ministres : « Pour l'hôpital, j'y mettrais l'urgentiste Mathias Wargon. Et pour la médecine de ville, je m'y mettrais… moi !, lâche-t-il avec aplomb.

— Tout le monde s'esclaffe sur le plateau.

— Ah, carrément ! » s'écrie Barbara Lefebvre…

Oui, carrément ! répond le toubib des GG. Cela fait longtemps que je le dis, il faut un ministère bicéphale.

— Vous allez vous taper dessus, lâche Olivier Truchot, l'air narquois.

— Cela fait longtemps que je le propose, poursuit Jérôme Marty imperturbable, avant de développer sa pensée : L'hôpital, c'est spécifique, la médecine de ville, c'est spécifique. On ne peut pas gérer les deux de la même façon. Même si le système marche sur deux jambes, ces deux jambes sont différentes et il faut tenir compte de cette différence qui est une force.

— Vous ne risquez pas de vous affronter tout le temps ? interroge Olivier Truchot, qui commence à prendre l'hypothèse au sérieux… Sur les budgets ?

— C'est le but, répond Jérôme Marty, qui endosse le costume d'un ministre potentiel, c'est le but parce qu'il faut trouver des terrains d'entente. Et justement, parce qu'on se connaît avec Mathias et qu'on est opposés sur plein de sujets, ça nous obligerait à trouver systématiquement des voies médianes. Pourquoi je dis ça ? Pas pour faire le boulot de ministre. Je suis, comme vous le savez, président d'un syndicat. Je crois qu'il faut un spécialiste de la médecine libérale, moi ou un autre. Je plaisante quand je dis : “moi”. Mais il faut vraiment quelqu'un qui connaisse parfaitement ce métier et la médecine libérale. Ça peut être un kiné, une infirmière, quelqu'un du monde libéral… Et il faut arrêter de vouloir faire entrer un carré dans un rond, c'est-à-dire imaginer que la médecine de ville, c'est "hôpital-*like*". Ce n'est pas le même métier. Ce sont deux secteurs différents et il faut tenir compte de leurs spécificités. » Cette distinction entre médecine de ville et médecine hospitalière n'est pas le fruit d'une réflexion intellectuelle de Jérôme Marty. Elle est quasiment inscrite dans ses gènes.

Enfant du stéthoscope

On peut sans difficulté imaginer en 1964, à l'intérieur du ventre de sa mère, le fœtus du futur Jérôme, s'égosillant : « Je veux sortir, laissez-moi sortir, mes patients m'attendent ! » Les patients à la rigueur pouvaient… patienter. Mais la dynastie, elle, attendait son héritier. Profession du père : médecin à Fronton, Haute-Garonne. Celle de la mère : infirmière aux côtés du père. Et le grand-oncle ? Médecin, bien sûr, en Lozère. À la façon dont les dynasties régnantes se partageaient jadis l'Europe, les Marty ont étendu leur influence au-delà des frontières de la Haute-Garonne. Il aurait été aussi difficile au petit Jérôme d'échapper à sa vocation médicale qu'à la couronne d'Angleterre pour un prince de Galles. À la différence du Prince Harry, qui s'est enfui au Canada, le prince Jérôme n'avait jamais envisagé d'échapper à son destin. Issu d'une telle lignée, il épousera Christine, une kinésithérapeute, et le couple enfantera Simon actuellement étudiant en médecine et Sophie étudiante en gestion de l'économie de… la santé. Si certains sont des enfants de la balle, Jérôme Marty, lui, est bel et bien fils du stéthoscope.

S'il est né à Toulouse, il a grandi à Fronton, capitale du royaume médico-familial érigé dans la clinique Saint-Roch fondée par son papa dans les années 1960. Au cœur d'une ville de quelques milliers d'habitants, cette clinique privée était le lieu de travail de ses parents. Le petit Jérôme y venait souvent. S'est-il posé la question d'un autre métier ? « Non, jamais, je suis devenu médecin par capillarité. Tout petit, j'accompagnais papa en visite, je n'en voyais que le bon côté, le contact humain avec les patients qui nous accueillaient chaleureusement. Quand on connaît cette expérience à six ou sept ans, soit ça vous dégoûte, soit ça vous passionne. Et cela ne m'a pas dégoûté ! » Avant de s'épanouir en toubib, le petit Jérôme a dû passer par les cases « enfance » et « adolescence ». Il n'en garde que de bons souvenirs : l'école communale, puis le collège de Fronton jusqu'en troisième. Douce enfance entourée de parents aimants, d'une sœur de deux ans son aînée et de ses deux grands-mères, dans une petite commune de quelques milliers d'habitants où chacun connaissait et appréciait la famille du docteur, son père, qui soignait les corps et les âmes. Tout change à 15 ans. Jérôme quitte le cocon familial pour Toulouse où ses parents l'ont inscrit comme interne en seconde au lycée privé du Caousou. « C'est un établissement de qualité tenu par les Jésuites. On n'y recevait pas d'enseignement religieux. Mais l'éducation y était réputée très stricte. Paradoxalement, se souvient Jérôme dans un éclat de rire, c'était vraiment le royaume de la déconnade ! »

Le turbulent adolescent et ses condisciples ont effectivement pulvérisé à plusieurs reprises le « mur du çon » : « On était une bande de gars, une trentaine, très soudés et n'ayant peur de rien. Certaines nuits, ayant les clefs de l'école, on piquait les tables et les chaises, on les mettait sur le terrain de handball. Ainsi, en arrivant le matin, profs et élèves trouvaient des classes vides. Mais le tour le plus pendable, c'est quand on a poussé une 2 CV à l'intérieur du bâtiment Saint-Cyr et qu'on l'a enfermée entre quatre murs de briques montés dans la nuit. » Jérôme rira moins ensuite à la faculté de médecine mais il y apprendra avec passion le métier de ses rêves. Achevant ses études au début des années 1990, une des dernières promotions avant la suppression du service militaire, il passe un an comme médecin au 126e régiment de l'armée de terre à Brive. Jérôme a toujours été hyperactif. Jeune, il pratiquait le tennis, le judo et la moto enduro. Rugbyman pendant ses études de médecine, il a présidé le club de Fronton entre 2005 et 2010. « Ma principale motivation c'était de donner du bonheur aux joueurs comme aux spectateurs. » Mais la colonne vertébrale de sa vie, c'est la clinique familiale où il succède à son père au début des années 2000. « Elle reste l'une des dernières cliniques patrimoniales en France. » Âgés aujourd'hui de 90 et 89 ans, le père et la mère de Jérôme peuvent être satisfaits que le fiston ait su préserver leur héritage à la tête de son propre cabinet attenant à l'établissement dont il est directeur.

Syndicat, micros et caméras

Après trente ans d'exercice de la médecine, Jérôme Marty ne ressent aucune lassitude : « Vous pratiquez ce métier parce que vous aimez les gens. Vous ignorez le matin ce qui va arriver, aucun être humain ne ressemble à un autre, aucune maladie ne ressemble à une autre, on est passé d'une conception verticale de la médecine dominée par la science du docteur à un dialogue permanent pour comprendre la pathologie, élaborer ensemble un diagnostic, parler encore et encore pour aider le patient à affronter sa souffrance. Dans son cabinet, où défile toute la misère du monde, le généraliste a remplacé le curé. » En trente ans, le docteur Marty a vu la situation se dégrader. « Jadis, chaque village ou presque avait son médecin de famille. C'est loin d'être le cas aujourd'hui. Ma ville de Fronton compte six praticiens pour 9 000 habitants. Mais certains de nos patients viennent de communes situées à une vingtaine de kilomètres. En France, cinq millions de personnes n'ont pas de médecin traitant. Notre boulot est moins attractif pour les jeunes à cause du temps fou que nous font perdre les contraintes administratives. » Médecine libérale : un chef-d'œuvre en péril.

Pour la défendre, le Dr Marty s'est engagé dans le syndicalisme. En 2001, il lance avec trois autres médecins un mouvement de défense des infirmières libérales. « Pénalisées par leurs faibles honoraires, elles rejoignaient massivement les hôpitaux publics. Pour enrayer cette tendance néfaste, on demandait l'égalité des salaires entre secteurs public et privé. Ce fut aussi le premier mouvement social relayé par Internet. »

En 2012, il fonde le Syndicat Union française pour une médecine libre, qui va lui ouvrir les portes des médias.

Pendant la crise du Covid, il devient avec 4 ou 5 autres médecins, une des personnes les plus écoutées des Français désemparés par cette épidémie à laquelle nul n'était préparé.

« Pendant les trois premiers week-ends de crise, j'étais constamment sur le pont, enchaînant les émissions de télé du vendredi soir au lundi matin. Tout le temps ! Les

Français étaient avides d'explications et les journalistes s'en faisaient l'écho.

Dès le début, j'ai appris qu'on manquait de tout par mon réseau de collègues. J'ai monté des rencontres téléphoniques entre médecins d'Alsace et de Toulouse. J'ai enregistré des vidéos pour expliquer ce qui manquait. Quand les politiques ont décidé de maintenir les élections municipales, on a compris qu'ils ne mesuraient pas l'ampleur de l'épidémie. Cela s'est arrangé par la suite et nous avons obtenu des résultats du ministre de la Santé Olivier Véran. Les médecins, parfois sans masque, étaient au chevet des malades au péril de leur vie; 74 de nos collègues sont "tombés au combat"! Je n'oublierai jamais une nuit horrible où j'ai reçu les appels de deux familles de médecins qui venaient de mourir d'avoir soigné.»

À cette époque, les GG interviennent dans l'émission à distance, souvent un masque sur le visage. Jérôme avait rejoint l'équipe en mai de l'année précédente.

«Je ne connaissais pas du tout cette émission avant. Mais, un jour, un ami m'alerte sur le fait que Johnny Blanc y a reproché aux médecins libéraux de ne pas faire de garde la nuit. C'était totalement faux! Après avoir visionné le replay, j'enregistre une vidéo de mise au point que je leur transmets par l'intermédiaire de Zohra Bitan avec qui j'échangeais parfois sur Twitter. À ma grande surprise, les GG m'invitent aussitôt comme "grande gueule du jour". J'étais ravi de pouvoir m'expliquer. Après l'émission, j'ai discuté avec Olivier Truchot. Jimmy Mohamed, le médecin, venant de les quitter, ils étaient intéressés par mon profil. Le courant passait bien entre nous. Olivier m'a demandé de revenir le mardi suivant. Et depuis, je reviens chaque mardi. "Le mardi, c'est Marty!" C'est une émission qui donne la température du pays au même titre que la "PQR", la presse quotidienne régionale. Elle m'oblige à sortir de ma zone de confort afin de parler de sujets non médicaux. »

Certains débats ne sont pas très éloignés de sa compétence professionnelle, tel celui de ce jour d'octobre 2022 à la suite d'une recommandation du Conseil de l'Europe[1] présentée avec un peu d'ironie par Olivier Truchot : « Jérôme, est-ce que tu as déjà dit à tes enfants : "File dans ta chambre" ? Honnêtement ?

— Honnêtement, je pense que oui, mais je préférerais que le Conseil de l'Europe se préoccupe du fait que tous les enfants aient une chambre. On va dire ça, "File dans ta chambre !" Mais combien d'enfants n'ont pas de chambre individuelle ? Combien ? Ils feraient mieux de s'occuper de ça plutôt qu'aller emmerder toutes les familles de France et de Navarre [...]. D'abord, il y a des psychologues qui disent que c'est très bien de dire aux enfants : "File dans ta chambre !", d'autres qui disent que c'est pas bien, le débat n'est absolument pas tranché et puis surtout on s'en fout. Il y a des maltraitances physiques et morales sur des enfants mais ça n'en fait pas partie, clairement. Comment veux-tu faire une généralité d'un débat qui est éminemment protéiforme, quoi ! Tout dépend... Qui peut savoir comment vit Pierre, comment vit Paul, comment vit Jacques ? Peut-être que le "File dans ta chambre chez Jacques n'est pas le "File dans ta chambre chez Pierre", on ne sait pas du tout. »

1. Voir https://www.leparisien.fr/societe/file-dans-ta-chambre-le-conseil-de-leurope-veut-il-mettre-fin-a-cette-methode-educative-12-10-2022-GLAAZNN5DZC6FLYDN2JQEBIHOY.php.

Ces derniers temps, Jérôme Marty a demandé d'alterner entre le mardi et le vendredi, car sa participation aux GG est coûteuse en temps et en énergie. « Je me lève à 4 heures pour prendre l'avion de 6 heures à l'aéroport de Toulouse, arriver vers 7 heures à Orly, puis vers 8 heures au studio. Je repars vers 14 heures après déjeuner et je n'arrive pas chez moi avant 17 heures. En fin de semaine, je peux récupérer pendant le week-end, mais le mardi, la fatigue se répercute sur mes jours de travail. » Pour rien au monde, cependant, Jérôme n'abandonnerait les GG. « Marty ou vendredi, c'est Marty ! »

CONCLUSION

« À vous les GG ! » Ce 30 août 2044, Lucie et Juliette prennent l'antenne pour une émission spéciale. « Les GG ont 40 ans ! » annoncent en chœur les deux animatrices. Elles tiennent la barre depuis une quinzaine d'années. Jeunes auditrices devenues intervenantes vers 2025, elles ont ensuite succédé aux deux fondateurs, Alain Marschall et Olivier Truchot auxquels elles veulent aujourd'hui rendre hommage.

« 40 millions pour les 40 ans, l'objectif a été atteint ! » annonce Lucie en levant les deux pouces. « Oui, vous êtes aujourd'hui quarante millions, explique Juliette, à nous suivre quotidiennement en quarante langues et sur tous les continents, grâce à la puce radiophonique posée derrière votre oreille et qui vous permet non seulement d'entendre, de voir, mais aussi de sentir les odeurs tout en vaquant normalement à vos activités. »

Pour ce quarantième anniversaire, Juliette et Lucie ont invité exceptionnellement quelques grands anciens. « C'est toujours une joie de se retrouver ! » a confié, les larmes aux yeux, Marie-Anne Soubré, l'avocate installée au Canada et désormais chargée par l'ONU d'une mission pour les enfants réfugiés climatiques. « Il fera 47 °C aujourd'hui, à Paris. Une température normale pour la saison», annonce le synthétiseur vocal qui donne la météo. Les Grandes Gueules, comme tous les Français, se sont adaptées évidemment aux contraintes des canicules estivales. Du 1er juillet au 15 septembre, l'émission se déroule «à la fraîche» entre 5 heures et 8 heures du matin. «On est devenu un peuple de noctambules! a tonné Jacques Maillot avec sa voix inimitable. La France n'est plus une grande puissance mais un immense night-club!» Toujours bon pied bon œil à 103 ans, «le Mathusalem des GG» consacre désormais sa retraite à «Planètes sans frontières», son application de tourisme à bon marché qui vient d'affréter les premiers charters vers la Lune.

Durant l'émission «40 bougies pour les GG», il s'est insurgé contre la «sieste obligatoire» imposée par l'État à tous les Français sur leur lieu de travail entre 12 heures et 15 heures. Il a aussi fustigé le dernier clip gouvernemental: «C'est le comble du grotesque, tous les ministres, allongés sur des lits pliants, les yeux clos, pour expliquer aux Français comment faire la sieste!» «Y en a marre de l'État-nounou!» a renchéri Jean-Loup Bonnamy interrompu par Bruno Poncet: «Il faut quand même compenser les dégâts de la chaleur sur l'organisme des travailleurs!», pendant qu'Étienne Liebig, toujours aussi facétieux, jouait les premières notes de l'Internationale à la clarinette. Entre émotion et bonne humeur, cette émission spéciale a permis aux audi/spectateurs de revoir les anciennes GG. Élina Dumont a présenté l'application révolutionnaire de son invention qui a permis en un an l'adoption de 100000 enfants issus des régions les plus pauvres de la planète. Jérôme Marty a émerveillé les auditeurs en faisant le point sur les progrès considérables de la médecine dans la lutte contre le déficit de l'assurance-maladie. Et Barbara

Lefebvre a raconté la genèse de la loi qui porte son nom et permet désormais aux animaux domestiques de se porter partie civile contre leurs maîtres en cas de maltraitance. « Pure démagogie ! Avec l'âge, tu tournes bobo, Barbara ! » s'est emporté Didier Giraud, récemment décoré de la médaille Sandrine Rousseau, récompensant les agriculteurs ayant agi positivement pour l'environnement. Barbara lui a répondu en arborant un sourire sarcastique : « On ne va pas gâcher nos retrouvailles ! » Ils sont venus, ils sont tous là, les GG de la « belle époque », mémoires vivantes du début du siècle : Joëlle Dago-Serry – devenue coach de vie pour les spationautes ! – et l'intarissable conteur Mourad Boudjellal, grâce à qui la France, depuis 2026, remporte toutes les Coupes du monde de rugby. Mais un des temps forts de l'émission fut le duplex avec l'académicien Charles Consigny, celui que Zohra Bitan dans ses *Mémoires* a comparé, pour sa plume et sa verve, à Jean d'Ormesson.

Pour détendre l'atmosphère, Johnny Blanc a sorti quelques fromages du Poitou, un des produits français qui s'exporte le mieux en Antarctique. En riant, les deux animatrices ont rappelé gentiment à leur aîné qu'avec les nouvelles puces radiophoniques, odorantes, quarante millions d'auditeurs allaient humer le chèvre. Johnny Blanc invite alors tout le monde à passer un prochain week-end dans sa nouvelle ferme-auberge installée dans les grandes prairies de Greenland, l'ancienne Islande, nouvelle destination verdoyante des touristes européens en quête d'un climat tempéré pendant l'été.

C'est là que se trouvent justement les deux « vénérables », Alain et Olivier.

« Vous nous entendez ? Vous nous voyez ? » leur lancent les deux animatrices. « Cinq sur cinq », répondent-ils. Alain est arrivé de Nice avec deux de ses petits-fils, à bord de son petit avion à énergie solaire pour inaugurer un clos de pétanque au nom de son grand-père à quelques kilomètres du pôle Nord. Olivier, toujours passionné de ski, vient de participer, avec l'aînée de ses petites-filles, aux premiers championnats de ski sur gazon sur la nouvelle « piste des Fjords » au nord de la Norvège. À part les cheveux blancs et quelques rides, les deux fondateurs des « Grandes Gueules » n'ont pas changé. Leur retraite à la fin des années 2020 avait surpris tout le monde. « On ne va pas s'accrocher », avait alors expliqué Alain. « Il vaut mieux partir, avait ajouté Olivier, quand on est au sommet, pour ne pas risquer l'année de trop. » Le choc fut brutal parmi les auditeurs. Et même les contempteurs des GG s'inquiétèrent. « Que va devenir la liberté d'expression dans ce pays ? », demandèrent dans un communiqué commun Marine Le Pen et Jean-Luc Mélenchon. À l'appel d'un collectif d'auditeurs, soutenu par tous les syndicats et partis politiques, une grève générale paralysa la France pendant un mois. Mais Truchot et Marschall étaient restés inflexibles. « Personne n'est irremplaçable » : c'est par cette phrase qu'ils avaient achevé leur dernière émission.

Depuis plusieurs années, ils avaient préparé la relève en accord avec Anaïs Sainz, l'ancienne rédactrice en chef des « GG », devenue patronne du nouveau groupe radiophonique international RMC, Radio mondiale cybernétique. « Pour nous, “Les Grandes Gueules”, ce fut toujours une aventure collective », expliquent Alain et Olivier pendant le dernier quart d'heure de la spéciale « 40 bougies ». « Et notre plus grande satisfaction, c'est de voir des générations d'animateurs et d'intervenants se succéder à l'antenne, et continuer à faire vivre cet espace de libre expression et de convivialité. » Une grande émotion règne sur le plateau pendant ce duplex.

« La roue tourne », murmurent Alain et Olivier, dont l'image disparaît de l'écran. Rendez-vous pour le cinquantième anniversaire.

« À vous, les GG ! »